미래형 비즈니스 법칙

DIFFERENT**THINKING!**

Different Thinking!
by Anja Foerster and Peter Kreuz

미래형 비즈니스 법칙

DIFFERENT THINKING!

안냐 푀르스터 · 페터 크로이츠 지음 | 이연수 옮김

북플래너
Book Planner

미래형 비즈니스 법칙

초판 3쇄 인쇄 2010년 5월 4일
초판 1쇄 발행 2006년 4월 3일

지은이 안냐 푀르스터 · 페터 크로이츠 | **옮긴이** 이연수 | **펴낸이** 백운철 | **펴낸곳** 북플래너
편집 이병란 | **영업 마케팅** 이용호 | **관리** 황현주

등록번호 제22-2444호 | **등록일자** 2003년 12월 12일
주소 서울시 서초구 서초3동 1550-6번지 태림빌딩 6층(137-873)
전화 (02)3472-2040 | **팩스** (02)3472-2041 | **이메일** bookplanner@hanmir.com
홈페이지 www.bookplanner.co.kr
ISBN 89-91028-09-8 (03320)

목차

이런 분들에게 이 책을 추천합니다!

독특한 사고를 하는 사람, 아웃사이더, 반란을 일으키는 사람, 혼란을 야기하는 사람, 다른 시각으로 사물을 바라보는 사람들을 위해 축배를! 이들은 규정을 무시하고 현 상황을 존중하지 않는다. 당신은 이들의 말을 인용하거나 이의를 제기해도 되고, 이들에게 영광을 돌리거나 비방해도 된다. 하지만 절대로 이들을 무시해서는 안 된다. 바로 이들이 세상을 바꾸고 인류를 발전시키는 이들이다. 많은 사람들은 이들이 미쳤다고 생각할지 몰라도 우리는 이들이 천재라고 생각한다. 세상을 변화시킬 정도로 미쳤다고 생각되는 사람들은 언젠가는 반드시 그 일을 이루어내기 때문이다.

– 애플컴퓨터의 광고

이 책은 자신과 조직에 변화를 꾀하고자 하는 사람들을 위한 것이다. 딜버트(Dilbert, 미국에서 샐러리맨의 일상을 풍자하며 선풍적 인기를 끌었던 신문만화–옮긴이)의 신랄한 냉소적 태도에 반기를 들고 혁신을 꾀할 만큼 충분히 괴짜인 사람들, 즉 역발상을 실천하고자 하는 이들을 위한 책이다!

항상 똑같은 일을 하면서도 다른 결과를 기대하는 사람들이 있다. 우리는 이런 사람들이야말로 우매하다고 생각한다. 두려움을 이기고 남과 달라지기 위해 노력하라. 그리고 업계의 확고부동해 보이는 원칙에 의문을 제기하라. 바이마르 시대를 풍미했던 유태인 대중지식인 쿠르트 투콜스키(Kurt Tucholsky)의 다음과 같은 말을 기억하라. "20년 동안 그렇게 해왔다고 말하는 전문가를 믿지 마라. 그는 20년 동안 잘못된 행동을 해왔는지도 모른다!"

바로 당신을 위한 책!

이 책은 가만히 앉아 닥쳐오는 미래를 기다리기보다는 의식적으로 높은 기준을 세우고 스스로 미래를 창조해가는 사람들을 위한 것이다. 또한 관례적인 사고방식에서 하루빨리 탈피해야 한다는 생각을 갖고 있는 사람들을 위한 책이다. 업계에서 이미 확고히 자리를 잡은 기업들에게 있어 혁신이란 한낱 공상에 지나지 않는다는 생각에 강한 반기를 드는 모든 이들을 위한 책이다. 마지막으로 이 책은 항상 안정만을 추구하는 데 지쳐버린 사람들, 소위 업계의 관례로 알려진 선배들의 지혜라는 제단 위에서 자신의 꿈이 무참히 희생되는 것을 거부하는 사람들을 위한 것이다.

이 책을 최대한 활용하는 법

이 책은 실용적인 행동지침서이다. 각 장에서 여러분 자신에게 가장 유용하다고 생각되는 아이디어를 골라내라. 물론 일단 끝까지 읽은 후에 어떤 개념이 자신에게 가장 큰 도움이 될지 결정해도 된다.

이 책은 공격적인 자세로 읽을 필요가 있다! 예를 들면 각 구절에 밑줄을 긋고 필요하다면 여백에 메모를 하라. 중요한 페이지는 접어서 표시해두거나 접착식 메모지를 붙여두라! 가능한 많은 것을 알아내기 위해, 필요한 모든 일을 시도하라. 역발상 전략들을 처음부터 끝까지 되풀이하며 내면화하고 여러분의 기업에 실제로 적용하라. 이 책 속의 아이디어를 자유자재로 갖고 놀 수 있는 퍼즐조각이라 생각하고 그 조각 하나하나가 어떤 기능을 발휘하는지 살펴보라. 그런 뒤 그것을 개선하고 조합하라.

실수를 하지 않는 유일한 방법은 아무것도 하지 않는 것이다!

– 알베르트 아인슈타인

우리는 이 책이 담고 있는 17개의 역발상 법칙이 부동의 진리라고 생각하지는 않는다. 하지만 이것들은 기업이 생산성과 수익을 극적으로 높일 수 있는 확실한 수단이다.

중요한 것은 기존의 관례를 고수하는 일에 몰두하는 기업들이 혁신을 실천할 수 있도록 돕는 일이다. 당신이 속한 팀이나 업계가 틀에 박힌 행동으로 지금 당장은 큰 성공을 거두고 있는 것처럼 보여도, 여기에 소개된 법칙을 하나하나 살펴보다 보면 생각이 조금 달라질 것이다. 이 책을 통해 당신은 우물 안 개구리의 시야에서 벗어나 고질적인 문제를 새로운 시각으로 관찰하고 과거에서 해방되는 법을 배울 수 있을 것이다.

그러나 이의가 있다면...

아마도 이 책을 읽으면서 "이건 내 사업에 적용되지 않는 말이야", "내가 속한 업계는 사정이 전혀 달라", "우리 고객에게는 이런 방식이 통하지 않을 거야"와 같은 말을 혼자 중얼거리게 될지도 모른다. 유감스럽게도 많은 전문가들과 경영진들이 마음속으로 자신의 기업은 매우 특별하다거나 상황 자체가 다른 기업과 비교할 수 없다고 믿고 있다. 그러나 이것은 터무니없는 이야기다. 바로 이러한 사고방식이 역발상을 실천하는 능력과 새로운 상황에 빠르게 적응하는 능력을 방해한다.

자본과 비즈니스, 사람의 중요성이 점점 더 커지고 있다. 좀더 효율적으로 일하고 싶은가? 더 빨라지고 싶은가? 더 많은 것을 달성하고 싶은가? 그렇다면 제일 먼저 당신을 가로막는 쓸데없는 짐을 벗어던져야 한다.

"이 방식으로도 우리는 지금까지 잘 해왔어"라는 말은 잊어라! "우리 회사는 달라"라는 말은 믿지 마라! 만약 회사를 완전히 변화시킬 시간이 없다고 말하려던 참이라면 다른 일자리를 찾아보는 게 낫다!

다르게 생각하라!

당신이 정말로 확실히 달라지고 싶다면 꼭 맞는 책을 골랐다. 당신은 이 책에 소개된 많은 기업들의 예에서 배움의 기회를 얻을 것이며 개인적인 성공에 필요한 입증된 전략도 입수할 수 있을 것이다. 준비됐는가?

비즈니스 역발상 법칙 미리 보기

비즈니스 역발상 제1법칙:

360도 둘러보기: 다른 업계에서 영감을 얻어라!

비즈니스 역발상 제2법칙:

중간시장이 사라지고 있다. 하루빨리 이곳을 떠나라!

비즈니스 역발상 제3법칙:

짐을 가볍게: 군더더기를 없애라!

비즈니스 역발상 제4법칙:

우물 안에서 벗어나기: 전혀 새로운 시장을 창출하라!

비즈니스 역발상 제5법칙:

기업의 최대화 & 최소화: 성공에 지리적 한계를 두지 마라!

비즈니스 역발상 제6법칙:

조합의 혁신을 통해 새로운 시장을 개척하라!

비즈니스 역발상 제7법칙:

유사 독점: 틈새시장의 독점업자가 되라!

비즈니스 역발상 제8법칙:

제품 DNA: 기존의 제품컨셉에 의문을 제기하라!

비즈니스 역발상 제9법칙:

디자인: 디자인을 경쟁요소로 인식하라!

비즈니스 역발상 제10법칙:

경험의 내면화: 고객의 경험을 창조하고 감성을 일으켜라!

비즈니스 역발상 제11법칙:

쉽게 만들어라: 명료함을 추구하고 적당히 단념해가면서 매혹적인 제품을 만들어라!

비즈니스 역발상 제12법칙:

가격 DNA: 기존의 가격모델에 의문을 제기하라!

비즈니스 역발상 제13법칙:

가격의 양극화: 가격의 극대화 또는 최저화로 승부하라!

비즈니스 역발상 제14법칙:

중간수준으로 가격결정하기 : 중간가격대에 영리하게 포지셔닝하라!

비즈니스 역발상 제15법칙:

록펠러 원칙: 램프를 나누어주고 석유를 판매하라!

비즈니스 역발상 제16법칙:

가격의 개인화: 고객이 가격을 결정하게 하라!

비즈니스 역발상 제17법칙:

무료: 고객에게 제품을 공짜로 나누어주고 제3자가 지불하게 하라!

서문

평범함으로는 절대 승리하지 못한다!

우리는 끊임없이 변화하는 시대에 살고 있다. 시장에서 선두를 달리는 기업도 자신의 자리를 보전하려면 항상 새로워져야 한다. 그렇지 않으면 시장의 새로운 트렌드에 밀려 쓰러지거나 자리를 넘보는 경쟁업체의 모방에 시달리다가 결국에는 그들에게 점령당하기 십상이다. 오늘은 업계 선두인 기업도 내일은 평범한 중간기업이 되어버리고 내일모레가 되면 무의미한 존재로 몰락해버리는 게 현실이다.

풍요로움은 최적화가 아닌 혁신에서 비롯된다……. 부는 이미 알려진 것에 완벽을 기한다고 해서 창출되는 것이 아니다.

– 케빈 켈리(Kevin Kelly), IT의 대가

고객이 제 발로 무리지어 다가오기를 기대하고 있다면, 또는 경쟁업체들이 당신 회사가 차지하고 있는 시장을 빼앗기 위해 무슨 일이든 감행할 것이라는 생각을 하지 못한다면, 세상물정에 어두워도 한참 어두운 것이다.

우리는 과열경쟁의 시대에 살고 있다. 엄청난 수의 공급자가 고객의 지지를 얻으려고 경쟁하고, 새로운 제품과 서비스들이 시장에 끊임없이 등장하면서 고객들은 선택의 어려움을 겪고 있다. 제품의 수명주기는 점점 짧아지고 대부분의 목표집단(target group)은 필요한 물건을 쉽게 공급받는다. 당신이 아직 눈치조차 채지 못한 사이에 한 경쟁업체가 기발한 아이디어로 당신 몫의 케이크 한 조각을 잘라갔을 수 있다. 운이 좋다면 그런 사실을 적시에 알아차리고 맞대응할 수 있다. 그러나 이미 늦어버린 후에야 깨닫게 될 확률이 훨씬 높다. 즉 서둘러서 새로운 길을 스스로 찾아내지 못하면 경기에서 패배할 수밖에 없다!

명망 있는 스톡홀름 경영대학원(Stockholm School of Economics)의 교수 요나스 리더스트럴러(Jonas Ridderstrale)와 첼 노오스트롬(Kjell Nordstroem)은 이러한 현상을 펑키 비즈니스(Funky Business)라고 명명했다. 이들은 자신들의 저서 《펑키 비즈니스》에서 다르게 생각할 수 있는 기업만이 성공을 거둔다는 핵심명제를 내세우고 있다. 미래는 별난 사람들의 것이다. 이들은 위험에 뛰어들 각오가 되어 있으며 기존의 법칙을 깨고 새로운 법칙을 도입할 수 있는 사람들이다. 미래는 그러한 가능성을 활용할 줄 아는 자들의 것이다.

만약 우리가 작은 위험을 감수하고 기존의 규칙을 미묘하게 위반함으로써 표준에서 약간 벗어날 의향만 있다면, 적어도 이론적으로는 예전과 다른 결과를 달성하고 틈새시장을 발견해 단기간이라도 독점적 지위를 누리면서 약간의 돈을 벌 기회가 생길 것이다.

– 요나스 리더스트럴러, 첼 노오스트롬

'표준'과 '동일'은 평범함의 상징이 되어가고 있다.

기업이 제공하는 제품이나 서비스뿐 아니라 그곳에서 일하는 사람들도 마찬가지다! 경영자라고 불리는 사람들을 한번 살펴보라. 공항의 비즈니스 라운지나 기업의 대형 사무실에서, 또는 그 밖에 다른 곳에서 무더기로 마주치는 이들의 모습은 단조롭다. 스트레스에 시달리고 있는데다가 유머감각도 없어 보인다. 기업의 로비와 공항의 홀에는 거의 똑같은 옷을 입고 있어서 특별히 다른 구석이라고는 눈에 띄지 않는 황량한 모습의 사람들이 넘쳐난다. 그들의 옷장에는 줄무늬가 있고 없고의 차이만 있을 뿐 하나같이 중간 회색과 짙은 회색을 띤 정장들이 걸려 있다. 이러한 집단에서 남과 달라지려는 시도는 위험을 감수하는 것만큼이나 기피하는 일이며, 중간관리자로 승진할수록 그 정도는 더욱 심해진다.

이런 조직에서는 어떤 일이 일어날까? 다른 이들과 동일한 방식으로 사물을 취급하고 같은 생각을 하는 사람은 당연히 같은 제품을 생산해 동일한 시장에 내놓을 수밖에 없다. 그리고 고객들은 이러한 행위에 가혹하게 대응한다. 즉 제품의 가격으로만 구매 여부를 결정하는 것이다. 모든 제품이 거의 동일하다면 고객이 차이를 느끼는 요소는 낮은 가격일 수밖에 없기 때문이다. 따라서 진정한 승리를 거두려면 평범함에서 벗어나야만 한다.

그런 점에서 도시인의 노이로제를 주요 소재로 다루는 우디 알렌(Woody Allen)의 다음과 같은 말은 공감할 만하다. "성공한다는 것은 남과 달라진다는 의미이다." 역발상을 실천하는 사람들은 항상 새롭고 다른 것을 목표로 한다!

비즈니스 역발상

비즈니스 역발상은 상상력, 영감, 기지와 결단력을 경쟁자들과 겨루어 언제 어느 때나 모든 영역에서 철저히 앞서기 위한 것이다. 이때의 역발상은 제품뿐 아니라 근본적인 태도와 입장에도 적용된다. 즉 비즈니스 역발상은 저녁에 퇴근하면서 회사에 남겨두고 오는 것이 아니라는 뜻이다. 비즈니스 역발상은 새로운 아이디어와 현명한 전략 그리고 새로운 길을 끊임없이 찾아 나서는 것을 뜻한다.

여기서의 핵심은 '변화'다. 미국의 베스트셀러 저자이며 경영학의 대가 톰 피터스(Tom Peters)는 다음과 같이 변화를 쟁점으로 발언을 한 적이 있다.

과거의 우리는 변화와 혁신에 대항해왔다. 이제는 개개인 또는 기업으로서 변화와 혁신을 위해 정열적으로 노력하는 법을 배워야 할 때다.

기존의 행동양식이 지금까지 잘 기능하고 있으며 성공의 토대가 됐다고 해서 신성불가침한 것으로 여겨서는 안 된다. 우리는 습관화된 행동양식을 계속해서 시험대 위에 올려놓을 각오를 해야 한다. 지금까지 침해할 수 없는 것으로 여기던 규칙과 행동양식에 의문을 제기해야 한다. 또 변화를 이루고 새로운 것을 개발할 각오도 되어 있어야 한다. 즉 당신의 사업이 올바른 방향으로 나아가고 있는지 매일 곰곰이 생각해봐야 한다는 말이다. 당신은 진보적으로 사고해야 하며, 그럼으로써 형식에 얽매이지 않아야 한다. 국내뿐 아니라 세계시장을 관찰함으로써 그 흐름을 이해하고 해석하는 일은 비즈니스맨으로서 당연히 해야 하는 일이다. 하지만 모든 것을 스스로 생각해낼 필요는 없다. 다른 곳에서 이미 성공을 거둔 예를 보고 많은 것을 배울 수 있기 때문이다.

아마도 당신은 "나에게는 좀더 신경을 써야 할 절박한 일이 있다"고 말할지도 모른다. 맞는 말이다. 하지만 우리는 시급한 사항을 정말로 중요한 사항보다 우선시할 때가 너무나 많다. 아무리 절박한 일이라고 해도 정말로 중요한 일을 방해해서는 안 된다. 사업이 잘되고 있는 경우에도 마찬가지다!

"너무 힘들지 않을까?" 물론 힘들다. "역발상 이외에 생존을 위한 대안이 있을까?" 아마도 없을 것이다. 그러나 한 가지는 확실하다. 평범함으로는 아무것도 얻지 못한다는 사실이다! 과거에도 그랬고 지금도 그러하며 미래에도 그럴 것이다!

변명은 그만!

"곰곰이 생각할 시간이 거의 없는데 어떻게 역발상을 하라는 말인가?" 우리는 경영인들로부터 이런 말을 항상 들어왔다. 그래서 우리가 돕겠다는 것이다! 지금부터 당신은 이 책 속에서 다양한 조직과 경영인들을 알게 될 것이다. 이들은 익숙한 항로에서 벗어나 새로운 전략을 추구하고 업계의 기존 전략을 뒤집거나 완전히 새로운 시장을 개척한 이들이다.

이들의 사례를 곧이곧대로 받아들여야 한다는 뜻은 아니다. 반드시 조금 더 생각을 해봐야 한다! 이 사례들을 통해 당신은 분명 100% 영감을 얻을 수 있을 것이다. 그러나 당신은 그 영감을 당신에게 적합하게 변형시켜야 한다! 이 책이 제시하는 비즈니스 역발상 전략은 당신이 현 상태에서 벗어나 새로운 길로 접어드는 데 훌륭한 안내서 역할을 할 것이다.

이 책은 비즈니스 역발상의 4가지 기본요소를 4개의 장으로 나누어 소개하고 있다.

* 당신의 전략에 의문을 가져라!
* 새로운 시장을 창출하라!
* 제품을 완전히 새롭게 만들어라!
* 수익성 있는 가격모델을 고안해내라!

001

Different Thinking

다르게 생각하라 : **전략**

Strategy

Different Thinking

저 밖에는 아직 정복할 세계가 남아 있다.

– 루퍼트 머독(Rupert Murdoch), 미디어 황제

비즈니스 역발상과 전략이 무슨 관계가 있을까? 아주 많은 관련이 있다! 우선 비즈니스 역발상의 정반대 상황부터 생각해보자. 현 상태를 유지하는 데 열중하며, 온힘을 다해 변화에 강력히 저항하고, 미래의 성공이 되는 원천보다 어제의 성공을 더 신뢰하는 경영인의 행동은 역발상과 거리가 멀다. 이러한 생각과 연관된 짧은 이야기를 소개하겠다.

"1907년 12월 13일, 금요일의 황혼 속에 범선 토머스 로슨 호는 실리제도 앞 도버해협 아래로 가라앉았다." 세계적인 컨설팅업체 맥킨지의 이사인 리처드 포스터(Richard N. Foster)의 저서 《혁신: 공격자의 이점(Innovation: The Attacker's Advantage)》의 첫머리는 이렇게 시작한다.

토머스 로슨 호는 7개의 돛대를 가진 거대한 범선이다. 이 배는 근대적 기선(氣船)에게 대부분의 운송사업을 빼앗긴 상황 속에서도 마지막까지 저항했던 것으로 유명하다. 토머스 로슨 호의 소유주는 시대의 흐름을 인식하고 적절히 대응하는 대신 계속해서 과거의 전략을 수정해 적용했다. 하지만 기술적 진보에 맞서는 저항은 애초에 가망 없는 일이다. 포스터는 다음과 같이 단언하고 있다. "토머스 로슨 호를 끝으로 상업적인 범선의 시대는 막을 내렸으며 그 이후에는 기선이 바다를 제압했다"

토머스 로슨 호가 가라앉은 지 몇 세기가 흘렀는데도 우리의 경제계에는 여전히 이 범선이 떠다니고 있다는 느낌이 들 때가 많다. 다시 말해 현 상태에 비판적인 의문을 제기하고 역발상을 통해 새롭고 신선한 아이디어를 제시하는 대신, 시대에 뒤떨어진 제품이나 프로세스, 견해를 끈질기게 고수하는 경영인들이 지금의 시장에도 여전히 존재한다.

지금은 잊혀진 과거의 챔피언

독일 바이에른 주의 오토바이 생산업체 췬답(Zuendapp)을 예로 들어보자. 췬답의 제품은 BMW나 할리데이비슨만큼 매력적이지는 않았지만 가격이 저렴하고 튼튼하다는 눈에 띄는 장점이 있었다. 이 업체의 광고는 잠재고객에게 '모든 이를 위한 오토바이'를 약속한 바 있다. 지난 1977년 췬답은 1,900명의 직원을 고용하고 11만 5천 대의 오토바이와 모페드(보조기관을 장치한 자전거 또는 초경량 오토바이 – 옮긴이)를 생산했다. 그러나 이 회사의 경영진이 변화를 감지했을 때는 이미 너무 늦어버린 후였다. 오토바이 보험료가 급격히 상승하고 모페드의 면허의무제가 도입되면서 판매량이 급격히 추락해버렸던 것이다 게다가 일본의 저가 경쟁업체는 쥔답의 생존을 더욱 어렵게 만들었고 이 업체는 결국 1984년에 파산신고를 해야 했다.

주변의 변화를 통찰하지 못했던 기업은 이 외에도 수없이 많다. 미국의 컴퓨터 생산업체 디지털 이큅먼트(Digital Equipment)는 PC의 트렌드를 살피는 일에 소홀했다. 지난 1977년 디지털 이큅먼트의 창립자로서 회장과 대표를 역임했던 켄 올슨(Ken Olson)이 "앞으로도 컴퓨터를 일반 가정에서 사용하게 되는 일은 없을 것"이라고 단언했던 일은 꽤 유명하다.

이러한 예들은 '토머스 로슨병'이 눈과 귀를 멀게 하고 모르는 사이에 진행되는 고질병이라는 사실을 입증한다. 이 병은 과거에 황금알을 낳았던 거위 속에 경영인들을 가두어버린다. 이 기특한 거위가 이제는 분명 죽을 때가 됐음에도 불구하고 말이다.

토머스 로슨병을 조심하라

토머스 로슨병은 기존의 제품과 기업 운영방식의 안락함에 빠져 새로운 아이디어를 떠올리지 못할 때 발병한다. 이 병은 특히 한때 시장에서 독보적인 위치를 차지했던 기업이 잘 걸린다. 만성으로 자리 잡은 안락함은 현 상황에 충분한 의문을 제기하는 것을 방해한다. 또 새롭고 급진적인 아이디어와 혁신을 판단하는 능력을 기르는 대신, 자신의 제품을 지속적으로 개선하는 정도로 만족하게 만든다. 그러나 아이디어와 혁신을 판단하는 능력은 필수적인 것인 동시에 모든 업계에서 가장 어려워하는 도전이다.

여기서 얻을 수 있는 교훈은 분명하다. 현 상황이 만족스럽고 시장의 변화에 무감각해졌다는 생각이 든다면 이는 토머스 로슨병의 전형적인 증상이다. 현재의 상황은 과거의 결정이 반영된 것이다. 시장에서 나타나는 결과는 항상 늦다. 오늘 성공을 이끌어냈던 결정이 내일의 성공까지 보장하지는 않는다.

내일의 전투에서 오늘 성공한 제품을 무기로 싸운다는 것은 우매한 짓이다. 기업의 규모나 분야에 상관없이 말이다. 따라서 경영진의 과제는 변화를 이끌 마음자세를 다지고 역발상을 실천하는 것이다.

회의론자들에게 둘러싸여 있다면?

그러나 이 모든 일이 그렇게 쉽지만은 않다. 쉽다면 당신이 지금 이 책을 읽겠는가? 변화로 향하는 길목에는 항상 회의론자들이 있기 마련이므로 변화란 어려운 것이다.

현 상황의 옹호자들은 확신을 갖고 당신의 아이디어가 실현 불가능하거나 불필요한 것이라고 말할 것이다. 결국 현 상황을 구축한 것은 그들이며 이제부터는 당신에게 공격당할 것이기 때문이다! 그러므로 혁명을 일으키고 싶다면 우선 회의론자들을 무시해야 한다.

– 가이 가와사키(Guy Kawasaki), 마케팅 전문가

회사 내부의 회의론자들을 설득했더라도 당신 앞에는 다음 도전이 놓여 있다. 업계의 표준에서 벗어나는 일, 즉 비즈니스 역발상을 실천하는 일 자체에도 위험이 도사리고 있다. 그러나 대안은 없다. 새로운 것을 정착시키려면 위험을 감수해야 한다.

역풍에 맞서다!

혁신에는 항상 조직 내부의 반대가 따른다.

수년간 해왔던 업무에 의문을 제기한다면 직원들은 당연히 불안을 느낄 것이다. 일례로 영업부의 경우 기존 고객의 반응을 살피는 일 이외에 알려지지 않은 새로운 목표집단을 설정해야 하므로 그에 따른 수고를 추가로 더 해야 할 것이다. 대부분의 기업 전략은 새로운 목표집단을 개척하기보다는 기존 고객에게 더 나은 서비스를 제공하는 데 초점이 맞춰져 있기 때문이다. 결국 기업 내 대부분의 방침이 과거를 옹호하는 자들 손에서 좌지우지되는 곤란한 상황에 처하게 된다.

이들 기업은 과거에 성공을 가져다준 것을 고수할 뿐만 아니라 위험을 감수하면서까지 그것을 단념하려 하지 않을 것이다. 상황이 이렇다 보니 현 상황을 변화시키고자 하는 사람들은 새로운 일의 성공을 증명할 의무를 짊어져야 한다. 그러나 아이러니하게도 몰락한 현재의 상황 유지에 막대한 투자를 함으로써 비롯되는 위험은 잘 드러나지 않는다. 게다가 사방에서 들려오는 메시지는 개혁보다 개선 쪽이 훨씬 안전하다는 내용이다. 실제로는 그 반대 현상이 더 빈번한데도 불구하고 말이다.

역발상을 실천하려면 주변의 회의적인 의견에 무관심해야 한다! 기존의 규칙을 위반했다는 이유로 경쟁자가 혹평한다고 해도 개의치 않을 수 있어야 한다.

혁신에 회의적인 이들에게 대응하는 최선의 방법은 전반적인 전략에 의문을 제기하고 새로운 철학을 내세우는 것이다. 그러나 전체를 한번에 내세우기보다는 가격모델이나 제품모델, 마케팅모델 등으로 나누어 점진적으로 조정해나가는 편이 훨씬 더 수월하다.

이제 역발상의 세계에 본격적으로 들어가보자. 일단 논란의 소지가 많은 주제부터 시작해보자.

다른 업계에서 영감을 얻어라

기업이 경쟁업체의 행동을 분석하는 일에 소홀하다면? 이는 그리 큰 문제가 아니다. 진짜 문제는 경영자가 전적으로 경쟁에만 몰두해 많은 자금이 소요될 때다. 또한 경영자가 단시간에 경쟁자를 모방하기 위해 그들의 여정을 따라갈 뿐, 그들의 행태도 어제의 전략에 머물러 있을 때가 많다는 사실을 간과하는 경우에도 큰 문제가 발생한다. 이때의 결과물은 뻔하다. 좀더 낮은 가격의 좀더 나은 제품만이 살아남는다. 현실적으로 이윤을 낼 여지가 당연히 없다.

생각이 다르다고 경쟁자들을 비웃지 마라!

그렇다면 신선한 아이디어를 갖고 이런 영역에 침투한다면 어떤 일이 벌어질까? 흥미롭게도 새로운 경쟁의 원천은 무의미한 것으로 경시되거나 오만하다는 취급을 받는다. CNN의 테드 터너(Ted Turner)가 24시간 뉴스방송 아이디어를 언급했을 때 미국의 기존 TV 채널이 어떤 반응을 보였는지 생각해보라. 당시 사람들은 CNN을 '공상 속의 네트워크'라고 불렀고 테드 터너를 미치광이 취급을 했을 뿐 역발상 실천가로 진지하게 인식하지 않았다.

그렇다면 왜 기존의 방송국들은 이러한 새로운 서비스를 도입할 생각을 하지 않았을까? 미국의 대형 방송국인 ABC와 NBC, CBS가 24시간 뉴스서비스를 도입하지 않은 이유는 무엇일까? 사람들은 이러한 대형 방송국들이 터너와 같은 문외한을 재빨리 몰아낼 수 있을 것이라고 생각했다. 심지어는 대형 방송국이 시장에서의 위치나 재정적인 면에서의 강점, 기술적 지식을 이용해 오히려 신규 진입자보다 더 많은 서비스를 시장에 내놓을 수 있다고 추측했다. 그러나 실제로 일어난 현상은 정반대였다.

시장에 존재하는 다수의 대형 업체들은 앞서 '토머스 로슨병'에 대해 설명했듯이 현 상황을 유지해야 한다는 사고방식을 갖고 있다. 그들의 문제는 외관상 안락해 보이는 현 상황과 새로운 길에 진입하는 위험에 대한 두려움으로 인해 과거에 사로잡혀 있다는 점이다. 이들은 과거의 시장상황이 지금과 전혀 다르고 내일의 기회가 오늘의 기회와 확연히 구별된다는 사실을 알고 있으면서도 과거의 성공에 주목하면서 현재의 제품으로도 성공을 거둘 수 있다고 고집을 부린다.

어떤 제품이 최고의 인기상품이 될 것이라고 믿는 이유는 당신이 이미 그 컨셉을 잘 알고 이해하기 때문이다. 문제는 경쟁자들도 똑같은 생각을 한다는 점이다. 새로운 틈새시장을 발견했거나 페덱스(FedEX), CNN, 포스트잇(Post-it), 또는 집록스(Ziplocs)와 같이 업계 자체를 통째로 창출한 제품들은 미지의 영역을 개척한 경우다. 그걸로 모든 일은 다 이루어진 셈이다.

- 톰 피터스, 미국의 경영학 구루

또 다른 예를 살펴보자. 커피체인점 스타벅스는 세계적인 성공신화를 창조했다. 미국에서는 스타벅스의 고객들이 한달에 무려 18번이나 가게를 방문하는 것으로 조사되어 전체 소매상점 중에서 가장 충실한 단골고객을 보유한 것으로 밝혀졌다. 그렇다면 전 세계적으로 가장 잘 팔리는 커피인 네스카페를 생산하는 네슬레는 그동안 무엇을 했을까? 왜 네슬레는 트렌디한 커피숍으로 전 세계적인 네트워크를 구성하는 컨셉을 떠올리지 못했을까? 네슬레처럼 커피사업에 정통한 기업이 전념했던 일은 무엇일까? 아마 이들은 슈퍼마켓에 진열될 포장재의 색상과 캔의 형태에 대해 생각하거나 어떻게 하면 경쟁업체인 프록터앤갬블(Procter & Gamble)을 이길 수 있을지에 대해 머리를 굴리고 있었을 것이다.

전 세계에 8,500개의 지점을 확보한 스타벅스.

기존 업체들이 스타벅스와 같은 혁신을 자체적으로 도입하지 못한 이유는 매우 간단하다. 그런 기회를 전혀 발견하지 못했기 때문이다. 그리고 이들은 하워드 슐츠(Howard Schultz)와 같은 아웃사이더가 시애틀에서 단 몇 개의 커피숍으로 스타벅스의 아이디어를 발현시켰을 때까지도 그를 자신의 경쟁자로 인식하지 못했다.

주시하는 방향을 수정하라!

실제로 업계의 선두업체는 기존의 전통적인 업체를 적으로 간주하는 일이 빈번하다. 그러나 이것은 주시하는 대상이 잘못된 경우다.

이 세상 어딘가에는 당신 기업의 이름이 적힌 총알이 있다. 그리고 또 어딘가에는 당신의 전략을 무용지물로 만들어버릴, 아직 설립되지 않았고 전혀 알려지지도 않은 경쟁자가 있다. 당신은 그 총알을 절대 피할 수 없다. 그렇다면 당신이 먼저 총알을 발사해야 할 것이다.

– 게리 해멀(Gary Hamel), 전략의 대가, 런던경영대학원 교수

당신이 주시하는 방향은 큰 위험과 기회를 동시에 내포하고 있다. 기회를 발견하기 위해서는 동종업계에서 벗어나 외부로 시선을 돌려야 한다. 주변 360도를 모두 둘러보고 다양한 업계에서 훌륭하고 쓸모 있는 요소들을 차용하라.

| 비즈니스 역발상 제1법칙 |

360도 둘러보기: 다른 업계에서 영감을 얻어라!

기존의 사고방식: 한정된 경쟁환경 및 동종업계 내에서 혁신적 요소와 좋은 아이디어를 찾으려 한다.

비즈니스 역발상: 전혀 낯선 업계에서 새로운 제품을 위한 아이디어와 영감, 자극을 찾는다!

기업들이 동종업계의 라이벌과 우열을 다투고 서로를 무너뜨

리는 것을 최우선 목표로 삼는 모습을 자주 볼 수 있다. 그러나 이러한 형태의 경쟁은 전략과 제품, 가격이 일반적인 추세에 따라 동화되는 현상을 야기하고 결국에는 비용이나 프로세스, 품질에 국한된 경쟁을 하게 만든다.

생각에 한계를 두지 마라!

기존의 사고방식을 따르는 기업과 비즈니스 역발상을 실천하는 기업의 차이는 동종업계의 외부를 주시하느냐 그렇지 않느냐에 있다. 기존의 방식으로 사고하는 기업은 제품개선을 위한 새로운 아이디어를 개발하거나 마케팅에 변화를 주기 위해 현재의 고객들과 충분한 관계를 맺는다. 그러나 이러한 행위는 개선에는 도움이 될지 몰라도 획기적인 개혁이나 긍정적 의미의 상이함과 차별화를 유발하지는 못한다. 이와 반대로 역발상에 정통한 기업은 새로운 시장을 창출하고 경쟁규칙을 변경하며 전혀 새로운 제품이나 사업모델을 개발하는 등 기존의 범위를 확장한다. 그 결과 새로운 가격대의 제품이나 지금까지 달성하지 못했던 서비스 품질을 갖춘 제품이 만들어진다. 우리는 앞으로 이러한 제품에 관한 많은 예를 소개할 것이다.

비즈니스 역발상을 위해서는 지금까지와 다른 전략적 사고가 필요하다. 기존 방식으로 경쟁의 한계를 정하는 대신, 외부를 주시하는 체계가 갖추어져야 한다. 이는 아직 개발되지 않은 영역을 발견해 점령함으로써 진정한 의미의 가격상승을 이루어내기 위해서다. 경쟁의 관례적인 한계에서 벗어나 전혀 다른 업계나 집단 및 구매계층, 추가 제품과 서비스에 시선을 돌려야 한다.

다른 업계의 비즈니스 모델 활용하기: 관세청, 이베이에게 배우다

우리는 지금까지 공공관청은 기발한 생각을 해내는 사람들이 두각을 보일 수 있는 곳이 아니라고 생각해왔다. 그러나 독일 관세청은 이러한 생각이 틀렸음을 극명히 보여준다.

독일 관세청은 국가의 지시에 의해 저당물로 압류되거나 몰수된 물건을 처분하기 위한 새로운 아이디어를 찾기 위해 외부의 전혀 다른 영역을 주시했다. 그것이 바로 온라인 경매다. 정확히 말하자면 이들은 온라인 경매업체 이베이(eBay)에게서 새로운 판매 모델의 영감을 얻었다. www.zoll-auktion.de라는 인터넷 사이트에서는 현재 약 200개의 관세청이 압류된 자동차, 양탄자, 컴퓨터, 각종 전자기기, 시계, 낚시 부속품에서 커피와 알코올음료에 이르는 모든 물건을 경매에 부치고 있다.

이러한 예에서 배울 점은 무엇일까? 오늘날 기업이나 관청이 고객을 확보하기 위해서는 기존의 형식에 얽매이지 않는 길을 가야 한다는 사실이다. 기존의 형식에서 벗어난다면 분명 좋은 성과를 얻을 수 있다. 즉 일시적인 독점적 지위의 획득과 신규 시장에서의 브랜드 창출을 비롯해 신세대를 위한 제품 및 서비스 개발에 유리한 학습 인프라를 구축하는 등의 이점이 있다.

CNN, 델(Dell), 이케아(Ikea) 또는 스와치(Swatch)와 같은 기업들은 업계의 규칙을 깨고 새로운 규칙을 만들어냈다는 이유로 초반에는 업계 전문가나 애널리스트, 경쟁업체와 고객들에게 제정신이 아니라는 취급을 받았다. 그러나 이들 기업은 직관과 열정, 기꺼이 혁신을 추구하려는 자세와 역발상이 성공의 기초라는 사실을 증명했다. 한 예로 소니의 창립자 모리타 아키오(Morita Akio)는 "나는 시장에 봉사하지 않는다. 시장을 창조한다"라고 자신의 경영철학을 짧고 명확하게 표현한 바 있다.

그 밖에도 이러한 기업들의 특징이 한 가지 더 있다. 이들 기업의 경영진은 새로운 길을 택해 위험을 떠안고 동종업계의 규칙을 새로이 만들어낼 용기가 있다는 점이다.

고객들은 전통에서 벗어나고 있다. 당신도?

어떤 은행과 신용거래를 할지 결정하는 일은 종교적 믿음을 결정하는 일이나 마찬가지이며, 거래은행을 셔츠나 속옷을 바꾸듯이 쉽게 바꿔버리지 않는다는 사실은 이미 알고 있을 것이다. 은행의 입장에서 볼 때, 고객들이 예전부터 거래해온 특정 금융기관에 변함없이 적을 두는 것은 당연히 반가운 일이다. 따라서 과거 은행업계가 전통과 완고한 규정으로 두각을 나타냈다고 해도 놀라운 일은 아니다. 대부분의 독설가들은 금융업계의 유리성 안에서는 지금도 마찬가지 상황이 벌어지고 있다고 주장한다. 그러나 고객의 측면에서는 지속적인 변화가 나타나고 있다.

예전에는 실제로 거래은행을 바꾸는 경우가 거의 없었다. 그러나 오늘날의 상황은 다르다. 인터넷뱅킹이나 시장개방으로 해외 금융기관들이 밀려오고 있다. 특히 온라인뱅킹은 고객 행동패턴의 변화를 계속해서 유발하고 있다. 이러한 주변 환경의 압력에 매우 조심스럽고 우유부단하게 접근하거나 모방하는 전략으로 대처한다면, 운이 좋은 경우 자신의 시장 지위를 간신히 유지할 수도 있겠지만, 대부분 실패의 고배를 마실 수밖에 없을 것이다.

고객이 당신의 제품에서 비범하고 혁신적인 점을 깨닫지 못한다면 이는 결국 심각한 문제로 부각될 것이다. 고객이 당신에 대한 기대치를 점점 높이고 있기 때문이다. 고객은 점점 더 많은 것을 더 빨리 내놓기를 요구하고, 더욱 개선되고 저렴해진 제품을 원한다. 게다가 그들의 컨디션과 스케줄에 맞추어 그런 요구가 이루어지기를 바란다. 다음과 같은 사실을 생각해보기 바란다. 오늘날 사람들이 전화나 컴퓨터기술, 호텔서비스에 거는 기대치는 5년 전에 비해 훨씬 높아졌다. 따라서 "우리는 전혀 만족할 줄 모르는 고객의 시대에 살고 있다"고 말한 마케팅의 대가 레지스 맥케나(Regis McKenna)의 주장은 매우 현실적이라고 할 수 있다.

프로세스 최적화: 은행, 다임러크라이슬러에게 배우다

은행을 비롯한 기업들이 경쟁에서 살아남기 위해서는 좀더 전문성을 확보해야 한다. 그 중에서도 지점업무는 은행에게 있어서 많은 비용이 소요되는 부문이기 때문에 매우 중요한 출발점이다. 독일은행(Deutsche Bank)과 코메르츠은행(Commerzbank), 드레스드너은행(Dresdner Bank)과 씨티은행(Citibank)은 새로운 길을 모색하던 중 자동차산업에서 해결책을 발견했다. 즉 미래 경쟁력을 갖추기 위해서는 프로세스를 최적화, 합리화, 규격화해야 하며 핵심능력에 주력해야 한다는 것이다. 특히 이들은 은행이 관례적으로

부가가치의 80~90%를 직접 생산해온 반면, 자동차기업들이 직접 생산하는 부가가치의 비율은 30% 이하라는 점에 주목했다. 씨티은행은 다임러크라이슬러에서 기업 운영방식을 분석하고 최적화했던 컨설턴트를 영입해 시범을 보인 경우다. 그 결과 은행업계가 매우 복합적이라는 깨달음을 얻은 씨티은행은 업무의 조절 및 효율적 분배로 직원들의 생산성을 30% 높이는 성과를 거뒀다.

현재 씨티은행은 독일에서 가장 낮은 비용비율(expense ratio)을 자랑하고 있으며 다량의 업무를 외부로 이전하는 데 성공했다. 세계적인 금융센터가 위치한 아일랜드의 수도 더블린에서도 씨티은행과 국경을 초월한 거래가 가능하다. 씨티은행은 이처럼 전 세계에 지점을 확보해 자사의 강점을 전적으로 활용하고 있다. 특히 자동차기업을 모델로 삼아 업무를 분배하고 자체적인 부가가치 생산비율을 재조정한 것은 모범적인 사례라 할 만하다.

커피숍 같은 은행: 미국 오리건 주의 엄콰은행

은행을 주제로 조금만 더 이야기해보자. 금융기관들은 자동차기업뿐 아니라 전혀 영감의 원천이 될 것 같지 않은 업계, 예를 들면 스타벅스와 같은 커피숍 체인으로부터 기꺼이 배울 준비가 되어 있다. 특히 미국의 엄콰은행(Umpqua Bank)은 스타벅스에서 막대한 양의 아이디어를 차용한 경우다. 고객확보에 어려움을 겪던 미국과 유럽의 금융업계는 고객을 지속적으로 확보하기 위한 방안으로 첨단기술은 줄이고 인간미는 늘리는 일에 착수했다. 그러한 예로 미국 오리건 주의 엄콰은행은 자사의 지점을 고객들이 머물

엄콰은행. 고급스러운 카페 이미지를 풍긴다. 고객들은 여기에서 은행업무는 물론 여유로운 시간을 보내곤 한다.

고 싶어하는 장소로 만들었으며 그 결과 명망 있는 디자인상이자 산업디자인 분야의 오스카상으로 간주되는 '아이디어 어워드(IDEA Award)'를 수상했다.

엄콰은행의 신규 지점들은 딱딱하고 진지한 금융기관이라기보다는 현대적인 시민의 집을 연상시킨다. 엄콰은행은 고객들이 삶의 질에 많은 의미를 부여한다는 점을 인식하고 어떻게 하면 고객의 삶의 질을 개선하는 데 도움이 될 수 있을지 연구했다. 그 결과 자사의 지점을 고객이 머물다 가고 싶은 장소로 만들었다. 엄콰은행은 전형적인 은행이라기보다는 커피숍과 유사한 형태를 띠고 있다. 이곳에서는 조용히 커피를 마실 수도 있다. 또한 은행 내에 인터넷이 가능한 컴퓨터와 우편센터를 설치하고 금융관련 서적과 신문, 잡지 등을 읽을 수 있는 도서관도 마련했다. 게다가 토요일에도 문을 열어 영업시간도 연장했다. 엄콰은행은 은행업무가 온라인으로 빨리 해치우고 싶어하는 귀찮은 일일 수도 있지만, 다른 한편으로는 고객의 라이프스타일을 결정하는 요소라는 사실을 간파했다. 라이프스타일을 규정하는 요소 중 하나로 은행업무에 대한 개념을 바꿔놓은 엄콰은행의 노력은 많은 사람들에게 성공적이라는 평가를 받고 있다.

인생의 후원자 역할을 하는 은행: 워싱턴뮤추얼

미국에서 가장 성공한 개인자산 관리은행으로 알려진 워싱턴뮤추얼(Washington Mutual)도 비슷한 길을 걷고 있다. 250개였던 이 기업의 지점은 지난 10년간 10배나 증가해 2,500개가 되었으며 앞으로도 매년 250개의 신규 지점이 문을 열 전망이다. 이 기업은 '은행 외 업무(Non-Banking)'를 핵심전략으로 삼고 있다. 워싱턴뮤추얼은 자사를 '극히 평범한 고객이 공감할 만한 서비스를 제공하는 은행'이라고 소개한다. 이곳의 직원들은 고객의 '인생의 후원자(Life Supporter)'를 자처하고 필요에 따라 자녀의 교육보험 등에 관한 상담을 맡는다. 특히 고객과 접촉하는 모든 업무를 항상 대화를 통해 해결한 결과, 평균 이상의 교차판매율(Cross-Selling-Rate)을 기록했으며 직원과 고객 간의 유대감도 강화됐다.

워싱턴뮤추얼은 고객과의 접촉을 최소화하거나 셀프서비스를 위해 기술을 사용하는 것이 아니라 직원들을 지원하는 데 기술을 사용한다는 점에서 여느 은행과는 다르다. 이 은행은 각 지점에 관련 서적과 소프트웨어를 갖추고 있으며 세미나를 실시해 고객이 금융과 관련된 주제를 보다 가까이 접할 수 있도록 돕는다. 이들은 전반적으로 고객과의 정서적인 유대에 주력했으며 그로 인해 나타난 결과는 이들이 옳았음을 증명하고 있다. 그러나 미래에는 '고객과의 정서적 유대' 뿐만 아니라 기술도 매우 중요해질 것이다. 이러한 사실은 전 업계의 모든 조직이 경험하고 있는 쓰라린 현실이다. 고객들은 더 이상 생산계획이나 제품 및 홍보물, 영업시간 등에 영향을 받지 않는다. 오늘날의 고객은 전 세계의 수없이 많은 제품과 공급자 중에서 선택할 수 있고, 인터넷을 통해 지식 면에서도 뒤쳐지지 않으며, 자신의 이익을 확대하고 있다. 내일의 고객은 지금보다 더 많은 정보를 갖고 더욱 공격적이 될 것이다.

중고기계에 주어진 새로운 기회: 고인더스트리

앞서 말한 기술의 중요성에 주목해 역발상 전략을 실천한 기업은 독일 뮌헨의 고인더스트리(GoIndustry)다. '공장들은 더 이상 사용하지 않는 중고기계들을 어떻게 처리할까?', '파산한 기업의 공장에 있던 기계들은 어떻게 될까?' 라는 의문은 이 기업의 설립 계기가 되었다. 이 기업이 몸담고 있는 시장은 결코 작은 규모가 아니다. 전문가들의 추정에 따르면 중고 경제자산 시장의 규모는 연간 440억 유로에 이르고 있다. 이러한 사업은 전통적으로 현지판매 또는 현지경매의 형태로 이루어진다. 그러나 고인더스트리는 외부업계를 주시했고 이베이를 모델로 삼아 색다른 비즈니스 영역을 개척했다. 인터넷경매의 원리를 차용해 산업경매에 알맞은 형태로 적용하는 데 성공한 것이다. 인터넷경매는 공급자에게 긴요한 장점을 제공한다. 대개 인터넷상에서는 현지경매에 비해 구매희망자가 많은 까닭에 더 나은 매출달성이 가능하기 때문이다. 게다가 구매를 희망하는 이들은 따로 이동할 필요가 없어 시간과 비용을 절약할 수 있다.

이러한 사업을 전문적으로 해나가기 위해서는 적절한 노하우가 필요하다. 고인더스트리는 헨리 버처(Henry Bucher, 영국), 마이클 폭스(Michael Fox, 미국), 허버트 카너(Herbert Karner, 독일/오스트리아)와 같은 유명한 경매업체에 투자함으로써 이들의 노하우를 입수했으며 온라인사업의 노하우는 스스로 구축했다.

고인더스트리의 숨은 공로자는 독일의 올드 이코노미(Old Economy)에서 수십 년간 경력을 쌓은 헤르베르트 빌미(Herbert Willmy)다. 그는 전문기술과 경매사업의 노하우를 접목하는 방법으로 고인더스트리의 사업을 번창시켰다. 한편 현지 직원들도 기업의 운영에 필수적인 요소다. 고인더스트리는 전 세계 16개국에 약 260명의 직원들을 거느리고 있으며 곳곳에 퍼져 있는 지점과 다량의 고객 데이터베이스를 바탕으로 30개국 이상의 구매희망자들로부터 좋은 반응을 얻고 있다.

맥도날드의 노하우 활용하기: 법률사무소의 프렌차이즈화

뛰어난 아이디어와 비범한 서비스를 통해 선발자로서 시장진출을 과감히 시도하는 것은 차별화를 위한 엄청난 에너지를 만들어낸다. 그러한 에너지는 다시금 당신이 원하는 고객의 신뢰와 매매차익, 마진율과 시장점유율을 달성하도록 돕는다. 당신이 비범해지기를 원한다면 다른 업계에서 이미 오랫동안 적용해온 사업모델을 활용해 업계의 선두가 되는 일도 가능하다.

맥도날드의 사업모델에서 법률가들이 배울 점은 무엇이 있을까? 물론 일반적인 법률서비스 외에 치즈가 들어 있는 더블 와퍼를 제공해 변화를 줄 수도 있다. 그러나 우리가 의도하는 바는 다른 것이다. 맥도날드는 프랜차이즈 시스템을 통해 전 세계적으로 큰 성공을 거두었다. 여기서 법률가들은 '프랜차이즈'라는 개념에 주목할 필요가 있다. 독자적으로 법률사무소를 여는 데 드는 비용은 점점 높아지고 있으며 미국을 제외한 지역에서 법률업계는 마케팅이라는 주제와 관련해 많은 제약을 받고 있기 때문이다.

레기타스(Legitas)는 독일 함부르크에 위치한 법률사무소들의 제휴업체다. 이러한 사업모델은 다른 국가에서도 이미 커다란 성공을 거둔 바 있다. 프랜차이즈 시스템을 모델로 삼아 다수의 법률사무소가 시장에 공동으로 진입해 이득을 얻되 법적으로는 각 사무소가 독립을 유지하는 형태다.

독일 헤센 주 줄츠바흐 지역의 야노로(Janolaw)는 여기서 한 걸음 더 나아가 몇 년 내로 도심에 120개 이상의 법률사무소를 열 계획을 세우고 있다. 이 기업의 특징은 여러 개의 지점뿐 아니라 저렴한 가격도 있다. 규정상 허용되는 변호사 수수료는 최대 180유로이지만 야노로의 최초 상담료는 49유로 90센트에 불과하다.

게다가 기존의 법률사무소들이 시간당 상담비용으로 수백 유로를 요구하는 데 비해 야노로는 75유로라는 낮은 가격대로 상담비용을 설정할 계획이다. 할인 법률사무소 야노로가 성공할지는 좀더 지켜봐야 한다. 그러나 야노로가 기존의 틀에 얽매인 업계를 새로운 아이디어로 일깨운 것만은 확실하다.

온통 easy 세상?

지나치게 신중한 결정과 예의바른 해결책으로는 선두가 되지 못한다. 소위 업계의 전문가라는 이들의 의견에 맞장구를 치거나, 생명력이 짧은 유행현상을 반영하는 평범한 진리에 주력한다면 선두자리에 도달할 수 없다. 그러나 많은 경영진들은 새로운 경영서적을 기꺼이 집어 들고는 그것만으로 동종업계의 선두가 될 수 있는 진정한 전략을 갖추었다고 믿는다. 정말 큰 착각이 아닐 수 없다!

선두가 되기 위해서는 위험을 감수할 수 있는 용기와 과감하고 비범한 행동이 필요하다. 스텔리오스(Stelios Haji-Ioannou)는 시대의 흐름을 거스른 덕분에 업계에서 매우 큰 성공을 거둔 인물이다. 지난 1995년, 그리스 해운업자인 아버지에게 빌린 500만 파운드로 사업을 시작한 이 사람은 현재 모든 영국인들이 알고 있는 이지그룹의 사장이다. 이 모든 것은 저가 항공사 이지젯(Easyjet)의 설립에서 시작됐다. 저렴한 항공요금과 인터넷을 통한 예약, 최소한의 서비스가 이지젯의 컨셉이었다. 이후 1998년에 이지그룹이 설립되면서 그룹에 속한 다양한 업계에 이러한 기본

호화 서비스를 생략하고 단순한 크루즈여행만을 제공하는 대신 매우 저렴한 이지크루즈.

컨셉이 적용됐다.

- **이지카:** 영국에서 하루에 최소 3파운드로 승용차를 대여해준다.
- **이지호텔:** 하룻밤에 최소 5파운드로 런던지역에서 숙박이 가능하다.
- **이지시네마:** 인터넷을 통해 할인된 가격으로 영화표를 제공한다.
- **이지버스:** 영국에서 장거리 버스사업에 주력했다. 표는 최소 1파운드로 인터넷 예약이 가능하다.
- **이지텔레콤:** 영국의 통신 및 모바일 시장에서 동일한 모토 아래 사업을 전개할 전망이다.

이지그룹의 전 계열사가 갖고 있는 근본적인 의문은 '어떻게 하면 비용을 최소로 줄이면서 효율성과 수요를 최대한으로 끌어올릴 수 있을까?' 이다. 이지그룹은 이미 언급한 영화관과 항공사, 자동차 렌트사업, 유선 및 휴대전화서비스와 버스사업 외에도 인터넷 카페와 크루즈여행, 호텔, 신용카드, 피자 배달서비스 등 매우 다양한 사업을 벌이고 있다. 사업 확장에 대한 이지그룹의 열망은 아직도 식지 않아 보인다.

호텔이 저가 항공사에게 배울 점이 있을까?

이렇게까지 사업을 확장하면서도 새롭게 창출한 시장은 하나도 없다는 점에서 이지그룹의 스텔리오스의 행동양식은 흥미롭다. 이지그룹은 한 가지 확고한 사업모델로 여러 시장에 뛰어들었다. 이 그룹의 사업모델은 전혀 새로운 것도 아니며 단순한 원리를 적용한 것일 뿐이다. 그것은 많은 사람들이 소유하고자 하는 것은 비싸게 판매하고 그렇지 않은 것은 저렴하게 판매하는 방식이다. 따라서 그의 사업모델보다도 이지그룹 외에 아무도 이 같은 생각을 해내지 못했다는 상황 자체가 놀라울 뿐이다. 이지그룹의 창립자는 이러한 현상에 대한 이유를 기존의 사업방식의 불합리에서 찾고 있다.

스페인의 NH 호텔그룹도 저가 항공업계의 전략을 적용했다. 현재 이 호텔의 가격체계는 저가 항공사의 서비스를 모델로 삼아 적합한 형태로 전환시킨 것이다. NH 호텔은 뮌헨 지점에서 '예약을 빨리 할수록 가격은 내려간다' 는 원칙에 따라 객실을 판매하고 있다. 객실을 다양한 가격대로 구분한 후 가장 저렴한 가격의 객실을 우선적으로 판매한다. 가장 저렴한 객실의 예약이 모두 완료되면 객실의 가격은 순차적으로 올라간다. 객실의 가격은 조식제공없이 하루에 29유로부터 177유로까지로 총 6단계로 구분되어 있다. 저렴한 요금의 객실은 신용카드로 사전예약을 할 수 있고 취소가 불가능하지만 10유로를 내면 예약을 변경할 수는 있다. 첫 번째 시범테스트 결과, 호텔의 하루 평균 숙박료는 감소하지 않았다. 오히려 그 반대로 더 높은 객실점유율과 매출을 달성했다.

이는 앞서나가는 기업은 낡은 사고방식을 스스로 찾아내 개선하는 데 주저하지 않는다는 사실을 증명해 보여주는 예다. 이러한 기업들은 자신이 행동하지 않는다면 다른 누군가가 행동하리라는 사실을 잘 알고 있다.

지금부터는 낡은 사고방식의 문제점, 달리 말해 더 이상 시대에 맞지 않는 서비스를 제공하는 등의 문제해결을 위해 치열하게 투쟁했던 '업계'를 살펴보자.

신자들에게 직접 찾아가는 고해소

'고객이 오지 않는다면 우리가 간다'라는 시범을 보인 예가 있다. 바로 은행과 식료품 시장이다. 은행은 자동화기기의 도입으로, 식료품가게는 이동이 가능한 차량으로 고객에게 접근했다.

최근 교회에 가는 것을 귀찮아하는 사람들이 점점 더 늘고 있다. 고해소에 가는 사람은 더더욱 없다. 이러한 상황을 개선하고자 가톨릭 구호단체인 '키르헤 인 노트(Kirche in Not-'위기의 교회'라는 뜻-옮긴이)'는 독특한 조치를 취하기로 결심했다. '간편한 고해성사'라는 모토 아래 폴크스바겐의 캠핑버스를 개조해 성직자가 고해 투어에 나설 수 있도록 한 것이다.

고해용 자동차. 교회에 가기 귀찮아하는 사람들을 위해 직접 그들을 찾아간다.

'고해 자동차'는 아이히슈테트 지역의 주교 발터 믹사(Dr. Walter Mixa) 박사의 후원 아래 교구와 교회 공동체에게 무료로 제공된다. 가톨릭 세계청년대회와 같은 대규모 행사가 열릴 때에는 특별한 계기 없이도 공공장소에서 신부와 이야기를 나누거나 영적 고민에 대한 상담을 신청하고 원할 경우에는 고해를 할 수 있는 기회도 제공하고 있다.

Different Thinking

| 비즈니스 역발상 BOX |

— 다른 기업을 모방하는 것보다 남들과 다른 길을 걷는 편이 이익이다.

우리는 문제의 해결책을 찾기보다는 익숙함을 좇는 경향이 있다. 대부분의 경우가 그렇다. 우리는 잘 알고 있으며 편안함을 느끼는 영역에서 주로 활동하려 들고, 해답을 찾기 위해서는 그곳을 좀더 충분히 파고들어야만 한다고 믿는다. 하지만 아무리 수고스럽게 파헤친다한들 획기적인 성공을 거둘 수는 없을 것이다.

— 해결책: 다른 곳을 둘러보고, 새로운 것과 익숙함을 접목시켜라! 전혀 낯선 분야에서 새로운 제품에 대한 아이디어와 영감, 자극을 찾기 위해 노력하라!

온라인 경매업체 이베이로부터 많은 것을 배운 독일 관세청이나, 커피숍의 핵심 아이디어를 자기 업계에 접목시킨 엄콰은행을 기억하라. 사람들은 기존의 은행이 아니라 일터와 가정의 거실, 중간 정도의 역할을 하는 '제3의 공간'을 원한다.
또는 모바일 은행이나 이동 식료품점에서 영감을 얻은 가톨릭교회를 생각해보라. 그 결과 '고해 순회'를 떠날 수 있도록 만든 고해용 차량이 탄생했다.

더 이상의 중간지대는 없다!

많은 기업들이 중간시장에 편안히 자리를 잡고서는 '시장 전체' 를 대상으로 '모든 이들을 조금씩' 만족시킨다는 좌우명을 따르고 있는 듯하다.

그러나 평범한 중간시장이 좁아지면서 이곳에서는 이제 숨쉬기가 힘들어졌다. 즉 지금까지 해왔던 대로 해서는 고객의 관심을 끌거나 눈에 띌 수 없게 되었다는 의미다. 경쟁자는 나날이 늘어나고 이윤은 감소한다. 항상 똑같은 메시지로 고객을 유인하는 제품들은 품질 면에서도 두각을 보일 수 없다. 이것이 바로 중간시장의 현주소이다.

중간시장이 사라지고 있다. 고객들이 중간지대를 벗어나는 일이 점점 잦아지면서 중간시장과 더불어 평범한 제품들도 차츰 설 곳을 잃어가고 있다. 비즈니스 역발상 제2법칙은 생존에 관한 것이다.

| 비즈니스 역발상 제2법칙 |

중간시장이 사라지고 있다. 하루빨리 이곳을 떠나라!

기존의 사고방식: 가능한 많은 이들을 만족시킨다.
이를 위해 제품은 너무 비싸지도 저렴하지도 않으면서, 되도록 많은 고객이 관심을 가질 만한 것이어야 한다.

비즈니스 역발상: 사라지고 있는 중간시장에서 벗어나라. 당신만의 고유한 색깔을 만들고 포지션을 설정하라. 돈을 벌 수 있는 곳은 고가 영역과 저가 영역으로 양극화된 시장이다.

특히 소비재 시장의 양극화 현상이 심화되면서 저가 영역과 고가 영역이 평균 이상의 성장을 누리고 있다. 소비재업계는 이런 추세를 가장 먼저 관찰할 수 있는 곳이다. 그리고 이곳은 절대로 값싼 것만을 추구하지 않는다.

적시에 손을 떼는 기술

기업들이 이런 추세를 눈치 채지 못하고 있는 것은 아니다. 하지만 알고 있는 것과 실행에 옮기는 것은 별개의 문제이다. 왜 그럴까? 한 영역에서 아주 저조한 성공을 거뒀지만 그 영역 이외에 그럴듯한 대안이 눈에 띄지 않는 상황에 처해 있는 기업이라면, 그 영역을 그냥 지나쳐버릴 수 있을까? 당신 자신은 어떻게 행동했는지 한번 생각해보라. 그 영역 밖 어딘가에 훨씬 나은 대안들이 존재한다는 사실을 잘 알면서도 익숙한 곳을 쉽게 떠날 수 있었는가? 이에 대한 해결책은 정말 간단하다. 방금 움켜쥔 것에서 손을 떼려면 정말로 그럴듯한 기회가 눈앞에 있어야 한다. 하지만 이런 기회를 발견하는 일이 항상 쉽지만은 않다.

빵집을 예로 들어보자. 빵집을 운영한다면 손님들이 가격에 민감하게 반응한다는 사실을 쉽게 알 수 있을 것이다. 하지만 다른 한편으로 그런 손님들이 아무렇지도 않게 6유로라는 거금을 내고 라떼 마키아또와 이탈리아식 고급 빵을 사먹는 모습에 혼란스러워질 수도 있다. 이제 어떻게 하겠는가? 아마도 당신은 두 가지 모두를 만족시키려 할 것이다. 인건비를 절감하든지 좀더 저렴한 재료를 사용함으로써 제품가격을 낮추고, 동시에 작은 '커피코너'를 열어 라떼 마키아또 등의 커피음료를 판매하는 식으로 말이다. 이제 당신은 두 분야에 힘들게 양다리를 걸친 셈이 되었다.

그러나 역발상을 실천하는 이들은 다르다. 그들은 다른 시각으로 사물을 관찰하고 자신을 차별화하면서 명확한 포지션을 설정한다.

중간시장에서는 살아남기 힘들다, 이동하라!

비즈니스 역발상은 단순히 시각을 전환하는 것 이상이다. 여기에는 상당한 용기도 필요하다. 그러나 그 '용기'는 명확한 포지션을 설정하는 용기이지 '모든 이들을 조금씩'이나마 만족시키려는 서비스와는 전혀 상관이 없다.

역발상에 능한 사람이라면 이 경우 신선한 빵을 저가로 판매하는 셀프서비스 빵집을 지향하든지, 아니면 고품질의 빵을 몇 배 높은 가격으로 판매하는 고급 제과점으로의 변신을 시도할 것이다. 물론 이것이 쉽지는 않겠지만 말이다.

명확한 포지셔닝이 필요한 이유는 다양한 업계에서 찾아볼 수 있다. 중간지대에 포진해 있는 기업이 고객의 지지를 얻는 일은 점점 더 어려워지고 있다. 주변을 한번 둘러보라. 최근 미용업계는 저가 서비스를 제공하는 미용실 체인점들이 장악하고 있지만, 반면 고가의 헤어스튜디오들도 나름의 영역을 확대해나가고 있지 않은가. 이런 현상은 어느 광고의 카피(로레알 광고카피)처럼 '누구나 자기 자신은 소중하기' 때문이다. 결국 중간시장에서 살아남기는 점점 더 힘들어지고 있다.

항공업계를 예로 들어보자. 저가 항공사들은 눈에 띄게 시장 점유율을 잠식해왔다. 예전에 버스로 유럽을 여행하던 사람들은 이제 비행기를 애용한다. 그렇다고 해서 상습적인 구두쇠들만이 저가 항공사를 이용하는 것은 아니다. 오히려 그 반대라고 보는 게 더 옳다. 단돈 49유로에 비행기표를 사는 데 성공한 사람들은 거기서 아낀 돈으로 밀라노 쇼핑 중 눈에 띈 프라다 가방을 사고 있으니 말이다.

시장경기와 상관없이 명품이 붐을 맞고 있다

항공사 얘기를 좀더 해보자. 저가 항공사의 비중이 점점 커지는 다른 한 편에서는 흥미로운 현상을 관찰할 수 있다. 기업 대표들의 전용여객기를 공급하는 최고급 항공업의 고객도 증가하고 있다는 사실이다. 이런 현상은 경기침체에도 아랑곳하지 않고 일어나고 있다. 게다가 미국의 항공 자문경영기관인 틸그룹(Teal Group)은 전용여객기사업이 지속적인 붐을 맞을 것으로 예견하고 있다. 최근 전 세계의 경기 추세와는 전혀 상관없이 말이다. 전문가들의 예측에 따르면 향후 10년간 총 920억 달러 규모에 달하는 6,500대의 비즈니스 제트기가 판매될 전망이다. 그렇다면 중간시장에서는 어떤 일이 벌어지고 있을까? 그곳에서는 알이탈리아나 스위스에어 같은 항공사들의 생존전쟁이 한창 진행 중이다.

새로운 욕구를 일깨운 커피메이커

모닝커피를 마실 때 필터 커피메이커를 사용하는가? 미안하

임프레사 S9 아방가르드. 이것을 소유하는 사람들은 단순히 기계만 원하는 것이 아니다.

지만 그렇다면 당신은 유행에 한참 뒤떨어진 사람이다. 요즘 유행하는 제품은 에스프레소 머신이다. 이 제품을 장만하는 데 드는 비용은 일주일간의 이탈리아 휴가비용과 맞먹는다. 그러나 이 분야의 매출은 1996년 이후 다섯 배 이상이나 증가했다. 많은 기업들은 이미 이러한 트렌드를 알아채고 활동을 시작했다. 혹은 오히려 그들이 이런 유행을 창조했다고 할 수도 있겠다.

한 예로 '임프레사 S9 아방가르드(Impressa S9 Avantgarde)'와 같은 고가의 명품 커피메이커는 1,400유로를 호가하지만, 스위스의 프리미엄 커피메이커 제조업체 유라(Jura)의 제품 중에서 가장 잘 팔리는 모델로 꼽힌다. 평범한 커피메이커는 알디(AlDI, 독일 최대의 할인 유통업체-옮긴이)에서도 15유로만 주면 살 수 있다. 그러니까 임프레사 S9 아방가르드 1대 가격이라면 거의 100개의 커피메이커를 살 수도 있다. 아니면 몇 십 년 마실 수 있는 커피를 사거나 고급 카페에서 라떼 마키아또를 450잔 마실 수도 있다.

하지만 임프레사 S9와는 경쟁이 되지 않는다. 바로 이 점이 결정적인 요소다. 이 에스프레소 머신은 굳이 평범한 필터 커피메이커에 수준을 맞추려 하지 않는다. 오히려 에스프레소 문화를 대표하는 상징물로써 최고급 커피와 풍부한 크림을 맛볼 수 있게 해주고, 주변사람들에게는 당신의 귀족적 이미지를 부각시키는 역할을 한다. 커피의 진정한 맛은 커피잔에 담긴 액체의 맛 이상을 의미한다. 따라서 유라를 비롯한 여타 고급 커피메이커 제조업체들은 단순히 커피를 추출하는 기계가 아니라 그 기계를 사용하면서 느끼는 감정과 이미지를 판매한다고 봐야 옳다. 여기서 한 가지 더 주목해야 할 점이 있다. 에스프레소 문화와 더불어 그에 따른 액세서리 시장이 형성됐다는 사실이다. 커피잔이나 유리컵, 거품기는 꼭 필요한 액세서리 중 극히 일부에 불과하다. 커피산업 전체가 이 같은 라이프스타일이 유행하는 덕을 보고 있는 셈이다.

제품별 시장점유율 전망

1980년의 시장점유율	
저가 제품	24%
평균가 제품	49%
최고급 · 고가 제품	27%

2010년의 시장점유율	
저가 제품	40~45%
평균가 제품	10~20%
최고급 · 고가 제품	40~45%

출처: B.A.T. Freizeit-Forschungs-Institut, 2001

스위스 기업 유라의 성공은 단지 하나의 예에 불과하다. 두각을 보이는 기업들 다수가 이 같은 방법으로 획기적인 성공을 거두고 있다. 만약 유라가 따뜻한 카페인 음료를 마시고자 하는 고객의 욕구를 충족시키는 데에만 몰두했다면, 아마 그들은 오늘날까지도 저렴한 필터 커피메이커만 생산하고 있을 것이다. 유라의 탁월함은 고객 자신조차도 미처 알지 못했던 새로운 욕구를 일깨웠다는 점이다. 불과 10년 전만 해도 1,400유로나 되는 커피메이커를 살지에 대해 진지하게 고민하는 사람들은 없었다. 유라는 단순히 고급 커피를 즐기고자 하는 소망을 넘어서서 그 이상을 충족시키고 있다. 그리고 바로 그 점이 유라와 같은 기업들이 고객의 신뢰를 얻고 꿈에나 그릴 법한 성장률을 달성하는 비결이다.

중간제품들이 활개치는 곳에도 가능성은 있다!

그러나 비즈니스 역발상을 실천함으로써 경쟁에서 우위를 차지하는 비결은 단지 새로운 욕구를 일깨우는 데에만 있는 것은 아니다. 새롭고 비범하면서도 획기적인 제품과 서비스, 사업계획을 바탕으로 첫 번째 주자로 시장에 뛰어드는 방법으로도 업계 일인자가 될 수 있다. 이때는 시장 중에서도 평범한 중간제품들이 장악하고 있는 영역이 이상적인 곳이라고 볼 수 있다. 제빵업계가 좋은 예다. 박베르크(BackWerk,독일의 제빵 할인체인-옮긴이)의 창립자 로버트 키르마이어(Robert Kirmaier)는 독일 뒤셀도르프에 최초의 셀프서비스 제빵 할인점을 열었다. 이 할인점이 거둔 엄청난 성공은 그의 전략이 적중했음을 입증하고 있다. 또 그의 성공이 시장의 양극화 현상에 박차를 가하는 역할을 했다고 말할 수도 있겠다. 오늘날 박베르크를 비롯한 많은 유사 업체들은 가격에 민감한 고객들을 상대로 서비스를 제공하고 있다. 이곳의 빵들은 더 이상 가격 경쟁이 불가능할 정도로 매우 저렴하다. 점원이나 제빵사, 상담원은 없지만 그 대신 여기에서는 신선한 빵을 끊임없이 구워낸다. 이들이 성공할 수 있었던 중요한 요인은 극도로 낮춘 가격과 높은 신선도 그리고 셀프서비스로 시간을 절약할 수 있다는 점이었다.

그러나 모든 고객의 생각이 동일하지는 않다. 시장에는 24가지 곡물이 들어간 비싼 건강빵을 사먹는 고객층도 엄연히 존재한

엄청난 매출을 올리고 있는 박베르크 할인 빵집. 신선한 빵을 상상도 할 수 없는 저렴한 가격에 제공한다.

다. 따라서 평범한 빵집이라도 친환경제품이나 웰빙제품을 개발한다면 특별해질 수 있다. 알레르기 질환이 있는 이들을 위한 빵처럼 특정 고객들을 사로잡을 수 있는 제품도 있다. 이런 빵은 그 이름처럼 평범한 중간에서 벗어난 제품이기 때문에 좀더 비싼 값을 매겨도 상관없다.

자동차업계를 잠깐 살펴보자. 다임러크라이슬러가 마이바흐라는 롤스로이스 급 럭셔리 리무진을 선보였다는 사실은 알고 있을 것이다. 마이바흐는 적절한 런칭과 고객층을 고려한 판매전략으로 포지셔닝에 성공한 예다. 특별교육을 받은 전담매니저(PLM, Personal Liaison Manager)는 마이바흐를 구매하는 고객이 세상에 단 한 대 뿐인 차를 가질 수 있도록 상담해주는 역할을 한다. 예를 들면 차 내의 보관함에 어떤 합판을 사용할지, TV 모니터의 위치는 어디로 할지, 또 계기판은 어떤 소재로 해야 할지 등을 결정하는 일이다. 이처럼 마이바흐의 차체 장식에는 한계가 없다. 하지만 다른 자동차업체들의 프리미엄 브랜드는 마이바흐와 같은 성공을 거두지 못하고 있다. 그 이유 중 하나는 이런 명품의 고객층이 상대적으로 얇다는 데 있다. 그 때문에 맨 처음에 뛰어드는 기업이 가장 먼저 시장을 잠식해버리는 것이다.

명품 자동차의 런칭 외에도 다임러크라이슬러와 BMW는 시장공략모델의 도움으로 제품의 포트폴리오를 중간시장의 외부로 확대하는 데 성공했다. 이 두 기업은 시장 확대와 이미지의 하향 조정을 통해 새로운 고객층이 벤츠와 BMW의 운전자라는 이미지를 누릴 수 있도록 했다. 이 같은 방식으로 BMW의 기업역사상 최대의 제품공세가 이루어졌던 1시리즈는 골프(Golf-폴크스바겐의 소형승용차)를 무너뜨리는 데 성공했다.

'하겐다즈', 대중을 공략한 프리미엄

또 다른 전략은 커피체인점 스타벅스와 프리미엄 아이스크림업체 하겐다즈의 성공 뒤에 숨어 있다. 이 기업들은 커피와 아이스크림을 고급화하는 동시에 대중의 마음을 사로잡았다. 전이(transfer)를 시도한 것이 아니라 대중시장을 공략한 새로운 제품을 선보인 것이다. 덕분에 동종업계에서는 보기 드문 수익률을 달성할 수 있었다.

스타벅스와 하겐다즈는 의도적으로 다른 업체들에게 중저가 영역을 맡겨두고 있다. 그러나 중저가 영역에서 고객의 관심을 조금이라도 더 끌기 위해서는 스타벅스와 하겐다즈가 제품 런칭에서 선보인 것과 같은 전형을 모방할 수밖에 없다. 유사한 형태의 커피 전문점이 셀 수 없이 생겨난다거나 아이스크림의 포장법이나 이름을 붙이는 방식을 모방하는 현상은 이러한 문제점을 반영하는 것이다.

문제는 기업들이 결정을 내리지 못할 때다. 물론 저가 제품과 프리미엄 제품을 함께 판매해서 성공한 예도 있다. 그러나 이때는 대상고객에 따라 명확히 차등을 두어야 하고 제품도 확실히 차별화해야 한다. 특히 식품업계의 고가 업체들이 극히 비밀리에 알디나 리들과 같은 할인 유통업체에도 제품을 공급한다는 사실은 하나의 관례로 알려져 있다. 그러나 이러한 제휴관계가 노출될 경우, 프리미엄 브랜드는 할인 제품에 비해 가격만 높고 품질의 차이는 느낄 수 없다는 이유로 손실을 입을 수 있다. 따라서 이 경우 소비자들에게 뒤통수를 맞지 않으려면 비밀엄수는 의무다.

H&M을 위한 라거펠트 컬렉션, 오리지널 카를 라거펠트 쟁탈전

오트쿠튀르(Haute Couture-프랑스어로 고급 맞춤복이라는 뜻)와 사재기가 만났다. 2004년 가을 H&M(Hennes & Mauritz-스웨덴의 패션브랜드) 매장에서는 수백 명의 인파가 카를 라거펠트가 디자인한 옷 한 벌을 사기 위해 쟁탈전을 벌였다. 이들은 할인 유통업체 알디가 노트북을 판매할 때처럼 정신없이 몰려들어서는 제품을 살펴보지도 않고 사갔다. 도대체 무슨 일이 일어났던 것일까?

프랑크왕국 카를 대제의 뒤를 이어 또 한 명의 위대한 카를이

카를 라거펠트가 선보인 저렴한 의상. 카를 라거펠트와 H&M이 손을 잡았다.

센세이션을 일으켰던 것이다. 스웨덴 기업 H&M의 전 세계 1천 개 매장 중 500개 매장에서는 라거펠트가 독점 디자인한 약 30종(여성복 20종, 남성복 10종)의 컬렉션이 판매됐다. H&M은 라거펠트 컬렉션의 수량이 한정돼 있다는 점을 재차 강조했지만 기특하게도 실제 수량은 밝히지 않았다. 그 결과 떠들썩한 홍보활동에 사람들이 흥분을 했고 사재기 현상이 나타났다. 컬렉션을 판매한 지 이틀 만에 H&M 매장에 남은 것은 제각각 흩어진 컬렉션 몇 점이 전부였다. 이 제품들은 넉넉한 추가요금이 붙은 뒤 이베이에서 경매에 부쳐졌다. 어쨌거나 유명 디자이너와 그의 제품을 통해 유명해진 의류체인의 제휴는 의류업계에 혁명을 일으켰다.

라거펠트는 〈벨트 암 존타크(Welt am Sonntag)〉와의 인터뷰에서 이러한 시도가 당연한 것이었을 뿐이라고 밝혔다. "우리는 대중을 무시해서는 안 됩니다. 그리고 새로운 고급 제품에 대한 아이디어를 떠올리는 시도를 할 수 있어야 합니다. (중략) 요즘 세상에는 '가질 수 있느냐', '가질 수 없느냐' 라는 두 단어만 존재할 뿐입니다. 그리고 이 양쪽 모두가 유행을 따른 제품이어야 합니다. (중략)

나는 두 부문에 차등을 두고 활동합니다. 샤넬에서는 오트쿠튀르를 디자인하지만 나의 이번 H&M 컬렉션은 그것과는 상관없는 또 다른 것입니다. 이런 저가 컬렉션을 거치면서 저는 고가 제품 영역에 더 많은 노력을 기울이게 되고 더 좋은 품질을 유지하게 됩니다. 이 양쪽 모두가 저에게는 도전입니다."

라거펠트는 이번 컬렉션이 H&M의 이미지 전이를 위한 것이라는 사실을 분명히 알고 있었다. H&M은 라거펠트라는 브랜드의 이미지에서 얻을 수 있는 혜택을 원했으며 경쟁업체와 조금 다르면서도 그들보다 좀더 나아지려는 전략을 추구하고 있다.

승자가 모든 것을 갖는다!

남들과 다르면서도 나아지는 비결은 경쟁자들이 이미 시도한 것과는 다른 새로운 무언가를 만들어내는 데 있다. 독창성을 바탕으로 짧은 기간 동안 만이라도 시장에서 경쟁우위를 갖는 데 도움이 될 만한 혁신을 도입하라.

유감스럽게도 많은 기업들이 독창성을 통해 경쟁에서 우위를 차지하고자 노력하기보다는 발 빠르게 모방하는 편이 낫다는 믿음을 갖고 있다. 이러한 믿음은 선발자로 나설 경우 리스크가 높다는 원칙적인 가정에 근거한다. 하지만 정말 실제로도 그럴까? 선발자가 되어 시장에 새롭고 차별화된 제품을 내놓는 것보다 후발자가 되는 편이 안전할까? 물론 선발자는 금전적 리스크를 염두에 두어야 한다. 그러나 얼마 안되는 자금을 창의적으로 투입한다면 리스크를 최소한으로 줄일 수 있다. 이것이 바로 도전이며 혁신이면서도 리스크를 최소화하는 올바른 방법이다.

그렇다면 독창성을 통해 우위를 차지하는 방법이란 어떤 것일까? 예전에는 한 제품에 몇 가지 기능을 추가하는 것만으로도 충분히 우위를 차지할 수 있었다. 하지만 오늘날에는 더 이상 그런 방식이 먹히지 않는다. 왜 그럴까? 며칠 후면 경쟁사들이 모방해버리기 때문이다.

자동차산업을 예로 들어보자. 이 세상에는 더 이상 나쁜 품질의 자동차는 존재하지 않는다. 어떤 자동차업체를 살펴보더라도 마찬가지다. 도요타나 르노, 폴크스바겐과 같은 기업들 모두가 보유기술에 대한 완벽한 지식을 갖고 있다. 이들 기업에서는 연구개발을 전담하는 대규모 부서가 현재의 기술을 끊임없이 개선하고 신기술과 신소재, 진보된 제작방식을 개발한다. 게다가 경쟁사의 제품도 속속들이 알고 있다. 경쟁사의 자동차를 샅샅이 분해해 그들의 기술을 파악하기 때문이다.

따라서 이제 자동차업계의 차별화 요소는 품질이 아닌 다른 곳에서 찾아야 한다. 새로운 경쟁에서는 엔진의 성능이나 공기저항계수를 더 이상 중요하게 여기지 않는다. 중요한 요소는 디자인과 애프터서비스, 고객서비스, 이미지, 사람이다. 그리고 평범한 중간시장에서 빠져 나와 경쟁업체들이 생각해내지 못하는 그 무언가를 실행하는 것이다.

Nobody에서 Perfect Body로 변모한 '브루노 바나니'

다른 이들이 생각해내지 못하는 무언가를 행하는 것-그것은

브루노 바나니. 고가 제품과 저가 제품의 사이에 적절히 자리 잡고 있다.

브루노 바나니 언더웨어(Bruno Banani Underwear GmbH—독일의 속옷업체)의 신조다. 이 기업의 창립자인 볼프강 야스너(Wolfgand Jassner)는 "우리는 그 누구도 상상하지 못하는 것을 만든다"고 말한다. 브루노 바나니는 '대중에 반하여(Not for everybody)' 라는 광고 슬로건과 함께 매달 새로운 팬티를 전문매장에 선보인다. 브루노 바나니는 제품의 종류를 한정했으며 수량도 의도적으로 제한해 수집가들이 갖고 싶어하도록 만들었다.

브루노 바나니가 처음 등장할 당시만 해도 팬티는 사람들을 열광시키는 물건은 아니었다. 그러나 이 속옷업체는 독특한 판촉 활동을 통해 마니아층을 확보한 브랜드가 되는 데 성공했다. 브루노 바나니의 광고 배경은 독특하게도 우주와 깊은 바닷속 등이었으며 이를 통해 자사 제품의 신축성과 내구성을 강조했다.

브루노 바나니의 성공스토리는 평범한 중간시장에서 벗어나는 비결이 항상 가격과 관련이 있는 것은 아니라는 사실을 보여준다. 브루노 바나니는 의도적인 차별화로 대중을 벗어난 영역에 포지셔닝함으로써 여느 업체와는 다른 길을 걸었다. 이로써 브루노 바나니는 독일의 틈새시장을 정복했다.

물론 남성들은 기능성 속옷 외에도 캘빈클라인과 같은 고가의 디자이너 제품을 구매할 수 있었다. 그러나 현실적으로 기능성 속옷과 디자이너의 속옷 사이에 마땅한 제품이 빠져 있었다. 독일 작센 주의 섬유기업인 브루노 바나니는 바로 이 영역을 파고든 것이다. 이는 디자이너 언더웨어를 무난한 가격에 판매하자는 아이디어에서 시작되었다. 동아시아에서 생산된 따분한 싸구려 팬티 대신에 갖고 싶은 생각이 드는 국내산 유행제품을 만들어낸 것이다. 그리고는 마케팅 에이전시의 독특한 발상에서 나온 브루노 바나니라는 이름으로 그 마무리를 지었다.

이 기업의 창립자는 브루노 바나니 언더웨어가 대중상품으로 전락하지 않도록 하기 위해 늘 고심하고 있다. 브루노 바나니는 이러한 전략으로 연간 약 4천만 유로의 매출을 거두고 있다. 처음에 남성만을 타깃으로 설정했던 이 기업은 현재 여성고객을 위한 제품에서도 성공을 거두고 있다.

획기적인 판매컨셉 떠올리기: '하겐다즈'의 달콤한 행로

'럭셔리의 민주화'는 평범한 중간시장에서 벗어날 수 있는 또 하나의 매우 흥미로운 방안이다. 하겐다즈는 1987년 독일시장에 진출한 이후 자사의 아이스크림을 프리미엄 브랜드로 확립하는 데 성공했다. 그러나 이 기업은 품질 외에도 판매컨셉 덕택에 성공한 케이스다. 하겐다즈는 몇몇 특정 슈퍼마켓에도 제품을 공급하지만 그보다는 주로 주유소에 딸린 가게에서의 판매를 통해 고객과 직접 만날 수 있는 경로를 확보했다. 이러한 경로는 경쟁품목이 한정되어 있어 경쟁이 훨씬 덜 치열하다는 장점이 있다.

이 같은 상품판매경로 외에도 독일, 오스트리아, 스위스 지역에서는 하겐다즈 카페가 가맹점의 형태로 운영되고 있다. 이러한 방식으로 하겐다즈라는 브랜드는 소비자들의 머릿속에 프리미엄 제품이라는 이미지로 각인되고 있다. 하겐다즈 카페의 숫자는 향후 몇 년 내에 3배 이상으로 늘어날 전망이다. 하겐다즈의 판매컨셉은 성공을 거두고 있으며 몇 년 전부터 동종업계의 추세와는 달리 두 자릿수의 성장률을 달성하고 있다.

기존의 패러다임에 도전하라!

이 장에서 다루는 기업들은 사라져가는 중간시장을 떠나라는 원칙을 현명하게 실천한 기업들이다. 이들은 눈에 띄는 공통점을 한 가지 갖고 있다. 그것은 이들 모두가 다른 누구보다 먼저 나서서 기존의 패러다임을 깼다는 사실이다. 비즈니스 역발상을 실천하는 이들은 기존의 질서에 도전하며 지금의 상태를 유지하려 들기보다는 변화를 택한다.

그리고 그 이면에는 흥미로운 사실이 한 가지 더 존재한다. 모든 전략에는 유효기간이 있다는 사실이다. 우리가 갖고 있는 능력을 활용하고 익숙한 것에 안주하지 않기 위한 비결은 경영진과 조직의 역할에 달려 있다. 이들이 유연성과 적응력을 갖추고 지속적인 학습과 위험을 감수하겠다는 각오로 창의적 사고를 하면서 스스로 책임을 져야 하는 것이다. 다음의 두 가지 사례는 이미 어느 정도 안정된 기업들도 혁신을 실행할 수 있으며, 평범함에서 벗어나 컬트의 대상이 될 수 있다는 사실을 보여주고 있다.

'버켄스탁', 친환경 신발에서 유행의 주자로

남녀공용의 버켄스탁(Birkenstock) 샌들은 7,80년대 일어난 자연회귀운동에서 안티모드의 상징물로 인식되던 신발이었다. 따라서 반핵 및 평화운동가들과 친환경 성향의 발도르프슐레(Waldorf Schule-독일의 대안학교) 교사들 사이에서 지정신발처럼 여겨지곤 했다. 하지만 아무리 환경을 사랑하는 사람이라고 해도 이 슬리퍼

버켄스탁: 버켄스탁 슬리퍼의의 섹시함을 깨닫게 해준 하이디 클룸.

를 신고서는 집 앞의 쓰레기장에조차 나가고 싶어하지 않았다. 우아함이라고는 전혀 찾아볼 수 없는 디자인에다가 날씬한 발도 이 슬리퍼를 신기만 하면 굉장히 펑퍼짐해 보였기 때문이다. 사이즈가 조금 큰 것은 캠프파이어의 모닥불을 밟아서 끌 수도 있을 정도였다. 한마디로 유행과는 거리가 먼 슬리퍼였다.

그러나 버켄스탁은 이미지 전환에 성공했고 이 기업의 건강신발은 지구촌 전역에서 돌연 컬트의 대상으로 떠올랐다. 무슨 일이 일어난 것일까? 버켄스탁은 건강과 디자인의 접목이 해결책이라는 사실을 간파했다. 90년대 초, 두 디자이너 마크 제이콥스(Marc Jacobs)와 랜돌프 듀크(Randolph Duke)는 조악함의 전형이었던 이 신발을 반짝거리는 모조보석 버클이 달린 품위 있는 파티용 신발로 변모시켰다. 그리고 고객에게 새로운 이미지를 전달할 사람으로 슈퍼모델 하이디 클룸(Heidi Klum)과 영화배우 틸 슈바이거(Til Schweiger)를 기용했다.

새로운 포지셔닝은 적중했다. 미국에서는 모든 스타들이 이 독일제 신발을 신고 거리를 돌아다닌다. 하물며 저녁 파티에도 참석한다. 발꿈치를 받쳐주는 홈과 코르크와 라텍스, 황마소재로 된 특허 받은 안창은 자연스러운 발의 모양을 본떠 혈액순환을 방해하지 않고 발가락을 조이지 않는다. 따라서 긴 시간 동안 진행되는 스탠딩 파티에 제격이다. 런던에는 이 '안창이 깊은 샌들'을 사려는 대기자 명단이 있을 정도다. 유행에 민감하다고 알려진 영국의 가수 빅토리아 베컴(Victoria Beckham-축구선수 데이비드 베컴의 아내)도 하늘색 밴드와 흰 버클이 달린 버켄스탁을 몇 켤레 사기 위해 한 시간 동안이나 기다렸을 정도다.

후베르트 수사슴 문양으로 캐주얼 바에 진출한 '예거마이스터'

이미 30년대부터 존재했던 수사슴 상표의 예거마이스터(Jaegermeister)는 본래 식후에 소화를 돕는 음료로 특히 50세 이상의 고객들에게 사랑을 받아왔다. 그러나 이 업체의 주인은 그것만으로 만족하지 못했다.

지난 1973년, 독일 분데스리가 축구팀 아인트라흐트 브라운슈바이크는 예거마이스터의 제안에 따라 본래 사자 문양이었던 유니폼을 후베르트 수사슴 문양과 오렌지색으로 변경했다. 이는 오늘날 흔히 볼 수 있는 유니폼 광고로, 예거마이스터가 그 선두주자였던 셈이다. 이 때문에 예거마이스터는 독일축구연맹(DFB)과 치열한 법정싸움을 벌이기도 했다.

오늘날 예거마이스터는 허브 리큐르(Liqueur–증류수를 베이스로 하여 만든 혼성주)로 신세대 고객의 취향을 사로잡는 데 성공했다. 이제는 예거마이스터를 캐주얼 바에서 갓 짜낸 오렌지주스와 섞어 마시거나 언더락으로 마시는 모습을 흔히 볼 수 있다. 1천 명에 달하는 '예거렛(Jaegerette–예거마이스터 홍보대사)' 은 독일뿐 아니라 미국 전역의 바와 클럽을 순회하며 판촉활동을 벌이고 있다. 이 수사슴은 한계를 극복했으며 그것은 단지 지리적인 한계의 극복에 그치지 않고 있다.

예거마이스터가 개혁을 거듭하고 젊어질 수 있었던 비결은 광고에서도 나타난다. 광고에 등장하는 두 마리의 수사슴 루디와 랄

예거렛의 활동. 예거마이스터는 광고 및 마케팅 비용의 70%를 예거렛의 활동을 지원하는 데 쓰고 있다.

프는 한 차례 성형을 거쳐 긴 털이 달린 천 소재의 캐릭터에서 과감한 컴퓨터애니메이션으로 돌변했다. 웹사이트는 플래시를 사용해 트렌디한 애니메이션을 선보이고 있으며 온라인매장에서는 사우나용 수건과 대담한 디자인의 T자 팬티를 판매하기도 한다.

이 기업은 매출성장을 위해서는 사라져가는 중간시장에서 벗어나야 한다는 사실을 너무나도 잘 알고 있었다. 유일한 브랜드와 독특한 이벤트에 주력하고 있는 예거마이스터는 순매출의 약 19%를 광고와 마케팅에 투자하면서 상점과 업소 근처에 자사제품을 배치하고 있다. 광고 및 마케팅 비용의 70%는 예거렛의 활동을 지원하는 데 사용된다. 참고로 이들의 다음 스케줄은 인터넷에서 확인할 수 있다. 예거마이스터는 항상 신선한 아이디어와 새로운 제휴로 기존의 관례를 깨고 있다. 또 성공에 안주하려는 자는 이미 패배한 것이나 다름없다는 사실을 알고 있는 까닭에, 허브 리큐르가 주류음료에 포함되지 않도록 매우 주의를 기울이고 있다.

예거마이스터는 다양한 환경에 적응하는 데에도 힘쓰고 있다. 한 예로 남성 동성애자들이 많이 거주한다는 샌프란시스코의 캐스트로 지역에서는 여성형 접미사 ette를 붙인 예거렛이 아니라 '예거 듀즈(Jaeger Dudes-Dude는 영어로 남자를 뜻하는 속어)' 들이 판촉투어에 나서고 있다. 따라서 손님들이 이들과의 접촉을 망설이는 모습은 전혀 찾아볼 수 없다.

레이더를 켜고 경쟁대상의 개념을 확대하라

현재의 시장에서 단지 한정된 경쟁자들을 관찰하고 그들의 행동을 분석하는 데 대부분의 시간을 보내고 있지는 않은가? 그렇다면 파격적이고도 새로운 사업 아이디어 앞에서 눈을 감고 있는 것이나 다름없다. 시장 밖 어딘가에서 전혀 알지 못하는 경쟁자가 당신의 시장에 파고들기 위해 만반의 준비를 하고 있을 수가 있기 때문이다.

음반산업은 그와 같은 부정적 결과를 보여주는 예다. 이들은 마치 자신들의 시장은 절대로 타 업계의 기업에게 침해당할 리 없다는듯 경쟁음반회사의 강점이나 취약점, 경영방법을 분석하는 데만 치중하는 모습을 보였다.

그러나 오늘날 음반산업 매출의 급격한 감소는 무언가가 잘못되어가고 있다는 사실을 말해주고 있다. 오늘날에는 음반산업의 경쟁대상을 정의하는 일조차 쉽지 않다. 휴대전화와 컴퓨터게임을 비롯한 엔터테인먼트 제품들을 과연 경쟁상대라고 해야 할까? 음반회사의 고객층은 근본적으로 바뀌지 않았다. 이들은 아직도 어린이와 청소년을 1차고객으로 설정하고 있다. 따라서 최대의 경쟁상대는 인터넷상의 P2P 사이트와 다운로드 정글이다. 이를 보여주는 단적인 예로 미국의 음반업계는 약 600명의 P2P 사용자들을 고소한 바 있다. 하지만 이러한 소송조치가 음반산업의 문제점을 해결할 수 있을까? 그렇지 않을 것이다. 음반업계에 새롭고 혁신적인 아이디어들이 빠른 속도로 등장한다는 현실에는 변함이 없기 때문이다. 따라서 새로운 시장의 창출을 항상 염두에 두고 있어야 한다. 이는 음반업계에만 해당되는 얘기가 아니다.

Different Thinking

| 비즈니스 역발상 BOX |

모든 것들이 점점 더 나아진다는 것은 점점 동일해진다는 뜻이기도 하다.

– 폴 골드버거(Paul Goldberger), 〈뉴욕타임스〉 건축비평가

사라지고 있는 중간시장에서 벗어나라! 자신의 고유한 색깔을 인정하고 포지션을 설정한 다음, 시장이 프리미엄 제품과 저가 제품으로 양극화됐다는 점을 이용하라. 돈을 벌 수 있는 곳은 바로 이곳이다. 당신의 제품을 근본적으로 철저하고 면밀하게 분석하라. 당신의 제품은 어느 영역에 자리하고 있는가? 할인 제품에 점수를 줄 것인가 아니면 보통 수준의 가격과 품질로 승부할 것인가? 포지셔닝을 분석하는 일은 당신이 어디에, 왜 서 있는지를 확실히 알기 위한 필수적인 작업이다.

모방이 아니라 변형과 혁신, 개선을 통해 자신을 특화시켜라

박베르크 같은 제빵 할인점을 한번 살펴보자. 이 업체는 다른 경쟁사가 대항할 수 없는 저렴한 가격을 무기로 평범한 보통 빵집들과 자사를 명확히 차별화하는 데 성공했다. 또는 속옷업체 브루노 바나니를 생각해보자. 브루노 바나니는 약삭빠르게도 기능성 속옷과 고가의 디자이너 제품 사이에 성공적으로 포지셔닝했다. 이는 디자이너 언더웨어를 적당한 가격으로 판매하는 동시에 'not for everybody'라는 근사한 모토를 광고에 활용하는 흥미로운 전략을 통해 이루어진 것이다.

군더더기를 없애라

비즈니스 역발상을 성실히 실천하는 기업은 모든 일에 일일이 끼어들고 싶은 유혹에 넘어가지 않는다! 이들은 한 가지 또는 몇 가지 핵심분야에 명확한 초점을 맞추고 그 분야에서 세계 최고가 되기 위해 주력한다. 이것은 우리가 일반적으로 알고 있는 복합기업의 개념과는 정반대되는 것이다. 복합기업은 매출의 규모가 클 뿐만 아니라 다양한 영역에서 활동한다. 그들은 여러 분야에서 활발히 움직이면서 그에 따른 시너지 효과를 기대한다. 그러나 이러한 전략이 항상 들어맞지는 않는다.

한 예로 다임러벤츠의 사장이었던 에드차르트 로이터(Edzard Reuter)는 통합된 기술기업의 꿈을 맹렬히 추진했으나 그가 퇴임한 이후 이 프로젝트는 급격한 종말을 맞이하면서 실패로 끝났다. 휴대전화업계의 선두인 노키아의 경우도 생각해보라. 노키아는 불필요한 짐을 가혹하게 덜어낸 후에야 새롭게 거듭날 수 있었다. 노키아는 20년 전까지만 해도 종이와 고무장화, 트랙터용 타이어를 생산하던 기업이었다.

비즈니스 역발상을 실천하는 이는 다른 길을 걷는다. 큰 규모가 반드시 우수하다는 법은 없다. 역발상 실천가는 자신이 현재 선두를 달리는 사업 분야에만 주력한다.

| 비즈니스 역발상 제3법칙 |

짐을 가볍게: 군더더기를 없애라!

기존의 사고방식: 가능한 많은 생산활동을 자체적으로 실행하려 한다.

비즈니스 역발상: 진정으로 세계 최고가 될 수 있는 일에만 초점을 맞추고 나머지는 납품업체나 협력업체, 고객에게 맡겨둔다!

하지만 소수의 사업 분야에 주력하는 것만으로는 충분하지 않다. 무의미한 업무와 기업의 모든 활동을 낱낱이 밝히고 자신이 가장 높은 가치를 두고 있는 분야가 실제로 세계 최고인지를 자문해봐야 한다. 그렇지 않다면 더 우수한 능력을 보유한 다른 업체에게 해당 활동을 맡겨야 한다. 소프트웨어기업인 마이크로소프트는 비디오게임기 X박스의 제작을 전적으로 외부업체에 맡김으로써 자사의 강점에 주력할 수 있었으며 광범위한 하드웨어 노하우를 추가로 구축할 필요가 없었다. 이런 경우 기업이 할 일은 직무를 적절히 이전하고 능력 있는 협력업체를 찾는 일뿐이다.

시범을 보인 대형업체들

자동차업계는 신규 차량의 생산과정 중 평균 35%만을 자체적으로 담당할 뿐, 나머지는 하청업체에게 맡기고 있다. 게다가 자체생산의 비중은 향후 10년간 계속 감소해서 23%까지 떨어질 전망이다. 특히 아웃소싱이 적용되는 부문은 차체와 금속판, 도료, 차대(車臺), 모듈이다. 다른 부문의 아웃소싱도 점차 증가하는 추세다.

푸마(Puma)를 예로 들어보자. 스포츠용품업체 푸마는 자사의 핵심업무인 제품개발과 디자인, 마케팅에 주력하고 있다. 헤어초겐아우라흐 지역에 위치한 소규모의 본사는 소수의 직급으로 구성된 사람들이 사업을 운영하고 있다. 생산업무와 전 세계에 걸친 전반적인 운송업무의 대부분은 협력업체가 맡고 있다. 판매업무는 자회사에 넘긴 상태다. 그 밖에도 정보통신기술을 도입해 고객, 생산업체, 판매업체 및 라이선스 구매업체를 연계시켰다. 이처럼 푸마는 외부에는 단일 브랜드로 보이지만 몇몇 독자적인 업체들의 네트워크로 구성된 기업이다.

아디다스와 나이키, 리복과 베네통도 비슷한 구조다. 이런 현상은 우연일까? 그렇지 않을 것이다! 이들 기업은 어깨의 짐을 덜어 몸을 가볍게 하는 전략을 실천했다. 즉 이들은 어지러운 경쟁 속에서 가볍게 움직이면서 유연성을 최대한으로 발휘하고 있다. 불필요한 모든 짐은 던져버리고 진정으로 잘할 수 있는 일에만 매달리고 있는 것이다.

핵심역량을 인식한 기업에게 승산이 있다

'핵심역량(core competence)' 이라는 개념은 개별적인 특정 능력이나 기술을 의미하는 게 아니다. 고객이 인지하는 가치에 평균 이상으로 기여하는 능력과 기술을 통틀어 일컫는 말이다.

당신의 기업이 정말 잘할 수 있는 일은 무엇인가? 어떤 면에서 경쟁업체보다 뛰어난가? 다른 이들이 손쉽게 모방할 수 없는 경쟁우위를 구축했는가? 이러한 질문에 답해보는 일은 두 가지 이유에서 매우 흥미로운 연습이 될 것이다. 우선 당신은 자신의 기업이 어느 분야에 핵심역량이 있는지 아직 확실히 파악하지 못했을 수 있다. 두 번째로는 기업의 강점이 경영자나 고객, 직원 및 하청업체의 생각과는 달리 전혀 다른 분야에 존재한다는 사실을 깨달을 수도 있다.

인터넷 네트워킹 솔루션 분야의 세계적 선두업체 시스코(Cisco Systems)를 예로 들어보자. 사람들은 이 하이테크기업의 핵심역량이 탁월한 입지를 보유한 독특한 인터넷 기술이라고 생각할 것이다. 하지만 그것은 틀린 생각이다!

오늘날 우리 회사 제품의 50%는 본사 직원이나 공장과의 접촉 없이 생산되고 있습니다. 우리 회사는 납품업체가 제품을 조립하고 발송하는 매우 특이한 방식을 활용하고 있는데, 고객들은 우리가 생산과정에 관여하지 않는다는 사실을 전혀 눈치 채지 못하고 있습니다.

–하워드 차니(Howard Charney), 시스코시스템스 수석부사장

시스코의 핵심능력은 기술 분야가 아니다. "우리의 핵심역량은 빠른 협상 능력과 고객의 요구를 충족시키는 일이며, 선발자로 시장에 진입해 외부의 재정적 지원을 통해 판매경로를 구축하는 것이다. 이러한 능력을 갖추기만 한다면 우리가 주요 생산과정을 이전했던 것처럼 대부분의 기술개발과정도 성공적으로 이전할 수 있다." (게리 해멀, 《Leading the Revolution》)

최소한의 미학에 기댄 성공

자전거 생산업체의 핵심역량은 무엇일까? 영국의 자전거 생산업체 스트라이다(Strida)는 그 해답을 찾아냈다. 스트라이다의 핵심역량은 주요 거래처 관리, 마케팅, 제품개발 및 자산경영과 같은 전반적인 사업에 전략적으로 접근한다는 데 있다. 그리고 이 기업이 핵심역량을 충족하는 데 필요로 하는 직원은 기업주와 후원자 역할을 하는 은행직원, 단 두 명이다.

스트라이다의 기업주 스티드맨 베스(Steedman Bass)는 한 대학생으로부터 접이식 자전거 디자인을 확보했다. 이 자전거는 최소한의 요소들로 구성되어 있으며 15초 만에 접었다 펴는 것이 가능하다는 점이 특징이다. 스트라이다 자전거의 생산업무는 대만의 밍싸이클(Ming Cycle Company)이 맡고 있으며 이 업체는 중국에서 개별부품을 조달해 자전거를 조립한다. 버밍엄에 위치한 또 다른 아웃소싱업체는 직접 또는 간접적인 마케팅과 운송지원, 도매 및 시중판매를 비롯해 회계보고를 담당하고 있다.

스트라이다는 주요 거래처와 마케팅, 제품개발, 자산경영과 같은 전략적인 과제에 몰두함으로써 가상기업을 구현했다. 이 조직은 네트워크상에서 다수의 독립적 개별기업이 관계를 맺음으로

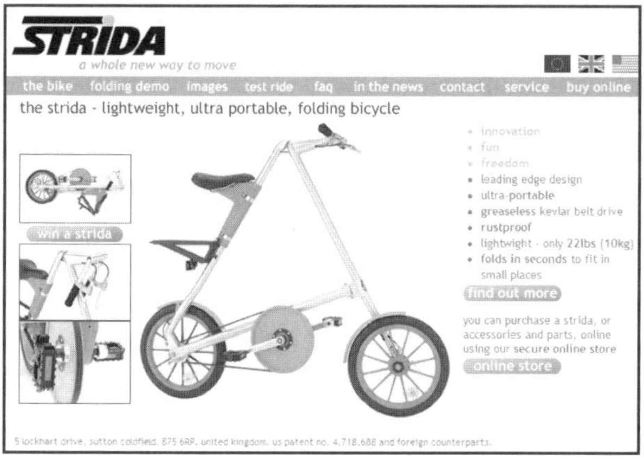

스트라이다의 접이식 자전거. 자전거 경기용은 아니지만 무척이나 실용적이다.

써 형성된다. 이러한 가상조직의 도움이 없었다면 스트라이다 자전거는 존재하지 못했을 것이다. 모든 참여업체가 자신의 핵심역량에 몰두할 수 있었던 까닭에 총체적인 성공을 거둔 것이다.

접이식 자전거는 성공을 거뒀다. 대도시에서 자동차로 다니기 힘든 지역에 거주하는 이들이나 요트 또는 주거용 자동차를 갖고 있지만 소형 이동수단을 추가로 필요로 하는 이들이 이 제품의 충성고객이 되었다. 오늘날 스트라이다는 100만 유로 이상의 매출을 달성하고 있다.

경영개발의 부담을 덜다

스트라이다만큼은 아니지만 마인츠(Mainz)의 유리 제조업체 쇼트(Schott)도 군더더기를 없애고 현명하게 행동하고 있다. 쇼트는 자사의 핵심역량에서 실질적인 인재개발부문을 제외시키기로 결정하고 코무니카치온스 콜렉(Kommunikations Kolleg AG Beratung

& Training)에 그 일을 위임했다. 코무니카치온스 콜렉은 22명의 상근직원과 200명의 비상근직원을 확보하고 전 세계 고객의 요청에 따라 인재개발업무를 전담하고 있는 기업이다.

이 기업은 쇼트 및 다른 고객들에게 적합한 교육 및 트레이닝 프로그램을 다양하게 보유하고 있으며 자사의 책임 하에 이러한 프로그램을 실시하고 있다. 쇼트가 하는 일은 프로그램 참가자를 선별하고 청구서를 지불하는 일이 전부다. 코무니카치온스 콜렉은 경영교육 구상, 트레이너 스카우트 및 품질 관리, 프로젝트 관리, 회의 호텔 선정, 실질적인 행사 진행 등에서 기업에 속한 인사부서보다 우수한 핵심역량을 마음껏 발휘하고 있다.

결과적으로 쇼트와 같은 기업들은 이 서비스업체가 인재개발업무의 주요 부분을 전담함으로써 그에 따른 업무의 부담을 줄였다. 따라서 인사부서를 담당하는 경영진은 시장 현장에 직접 나가 전략가로 변모해 업무를 구상하고 납품업체의 관리 및 중대한 통제업무를 수행할 수 있다.

고객이 직접 업무에 참여한다!

기업은 다양한 방법으로 자신의 거추장스러운 짐을 벗어던질 수 있다. 생산부문을 하청업체에 위임하는 방법은 단지 시작에 불과하다. 스트라이다나 푸마와 같은 기업들은 실제로 전략적인 핵심과제만을 기업 내에 남겨두는 방법을 택함으로써, 단순히 하청업체에 생산과정을 위임하는 방법 이외에도 기업의 짐을 더는 일이 가능하다는 것을 증명했다.

매우 흥미로운 방법이 한 가지 더 있다. 스웨덴의 가구업체 이케아(Ikea)가 그 예다. 이케아는 가구의 운송과 조립을 고객에게 위임해 고객의 돈을 절약해주고 있다! 은행들도 이러한 원칙을 부분적으로 적용하고 있다. 인터넷뱅킹과 현금자동인출기는 고객이 은행업무를 스스로 처리할 수 있도록 함으로써 고객에게 업무를 직접 이전한 경우다.

Different Thinking

| 비즈니스 역발상 BOX |

— **진정으로 세계 최고가 될 수 있는 일에 초점을 맞추고 나머지는 납품업체와 협력업체 또는 고객에게 맡겨라!**

역발상을 실천하는 기업은 전 생산과정을 통제하거나 많은 업무를 자체적으로 수행하는 일을 목표로 삼지 않는다. 오히려 핵심역량에 해당하지 않는 과정들을 다른 이에게 이전하려 한다. 이들은 모든 생산을 책임지지는 않지만 그 안에서는 핵심적인 위치를 차지한다.

스포츠용품업체 푸마를 기억하라. 푸마는 핵심능력인 제품개발과 디자인, 마케팅에 주력하고 나머지는 협력업체에게 위임했다. 영국의 자전거 생산업체 스트라이다도 이러한 원칙을 완벽하게 추구하고 있다. 이 기업은 소유주와 후원자 역할을 하는 은행직원 단 두 명으로 구성되어 있으며 나머지 업무는 대만과 영국 버밍엄의 협력업체가 해결한다.

002

Different Thinking

다르게 생각하라 : **시장**

Market

Different
Thinking

대부분의 경영인들이 생각에 생각을 되풀이하고, 거듭해서 계획을 세우지만
그 즉시 일을 실행하는 경우는 극히 드물다.
그러나 우리가 빠른 속도로 변모하는 세상에 신속히 적응하기 위해
지속적으로 새로운 것을 시도하고 다양성을 창조하지 않는다면
우리의 선택권은 제한될 수밖에 없다.

– 톰 피터스

가장 강력하면서도 지속적인 해결책은 새로운 제품과 새로운 시장을 끊임없이 선도하는 것이다. CNN, 이케아, 바디샵(Bodyshop), 페덱스, 스페인의 패션업체 자라(Zara), 또는 델 컴퓨터와 같은 비즈니스 역발상 기업은 단순히 시장에 적응하는 데 그치지 않고 정반대의 행동도 불사한다. 게다가 획기적인 신제품이나 서비스, 사업모델로 새로운 시장을 창출해낸다. 시장이 이들을 조종하는 것이 아니라 이들이 시장을 주도한다. 이들은 고객에게 반응하기보다는 고객을 미래로 이끈다.

모방과 한계를 허용하지 마라!

역발상을 실천하는 기업들은 어떻게 행동할까? 우선 이들은 용기가 있다. 이들은 기존의 관습을 따르는 편이 그렇지 않을 때보다 훨씬 더 위험하다는 사실을 알고 있다. 공통점이 한 가지 더 있다. 이들은 목표에 도달하기 위한 전략적인 계획, 시장조사, 경쟁업체 분석, 고객 설문조사와 같은 기존의 경영수단을 맹목적으로 신뢰하지 않았다. 이러한 행동은 대다수 기업들의 기존 행동양식과 부합되지 않는다. 대부분의 기업들은 새로운 일을 감행하기 전에 여러 번의 시장조사를 요청하고 경쟁업체의 동향을 지나치게 면밀히 살핀다. 그리고는 모든 위험의 가능성을 신중하고 주의 깊게 검토한 연후에야 행동을 취한다.

취객들에게 가로등은 길을 밝혀주는 용도가 아니라 자신의 몸을 지탱하는 용도로 쓰인다. 대다수의 기업들도 그런 용도로 사장조사를 이용한다.

– 데이비드 오길비(David Ogilvy), 광고대행사 오길비앤매더(Ogilvy & Mather)의 창립자

오해하지 말기 바란다. 우리는 위험에 대해 신중히 검토하는 자세를 반대하는 게 아니다. 오히려 우리는 전략적인 계획을 세우고 경쟁업체를 관찰하거나 시장조사를 실시하는 등의 관리수단을 반드시 활용해야 한다고 생각한다. 하지만 이러한 관리수단으로 얻은 결과를 보고 있노라면 자연히 의심이 든다. 왜일까? 그 이유를 알기 위해서는 기존 기업들의 행동방식에 대해 잠깐 언급해볼 필요가 있다. 대부분의 기업의 전략적인 계획은 일정한 전제와 기본적인 추측에 기초해 시장의 주요 동향을 예견하거나 자원의 투입과 분배를 결정하고 불확실한 세상에서 기업의 나침반 역할을

하도록 수립된다. 전통적 의미의 전략은 경쟁업체에 대한 분석을 통해 이루어지며 따라서 그들은 기존의 경쟁업체와 서비스를 주의 깊게 관찰하는 일에 몰두한다. 하지만 시장조사를 통해 세워진 전략은 주로 기존 고객의 기호에 따른 것이다.

고객에게 거절당한 레드불, 포스트잇, 페덱스

여기까지는 괜찮다. 그러나 이러한 관리수단들은 안전에 대한 환상일 수 있다. 시장조사를 생각해보자. 우리는 내일의 고객이 원하는 바를 알고 있다고 생각한다. 그들에게 물어보았기 때문이다! 하지만 고객이 우리에게 정말 진실을 말했을까?

고객은 미래를 안내하는 도로 표지판이 아니라 백미러다.

-조지 콜로니(George Colony), **IT 시장조사기관 포레스터 리서치**(Forrester Research)

대부분의 고객들은 내일의 요구를 오늘 앞서 설명하기 힘들어 한다. 이는 다수의 혁신적 제품과 컨셉이 도입 초기에 고객에게 거절당한 예를 보면 알 수 있다. 크라이슬러의 미니밴이나 접착 메모지 포스트잇, 비디오 레코더, 팩스, 에너지 드링크 레드불(Red Bull), 페덱스의 야간특송 서비스, 뉴스채널 CNN을 비롯해 많은 예가 있다.

전략적인 연간계획이 다음 영업연도에도 정말로 정확한 나침반 역할을 할 수 있을까? 오히려 훗날 사무실 창밖의 현실을 바라보면 사라지고 마는 환상에 가깝지 않을까? 경쟁업체를 주시하는 일을 통해 실제로도 경쟁을 통제할 수 있을까? 그럴 수도 있지만 아닐 수도 있다. 이전에는 존재하지 않았던 기술과 예측 불가능한 신규 경쟁업체들이 우리의 통제범위를 벗어나 시장에 날마다 새롭게 등장하고 있기 때문이다.

지나친 신중함은 오히려 해롭다

빌 게이츠는 이렇게 말했다. "경쟁요소 중 가장 중요한 것이 시간이다. 따라서 예측이 중요하다. 모든 상황이 확실해질 때까지 기다리는 사람은, 주저하는 다른 사람들과 함께 남겨진 빵부스러기를 두고 싸우게 될 것이다." 역발상을 실천하고자 한다면 "잠깐만요, 한 가지 결정을 내려야 하는데 아직 58개의 시장조사를 덜 끝냈어요"라는 말을 해서는 안 된다. 이 장에 등장하는 기업들은 기업의 발전을 촉진하고 경쟁자를 앞지르기 위해 모두 용기를 냈다. 이러한 행동은 대부분의 기업들이 지나치게 신중을 기하는 것과 정반대이다. 이들 기업에는 주저하고 의심하는 평범한 대중들만 존재한다.

남과 달라지기 위해 두려움을 극복하라. 또한 빠르게 행동하라! 전통을 고려하고, 찬성 또는 반대하는 이들의 의견을 지나치게 신중히 검토하거나, 시장정보를 면밀히 수집하고 평가하는 일에는 너무 많은 시간과 에너지가 소모된다. 이 모든 것들이 오히려 정말로 중요한 일을 추진하는 데 방해가 될 수도 있다!

완전히 새로운 시장을 창출하라

다수의 경영자들은 일상적으로 기존의 고객과 서비스에 주력한다. 그들은 이 같은 영역을 최적화하고 약간의 개선을 하는 것만으로 경쟁자를 큰 차이로 앞설 수 있으리라 기대한다. 하지만 그런 일은 다람쥐 쳇바퀴 돌기와 다를 바 없다.

문제는 모든 경쟁자가 똑같이 행동한다는 사실이다. 업계 전체가 이미 오래전에 포화상태가 된 시장을 조금이라도 더 차지하기 위해 애쓰고 있다. 여기에서 벗어나라! 현명한 기업들은 기존의 시장 내부에서만 활동하지 않고 다른 경쟁 영역으로 이동해 도토리 키재기식의 경쟁에서 벗어난다.

| 비즈니스 역발상 제4법칙 |

우물 안에서 벗어나기: 전혀 새로운 시장을 창출하라!

기존의 사고방식: 기존의 고객에 초점을 맞추고 자사의 서비스를 지속적으로 최적화하려는 시도를 한다. 지금까지 항상 그래왔기 때문에 그러한 방식이 틀릴 리 없다는 것이다…….

비즈니스 역발상: 전혀 새로운 시장을 창출함으로써 전형적인 도토리 키재기식의 경쟁에서 벗어나라. 지금까지와는 다른 독특한 서비스를 개발하거나 전혀 새로운 고객 영역을 개척하라.

새로운 시장을 창출하기 위해서는 무엇보다도 용기가 필요하다. 즉 형식에 얽매이지 않고 규칙에 조금 어긋난 것을 생각해내는 용기와 새로운 조치에 수긍하지 않는 기존의 고객을 비난할 수 있는 용기 말이다.

프랑스 작가 앙드레 지드는 "익숙한 해변에서 눈을 뗄 용기가 없다면 새로운 대륙을 발견하지 못한다"고 했다. 새로운 시장을 창출하기 위해서는 우선적으로 기존의 서비스에 대한 근본적인 조사를 실시하고 그 분야의 전형적인 고객집단에 대해 의문을 제기해야 한다. 그것은 아마도 극단적인 조치가 될 것이다. 그러나 바로 이러한 행위를 통해 사람들의 관심을 유발할 수 있는 혁신을 이룰 수 있다. 신규 고객집단을 대상으로 업계의 통념을 벗어난 신규 서비스를 개발한다는 목적으로 새로운 시장을 창출하라.

한편 기존의 서비스는 유지하면서 전혀 새로운 고객집단을 찾아내는 것도 흥미로운 역발상이 될 수 있다. 자신의 활동 영역을 다른 곳으로 이전하는 것이다. 이처럼 현명한 역발상 전략은 다른 선수들을 경기장 밖으로 몰아내는 것이 아니라 오히려 자신이 경기장 밖으로 나와 다른 경기를 생각해내는 데 초점을 둔다. 이것이 바로 비즈니스 역발상의 특성이다.

오늘날 일반적이라고 생각되는 것과는 명백히 다른 것, 즉 근본적으로 새로운 것을 상상하는 능력이 없는 기업은 기존 업계의 상투적인 사고방식에서 벗어날 수 없다.

반대로 업계의 통념에서 벗어나 기존 고객을 감동시킬 수 있는 완전히 새로운 서비스를 개발하고 제품 및 서비스의 전통적인 포트폴리오를 보완할 수도 있을 것이다. 즉 고객은 그대로 머물러 있게 한 채로 업계의 통념을 벗어난 혁신적인 제품을 만들어내는 것이다. 지금부터는 이러한 방식으로 성공을 거둔 사례에 대해 설명할 것이다.

스스로 변하지 않으면 뒤처질 수밖에 없다!

역발상 실천가는 변화의 조짐을 사전에 파악한다. 변화를 적시에 알아차리지 못한 사람은 주변의 압박으로 결국 억지로 깨어나야만 한다.

그것을 증명하는 예로 한 기업을 살펴보자. 이 기업은 조금씩 사라져가는—그 속도가 느리기는 하지만—고객층을 보유하고 있다는 문제에 직면했었다. 물론 이 기업은 그러한 사실을 한탄하면서 오만한 고객과 함께 몰락의 길을 향할 수도 있었다. 하지만 그랬다면 체면은 차릴 수 있을지 몰라도 현명한 퇴장은 아니었을 것이다.

그렇다면 가장 현명한 방법은 스스로 새롭게 거듭나는 것이다. 하지만 자신이 시대에 뒤지고 있다는 사실을 알게 되었다고 해서 두려워해서는 안 된다. 당신이 행동하지 않는다면 다른 누군가가 대신 행동할 것이기 때문이다!

미국의 암앤해머(Arm&Hammer)는 수년간 제빵용 베이킹소다를 생산해온 업체다. 이 기업이 1846년에 설립될 당시만 해도 베이킹소다는 돈벌이가 되는 사업이었다. 그러나 시간이 흐르면서 베이킹소다는 극도로 적은 수익을 내는 평범한 제품이 되어가고 있었다. 가정주부들이 빵이나 과자를 직접 굽는 일이 점점 줄어들고 있었기 때문이다. 그러나 암앤해머는 나날이 줄어드는 고객을 위해 좀더 저렴하거나 품질을 개선한 베이킹소다를 개발하지 않았다. 그 대신 베이킹소다를 제빵보조제 이외에 어떤 용도로 사용할 수 있을지 생각하면서 주요제품의 특성을 연구했다. 그 결과 베이킹소다의 매우 흥미로운 세 가지 특성을 다시 발견할 수 있었다.

* 베이킹소다는 천연세제의 역할을 한다.
* 베이킹소다는 탈취작용을 한다.
* 베이킹소다는 피부에 무해하다.

베이킹소다는 냄새를 흡수하는 특성 덕분에 냉장고나 빨래 바구니, 쓰레기통의 탈취제로써 놀라운 효과를 발휘한다. 그 밖에도 자극성 없는 세제 역할을 하며 이빨을 닦는 데도 사용할 수 있다. 또 소화가 잘되고 피부에 무해하기 때문에 제산제로 복용하거나 피부의 염증을 완화하고 발의 피로를 풀어주는 용도로 사용해도 된다.

이러한 생각을 바탕으로 이 기업은 전혀 새로운 길을 열었으며 베이킹소다를 바탕으로 혁신적인 세제 및 피부보호제를 통해 새로운 고객 영역을 개척했다. 오늘날 암앤해머는 미국시장에서 치약, 탈취제, 데오도란트, 세제 및 피부보호제 생산업체 중 가장 성공적으로 꼽히는 기업 중 하나다. 원제품이었던 베이킹소다는 이 모든 제품의 기초 원료가 되었다. 또한 베이킹소다는 천연물질이라는 특징 덕분에 신규시장에서 경쟁업체와 차별화를 이룰 수

암앤해머의 베이킹소다. 부엌의 필수품이자 다양한 용도로도 활용되고 있다.

있었다. 물론 암앤해머는 새로운 제품라인을 위한 자회사를 설립할 수도 있었다. 그러나 베이킹소다 생산업체로 널리 알려진 기업의 이름은 신제품에 대한 신뢰도를 높이는 역할을 했다.

이중초점 안경을 통해 세상을 관찰하라!

이중초점 안경은 두 가지 근본적인 장점을 동시에 갖고 있다. 이 안경으로는 가까운 것과 먼 곳에 있는 것을 둘 다 볼 수 있다. 이것이 비즈니스 역발상과 무슨 관련이 있을까? 이중초점 안경을 통한 관찰은 기업의 과거와 미래를 연결해준다. 즉 현재의 사업을 지속적으로 개선하는 동시에 미래를 위해 필요한 질적인 변화에 투자할 수 있도록 돕는다.

우리가 앞으로 소개할 기업은 이러한 '이중초점 전략'을 따르고 있다. 이 회사는 어린이용 블록 장난감을 지속적으로 개선하는 동시에 두 가지 혁신적인 서비스를 새로운 고객층에게 제공함으로써 완전히 새로운 시장을 개척했다. 그 두 가지 서비스는 가족을 위한 엔터테인먼트와 경영자를 위한 세미나였다.

여기서 언급하고 있는 기업은 덴마크의 장난감 제조업체이며 유럽 최대의 완구업체로서 선도적인 조립식 블록 장난감의 세계시장에서 압도적인 위치를 차지하고 있는 레고(LEGO)다. 1932년에 설립된 이 기업은 본래 나무 장난감을 생산하던 회사였다. 이 업체는 지난 1958년 레고 장난감 블록과 색색의 플라스틱 블록으로 구성된 조립 시스템의 특허취득을 계기로 성장했으며 현재 고객의 다양한 연령층에 맞춘 블록제품들을 생산하고 있다.

놀면서 신규시장을 개척한다: 레고 시리어스 플레이

레고의 이중초점 전략은 무엇일까? 레고는 미국의 장난감 제조업체 피셔프라이스(Fisher Price)사와 독일의 플레이모빌(Playmobil)과 같은 경쟁업체들의 공격에 맞서 기존 제품을 지속적으로 개선해왔다. 한 예로 레고는 어린이들이 자기만의 로봇을 스스로 제작할 수 있는 마인드스톰(Mindstorms Robotics Invention) 시스템을 개발했다. 그리고 1997년부터는 컴퓨터게임 분야에도 진출했다. 그와 동시에 어린이뿐만 아니라 가족 구성원 전부를 고객으로 확보하기 위한 노력을 기울였다.

여기서 이중초점 전략이 의미하는 바는 직접적인 고객층인 어린이에 초점을 맞추는 데 그치지 않고 가족 구성원을 또 다른 고객으로 타진해봄으로써 새로운 시장을 개척했다는 것이다. 이 기업은 1968년 덴마크 최대규모이며 자사의 첫 번째 가족형 테마파크인 레고랜드(LEGOLAND)를 코펜하겐의 외곽에 설립했다.

그리고 최근에는 색다른 시장을 창출해내며 또 다른 도약을 시작했다. 기업의 경영자들을 위한 레고를 출시한 것이다. 이는 사람들이 경영자들에 대해 갖고 있는 기본적인 생각과는 어울리지 않는 듯하다. 그들에게는 놀 시간조차 없어 보이기 때문이다. 사실 그들은 기업 내부의 알력게임에는 매우 능숙해 보인다. 하지만 그들이 플라스틱 블록을 갖고 논다는 것은 왠지 어색하지 않은가? 하지만 레고는 성공을 거뒀다. 경영진을 위해 특수 제작된 블록세트는 장난삼아 게임을 하는 동안 기업의 문제를 재인식하고 새로운 해결책을 찾아낼 수 있도록 돕는다.

이러한 컨셉은 레고 시리어스 플레이(Serious Play)로 불린다. 이것은 특별교육을 이수하고 레고에서 자격증을 딴 전문가의 지도하에 기업에서 워크숍을 여는 것이다. 직원들은 기업구조 및 커뮤니케이션의 구조를 블록을 사용해 시각화한다. 예를 들면 놀이를 하면서 직원들은 다음과 같은 생각을 한다. '우리 회사의 모습을 블록으로 만든다면 어떻게 될까?' '사장이 앉아 있는 곳은 높은 말위 또는 닫힌 문 뒤의 구석 사무실이 아닐까?' 모든 참가자는 자기가 속한 부서의 특징을 블록으로 표현한다. 그런 다음 이러한 부분적인 블록들을 하나로 모아 조립하는 작업이 이어진다. 그러면 기업구조를 알 수 있는 복합적인 모습이 점차 드러난다. 이때 공통점이나 관계들이 시각화되면서 문제점도 명백해진다. 기업의 어느 부분에 문제가 있는지 적나라하게 드러날 때도 많다.

레고 시리어스 플레이. 경영자들이 건설적인 게임을 즐기는 시간이다.

시리어스 플레이의 성공은 레고가 옳았음이 증명된 것이다. 테트라팍(Tetra Pak), 바르타(Varta), 알카텔(Alcatel), 오렌지(Orange), IT 시스템 통합업체 컴파렉스(Comparex)를 비롯해 노키아와 같은 수많은 기업들이 이미 레고의 이러한 게임을 회사 내에서 활용하고 있다.

이 같은 예는 한 기업이 영리한 전략적 행동양식을 통해 어떤 방식으로 새로운 시장을 개척하고, 더 나아가서는 어린이용 장난감이 어떻게 경영진을 위한 전략의 도구로 거듭나는지 보여준다.

한 완구업체가 조립식 블록을 기업의 경영진을 위한 전략의 도구로 개발하는 데 성공했다. 더 이상 무슨 할 말이 있는가?

예민한 감각으로 경청하라!

비즈니스 역발상을 실천하려면 깨어 있는 감각으로 세상을 경험해야 한다. 주의 깊게 주변을 둘러보고 귀 기울여 들어야 한다. 그래야만 고객과 직원, 협력업체가 주는 소중한 자극을 감지할 수 있기 때문이다. 역발상 실천가들의 또 다른 특징이 있다. 이들은 '고객들은 어떤 물건을 구매하려 할까?', '어떻게 하면 사업영역을 확장할 수 있을까?', '누구에게 제품과 서비스를 공급할 수 있을까?' 라는 질문을 스스로에게 던지면서 실험을 반복하고 새로운 제품을 만들어내기 위한 작업을 끊임없이 실행한다.

현재의 시장에 몰두할 게 아니라 가능성 있는 미래의 시장에 주력하라. 당신이 기존의 습관에서 벗어나 동료와 직원들도 함께 행동할 것을 요구한다면 그것으로 역발상 실천가로서 경쟁업체를 앞설 준비는 된 셈이다.

리바이벌과 재자극: 바비 스타일

다음의 예에서도 관습을 극복한 기업이 등장한다. 이번에도 장난감 제조업체인 마텔(Mattel)이라는 기업이다. 이 회사도 성인을 새로운 고객층으로 확보하는 데 성공했다. 그러나 이번에는 경우가 완전히 다르다. 즉 비즈니스의 중요성과 기업에 관한 이야기가 아니라, 이제는 성숙한 여성으로 성장해 구매자가 된 여성들의 희망과 동경에 대해 이야기할 것이다.

이번 사례는 바비인형에 관한 것이다. 수십 년간 전 세계 수백만 명의 여자아이들은 사랑하는 바비를 위해 옷을 입히고 머리를 매만져왔다. 마텔사는 칵테일 드레스부터 수영복, 비즈니스 정장과 승마복, 무도회용 야회복까지 바비를 위해 수십 년간 항상 새로운 복장을 생각해냈다. 그러나 이제 수백만 명에 이르는 바비의 팬들은 성인이 된 지 오래다. 그리고 이들은 더 이상 인형의 옷을 사는 데 돈을 지출하지 않는다. 그럼에도 불구하고 바비를 비롯해 그와 연계된 미적 이상형은 아직까지도 영향을 미치고 있다.

그렇다면 70년대의 바비 스타일을 모방한 컬렉션을 개발하는 일을 떠올리지 않을 이유가 있겠는가? 다른 점이 있다면 이번에는 인형이 아니라 유행에 민감한 여성고객 자신들을 위한 컬렉션이다. 이러한 컬렉션은 일본의 특별매장에서 매우 성공리에 판매되고 있다. 다른 지역에서도 바비 스타일의 컬렉션을 판매할 계획이다.

이러한 사례가 흥미로운 점은 과거의 고객들을 다시 자각함으로써 새로운 시장을 개척했다는 데 있다. 마텔은 성인의류 분야에 진출하기 위해 어느 누구보다도 신중에 신중을 기했다. 기존 브랜드의 이미지를 손상시키거나 희석시키지 않는 일이 매우 중요했기 때문이다.

포화상태의 시장 속에서 새로운 시장 창출하기

비즈니스 전략가 게리 해멀은 다음과 같은 말을 한 적이 있다. "당신은 절대로 업계가 정체되어 있다고 믿어서는 안 된다. 정체된 업계는 없다. 단지 정체된 경영자만 있을 뿐이다. 그리고 이들은 다른 이들도 가능하다고 믿는 것을 여과 없이 제 것으로 만든다."

이러한 발언이 옳다는 사실은 독일 데른바흐에 위치한 인공선탠기기 제조업체 KBL 졸라리엔(KBL Solarien AG)사가 입증한다. 10년 전만 해도 인공선탠기기 제조업체들은 매일 샴페인을 터뜨릴 수 있었다. 당시는 인공선탠 전문점이 우후죽순으로 문을 열면서 그 수요를 충족시키기에 역부족일 정도로 물량이 매우 부족한 상황이었기 때문이다. 그러나 이제 시장은 포화상태에 이르렀다. 인공선탠 전문점이 새로 문을 여는 일은 드물다. 기존의 매장들도 정리되고 있으며 인공선탠 전문점을 방문하는 주요 고객층도 이미 거의 다 개척된 상태다.

그러나 KBL사는 연수익 감소와 경쟁업체들과의 가격전쟁에 순응하려 하지 않았다. 지금까지 서비스를 제공해왔던 시장이 포화상태가 되었다면 이제는 새로운 시장이 등장할 시기이기 때문이다!

잠재고객 재인식하기

KBL사는 시장조사를 통해 인공선탠 전문점의 전형적인 고객층이 연령이 낮고 가격을 중시한다는 사실을 확인했다. 이들 고객층에게 건강에 유해한지의 여부는 뒷전이다. 약 800만 명이 이러한 일반적인 고객층에 속한다. 그렇다면 다른 연령대의 사람들은 어떨까? 아직 그 시장에는 높은 연령층의 잠재고객이 남아 있었다. 이들에게 가격은 구매를 결정하는 결정적인 요소가 아니다. 대신 이들은 건강에 대한 관심이 무척 높다. 이 기업은 이러한 고객들에게서 막대한 가능성을 발견했다. 기업 자체적으로 실시한 시장조사에서 약 1,600만 명의 사람들이 자외선 노출로 인한 위험이 없다면 인공선탠 전문점을 이용하겠다는 결과가 나왔기 때문이다.

이것은 기존 고객층의 시장가능성보다 두 배 높은 수치였다. 물론 가장 큰 장점은 새로운 고객층이 아직 미개척 상태였으므로 시장이 새롭게 생겨날 수 있다는 점이었다.

KBL사는 이러한 새로운 고객층에 주력하기로 결정하고 시장조사 결과에 기초해 잠재고객의 요구에 맞는 새로운 인공선탠 전문점을 개발했다. 핵심적인 아이디어는 모든 고객에게 특별 제작한 칩카드를 발급하는 것이었다. 이 카드는 기본적인 상담과 피부타입, 나이를 비롯한 각종 요소들에 관한 정보를 담고 있다. '존넨카르테(Sonnenkarte)'로 불리는 이 카드에는 자외선 노출 허용치 외에도 지금까지 실시한 인공선탠의 총사용시간이 기록되어 있다. 따라서 허용치가 초과될 위험이 있을 경우에는 선탠기기가 자동적으로 경고를 해준다. 그 밖에도 KBL사는 이러한 제품을 새로운 판매컨셉으로 이용하기 시작했다. 지금까지 선탠기기는 기존의 선탠전문점에만 판매됐지만 이제는 고급 호텔과 미용센터, 뷰티숍이 판매대상으로 거론되고 있다. KBL사의 인공선탠기기인 '메가선(Mega Sun)'의 고급스러운 특징이 이러한 업체의 포트폴리오에도 들어맞기 때문이다. KBL사는 이처럼 새로운 시장의 개척을 통해 성공적으로 성장률 상승을 도모할 수 있었다.

"유일한 한계는 당신의 상상력뿐입니다"

엡손(Epson)은 자사의 잉크젯프린터를 이 같은 문구로 광고하고 있다. 그러나 이것은 비즈니스 역발상에도 적용되는 말이다. 상상으로 스스로를 규정짓는 이들을 제외한다면 역발상을 실천하는 이들에게 한계란 없다. 그러나 거의 모든 것을 상상할 수 있다고 하는 오늘날에도 기존의 틀에 박힌 사고에서 벗어난다는 것은 여전히 어렵다.

사고의 틀에서 자유로워지기 위해서는 자신의 엉덩이를 들고 능동적으로 새로운 경험을 찾아 새로운 곳으로 가는 것이 좋은 출발점이다. 변화하는 수많은 것들을 제자리에 편안히 앉아서는 알아차릴 수 없다. 당신의 시선이 제한되기 때문이다.

모하메드 유누스(Mohammad Yunus)는 자신의 자리를 박차고 일어나 능동적으로 새로운 경험을 찾아 나선 인물이다. "내가 대학에서 경제학 교양강의를 하는 동안 마을에서는 사람들이 굶어죽고 있다"고 말하던 그는 자재 납품업체의 채무노예제에 묶여 대나무 의자를 만들던 방글라데시 시골마을의 한 여성에게서 아이디어를 떠올렸다. 그 여성이 노예제에서 풀려나 자신의 사업을 하기 위해 필요한 돈은 단 25센트였다. 유누스는 그 여성에게 그 돈을 마련해 줬다.

얼마 후 이 경제학과 교수는 자신의 학생들과 함께 그 마을을 다시 방문했다. 그곳에서는 42명의 또 다른 여성들이 비슷한 문제를 겪고 있었다. 그는 총 27달러의 투자로 이들이 사업을 시작할 수 있도록 도왔다. 그라민뱅크(Grameen Bank)는 이렇게 시작되었다. 이 금융기관은 소액대출을 통해 여성들이 터무니없이 높은 이자와 압류, 빈곤의 악순환에서 벗어나도록 돕는 일을 목표로 삼았다. 지금까지 그라민뱅크는 240만 명의 방글라데시 여성을 도왔고 현재 이들은 채무와 이자를 성실히 상환하고 있다. 그래야만 그 자금으로 또 다른 사람들을 도울 수 있다는 사실을 스스로의 경험을 통해 잘 알고 있기 때문이다.

"대출은 인간의 권리다." 유누스 교수는 여성과 출자자를 위한 자신의 성공적인 수익모델에 대해 이같이 말하고 있다. 이러한 모델은 현재 다른 개발도상국에서도 모방하고 있다. 비즈니스 역발상 중에서도 단연 최고라 할 만하다!

열정과 변화의 의지

그라민뱅크에서 얻을 수 있는 교훈은 명확하다. 당신이 현재 상황에 만족하고, 아무것도 변화시킬 수 없다고 믿는다면 이 책을 내려놓아라! 역발상을 실천하는 사람은 새로운 전략을 개발하려는 특징이 있다. 그리고 이런 일에는 열정이 필요하며 변화에 대한 절대적인 의지 없이는 불가능하다. 이것이 바로 역발상 실천가에게 필요한 열정이다. 새로운 것은 조직이 아니라 헌신하는 사람들이 만드는 것이기 때문이다. 마하트마 간디, 마틴 루터 킹, 넬슨 만델라 또는 바클라브 하벨이 사회변화를 위한 자신들의 아이디어를 열정 없이 실현할 수 있었을 것이라고 생각하는가?

우리는 역발상을 실천하고자 하는 이들의 과제를 이러한 인물들의 업적과 연결짓지는 않을 계획이다. 그렇지만 열정적 참여는 모든 변화의 열쇠이며 이것이 바로 역발상이라는 점에서 이들의 열정은 언급할 만하다. 열정적 참여는 소망과 성취, 동기와 꿈의 실현 사이를 이어준다.

새로운 판매시장 개척을 위한 현명한 아이디어:

레저 스포츠 호텔 '더 큐브'

행운일까, 아니면 현명한 통찰일까? 새로운 시장에 대한 기발한 아이디어는 어떻게 생겨나는 것일까? 그러한 아이디어들은 항상 행운과 통찰, 두 가지 모두의 산물이다. 당신이 아무리 많은 노력을 기울여도 새로운 시장을 적시에 개척하기 위해서는 어느 정도의 행운도 분명 필요하기 때문이다. 그러나 실제로는 정확한 예측으로 행운을 불러올 수도 있다. 선도적인 디자인 컨설팅업체로서 제품개발 및 혁신 분야를 담당하고 있는 아이디오(IDEO)의 사장 톰 켈리(Tom Kelley)는 다음과 같이 말했다. "훌륭한 예측이란 주변의 사건을 분명히 인지하고 적시에 트렌드를 인식하는 것이며 신속하게 행동하는 능력을 의미한다. 우리는 결코 완벽한 보고서를 기다리거나 신문이나 인터넷을 통해 새로운 사실을 알게 되기를 바라지 않는다."

호텔업체 더 큐브(The Cube)는 바로 이러한 원칙을 따른 경우다. 오스트리아 케른텐 산맥에 위치한 혁신적인 호텔 더 큐브의 성공컨셉은 조기에 트렌드를 인식하고 그 즉시 고객의 요구를 겨냥한 것이다. 큐브는 자사를 '수면, 식사, 휴식, 스트레스 해소, 지치도록 춤추기, 스키, 보드, 튜브(물놀이), 자전거타기'를 위한 호텔이라고 광고하고 있다. 실제로 이 호텔은 기존 호텔들의 시선 밖에 있던 새로운 고객층을 개척했다. 더 큐브의 고객은 30세 이하의 젊은 사람들로 휴가기간에 엔터테인먼트와 스포츠 활동 및 레저 체험을 원하고 가격에 민감하지 않으며 유스호스텔이나 가족형 펜션

더 큐브에서는 춤을 추고 스트레스를 해소하며 스키를 즐기고 잠을 잔다.

의 숨 막히는 고루함을 원하지 않는 이들이다. 이처럼 특정 고객층에 명확히 초점을 맞춘 더 큐브는 지역 내 다른 호텔과의 차별화에 완벽히 성공했다.

더 큐브는 케른텐의 나스펠트 지역에서 레저 스포츠 호텔로 입지를 확고히 굳혔다. 이 호텔은 최대 646명의 인원을 수용할 수 있으며 객실은 2인용, 4인용 또는 8인용 큐브(Cube)로 나뉘어 있다. 이 호텔은 방을 미리 예약하는 것이 아니라 일단 현장에 도착한 후에 어떤 사람과 큐브를 같이 사용할지 결정한다. 사람들이 항상 두 명이나 네 명, 여덟 명 단위로 여행을 하는 것은 아니기 때문이다.

기본 프로그램은 다음과 같다. 더 큐브는 24시간 엔터테인먼트를 지향하며 손님들이 실내 및 야외활동을 집중적으로 끊임없이 체험할 수 있게 해준다. 그래서 호텔과 개별 큐브들은 특별한 구조로 되어 있다. 또한 스포츠 장비를 객실로 옮길 수 있도록 계단 대신 '게이트웨이(Gateways)'를 설치했다. 그리고 모든 층에는 안정을 취할 수 있는 방과 24시간 동안 운영되는 바를 비롯해 플레이스테이션과 인터넷 단말기, 사우나, 증기욕실, 얼음동굴이 있으며 스포츠 활동 이후 이용할 수 있도록 일광욕 테라스를 갖춘 바도 있다.

이 지역 트렌드의 문제점은 대부분의 호텔들이 스키 호텔로서 계절에 많은 구애를 받는다는 것이다. 그러나 더 큐브는 그렇지 않다. 이 호텔은 일년 내내 아홉 가지 레저 및 스포츠 종목을 제공하기 때문이다. 겨울에는 스키, 여름에는 프레세거 호수에서 다이빙을 즐길 수 있고 그 밖에도 마운틴 바이킹과 서핑 등 많은 스포츠 종목을 제공한다. 게다가 실내 핵심 이벤트로 제공되는 큐브클럽의 이벤트들도 있다. 최대 1,500명에 달하는 파티에 굶주린 손님들을 위해 온라인 게임파티 서비스와 DJ, 밴드와 함께하는 이벤트가 제공된다. 이 호텔의 창립자는 벌써부터 오스트리아와 스위스에 11개의 추가지점을 설립할 계획을 갖고 있다.

경쟁에서 우위를 차지하는 비결: 선발주자(First Mover)가 될 것

더 큐브의 컨셉은 역발상이 고객의 요구를 단순히 수용하는 단계를 넘어서야 한다는 사실을 잘 보여주는 예다. 피곤한 몸을 매트리스 위에 눕히려는 욕구는 유스호스텔에서도 충족된다. 더 큐브의 사례는 역발상 실천가들이 고객 자신조차도 전혀 깨닫지 못했던 욕구를 창출한다는 사실을 입증하고 있다. 이는 더 큐브가 고객의 신뢰와 성장률을 동시에 달성한 이유이기도 하다.

다음의 사례는 경쟁에서 우위를 차지하는 비결이 비용 절감이나 제품개발 시간 단축, 자금의 최적화 또는 커뮤니케이션 개선 등과 상관이 없다는 사실을 보여준다. 이 모든 것들은 모든 기업들에게 있어 기본적인 과제이지만 필요충분요소는 아니다! 경쟁에서 우위를 차지하는 진짜 비결은 선발주자로서 새롭고 비범한 제품이나 서비스를 시장에 선보이는 데 있다. 이처럼 행동하는 기업은 고객의 기대를 장기간 충족시킬 수 있으며 거액의 수익을 챙길 수도 있다. 또한 미래에 유용하게 사용되는 귀중한 자금과 협력체제를 이용할 수도 있다. 선발주자로서 비범한 제품을 시장에 선보이는 것은 성공에 이르는 최선의 방법이라 할 수 있다.

제품에 쿨한 요소 추가하기: 슈타빌로 보스

볼펜과 사인펜, 형광펜 시장에서 비범한 제품이란 무엇일까? 이러한 영역은 가격에 의해서만 움직이고 있다. 게다가 요즘에는 알디나 리들(Lidl)과 같은 대형할인매장이나 치보(Tchibo－독일의 커피체인점으로 생활용품도 함께 판매함)에서도 학교나 사무실에서 사용하는 필기도구들을 구입할 수 있다. 이 제품들은 소액품목으로 주로 동아시아 지역에서 생산된다. 품질만으로 저가의 경쟁업체에 맞설 수 없게 된 독일 생산업체에게는 힘겨운 상황이 아닐 수 없다.

'슈타빌로 보스(Stabilo Boss)' 로 형광펜 시장에서 세계적인 선두업체가 된 슈반 슈타빌로(Schwan-Stabilo)에게는 새로운 전략이 필요했다.

이 기업은 12세부터 29세까지라는 목표집단을 염두에 두었다. 이러한 연령층의 고객집단은 필기도구의 기능뿐만 아니라 외형적인 요소를 통한 차별화를 중요하게 생각한다.

특히 외형적으로 쿨한 요소는 성공적인 시장 침투를 돕는다. 슈반 슈타빌로는 이미 지난 1885년부터 운영되온 가족기업으로 지금까지는 전통을 중시하던 기업이었다. 이 기업은 동아시아의 경쟁업체가 목표집단에 이르는 직접적인 통로를 확보하지 못했으며 심도 깊은 트렌드 연구를 감당하려 하지 않는다는 점에 주목했다.

슈반 슈타빌로는 새로운 고객층을 위한 현대적이고 쿨한 필기도구를 개발하기 위해 디자인 및 브랜드의 기능을 강화했다. 게다가 고객층의 새로운 성향을 알려주는 트렌드 스카우터를 고용했다. 재미있는 그림이 인쇄된 형광펜과 농구 유니폼과 비슷한 디자인의 '에스무브(s'move)' 라는 제품은 이렇게 탄생했다.

이 기업에 속한 20명의 연구팀은 신제품개발에 열중하고 있다. 새로운 인체공학적 형태와 특별한 스프링 장치가 된 펜의 끝부분, 미끄러지지 않는 젤볼펜 등을 개발하기 위해서다. 이처럼 슈반 슈타빌로는 하이테크 제품으로 입지를 확고히 다졌다. 또한 그들은 실제로는 불필요해 보이지만 트렌디하고 색깔이 다양하며 모던하다는 이유로 구매를 자극하는 혁신적인 제품을 끊임없이 시장에 선보이고 있다. 한 예로 그들은 '미니 트렌드' 에 맞추어 형광펜을 작은 사이즈로 만들어 시장에 내놓았다. 의류와 화장품의 유행추세에 맞춰 새로운 유행색상의 사인펜을 만든 적도 있다. 또 두 가지 크기로 구성되어 있는 '우디(Woody)' 는 색연필이면서 수채화

쿨한 요소가 추가된 슈타빌로 보스의 필기구. 보이는가? 진부한 펜이 눈에 띄는 펜으로 변신했다.

용 물감과 크레용 역할까지 할 수 있어서 특히 어린이들에게 인기가 좋다.

슈타빌로는 이미지 변화에도 힘쓰고 있다. 이 기업은 청소년 구매자들의 머릿속에 보다 좋은 인식을 남기기 위해 스노우보드나 음악공연을 후원하고 있다. 또 온라인 마케팅이나 현대적이고 역동적인 인터넷 사이트도 이 기업의 새로운 전략에 속한다. 이러한 컨셉은 딱 맞아떨어졌다. 동종업계의 추세와는 달리 슈타빌로는 계속해서 성장률 상승을 기록하고 있다. 독일의 종이 · 사무용품 및 필기구 산업협회의 발표에 따르면 독일인들이 필기제품의 지출을 줄이고 있는 와중에도 이 기업은 매출을 꾸준히 늘려가고 있다.

비즈니스 모델을 창출한 델 컴퓨터

경쟁에서 우위를 차지하는 진정한 비결은 선발주자로서 새롭고 비범하면서도 획기적인 제품이나 서비스를 시장에 선보이는 것이라고 방금 앞에서 말했다. 그런데 경쟁에서 유리한 고지는 선발주자로서 새롭고 획기적인 '비즈니스 모델'을 시장에 선보일 때에도 얻을 수 있다. 따라서 역발상 실천가는 서비스와 제품만을 혁신의 출발점으로 삼는 것이 아니라 훨씬 더 멀리 내다볼 줄도 안다.

이들은 전반적인 비즈니스 모델까지도 시험대 위에 올려놓는다. 진정한 역발상 실천가는 새로운 컨셉이나 기존의 비즈니스 모델과 차별화하기 위해 완전히 새로운 사업방식을 생각해내는 능력을 가지고 있다. 또한 다른 기업들이 경쟁업체의 시장점유율 중 극히 일부분이라도 자기 것으로 만들기 위해 어떻게 하면 좀더 비용을 절감하고 가격을 낮출 수 있을지에 대해 열중하는 동안, 역발상 실천가들은 전혀 다른 곳에서 새로운 비즈니스 모델을 개발함으로써 새로운 자금원을 개척한다.

컴퓨터 생산업체의 비즈니스 컨셉을 새로이 고안했으며 이로써 미국에서 가장 성공적이고 부유한(!) 기업주의 자리에 오른 마이클 델은 이 같은 역발상을 실천한 사람이다. 델의 비즈니스 모델은 세 가지 점에서 전통적인 PC산업의 모델과 차별화를 이룬다.

* 첫째, 델은 자사의 PC를 최종 소비자에게 직접 판매하는 방식만을 고수했으며 매매과정에서 소매상인이나 시스템통합 사업자(System Integrator)를 배제시켰다.
* 둘째, 델은 주문받은 제품, 즉 고객 개개인의 요구에 따라 PC를 조립함으로써 고객의

희망과 요구에 100% 맞춘 제품을 제공한다는 점에서 다른 업체와 구별된다. 고객에게 가장 적합한 컴퓨터가 어느 것인지 완벽히 알고 있다고 생각하는 컴퓨터가게나 이미 조립이 완료된 기기만을 판매하는 가게와는 분명 다르다.

* 델의 비즈니스 모델이 다른 업체와 구별되는 세 번째 요소는 PC 생산과정의 메커니즘이다. 전통적인 비즈니스 모델은 판매전망치에 따른 생산으로 인해 재고관리가 필요한 반면 델은 먼저 주문이 들어온 후에 제품을 생산한다. 이것은 매우 현명한 방법이다. 컴퓨터를 제작할 때 고객에게서 받은 자금을 바로 이용할 수 있기 때문이다! 이를 통해 재고를 최소한으로 유지하면서 최신기술을 도입할 수 있고 원활한 현금흐름을 확보할 수 있다. 또한 저렴한 가격과 양질의 서비스가 포함된 좋은 제품의 형태로 고객에게도 이득이 돌아간다. 이는 결국 다른 업체와의 경쟁에 있어 엄청난 이점으로 델에게 되돌아온다.

일찍이 갈고닦은 실력, 그리고 열정이 있다

이 기업의 창립자 마이클 델은 컴퓨터업계에서 전혀 새로운 비즈니스 모델을 고안해냈을 뿐만 아니라 업계 최초로 지금까지 관례였던 대중마케팅을 고객 개개인을 위한 제품을 생산하는 방식으로 교체했다. 마이클 델은 타고난 역발상 실천가일까? 마이클 델에 관한 인터뷰와 보도는 지겹도록 많이 봤을 것이다. 우리가 그를 보며 다시금 확인한 것은 역발상 실천가들은 판에 박힌 생각을 하지 않는다는 점이다. 역발상 실천가로 역사에 남기 위해 일부로 지나치게 외향적인 척하거나 PR에 열 올릴 필요는 없다.

그러나 비즈니스 역발상을 실천하는 모든 이들이 공통적으로 지니고 있는 요소가 있다. 바로 열정이다. 마이클 델의 경우, 숫자와 기술에 관한 그의 재능은 일찍부터 매우 분명히 드러났다. 베리 기븐스(Barry J.Gibbons)는 자신의 저서《관리자, 비전과 열정(Manager, Visionaere und Wahnsinnige)》에서 다음과 같은 일화를 거론하고 있다. 마이클의 부모는 아들의 열다섯 번째 생일에 PC를 선물했다. 그는 자신이 머지않아 전설적인 인물로 성장할 것이라는 사실을 예감하기라도 한 것처럼 PC를 방으로 가져와 분해했다. 그가 PC를 분해했다는 사실이 그를 전설로 만든 것은 아니다. 그가 전설이 된 이유는 당시 겨우 열다섯 살에 불과했던 소년이 자신의 PC가 제기능을 할 수 있도록 다시 조립하는 데 성공했다는 사실 때문이다.

다음에 소개하는 역발상 실천가는 전혀 다른 종류의 사람이다. 기 라 리베르떼(Guy la Liberte)는 거리의 곡예사로 경력을 쌓기 시작해 불을 삼키는 묘기로 돈을 벌었다. 오늘날 그는 캐나다 '태양의 서커스(Cirque du Soleil)'의 최고단장이다. 세계적인 엔터테인먼트 제국으로 불리는 이 서커스단은 서커스업계의 비즈니스 모델을 새로 창출했다. '태양의 서커스'는 원형 무대와 서커스 천막을 갖추고 있는데, 서커스에 대한 사람들의 일반적인 인식과 일치하는 점은 그게 전부다. 공연은 뮤지컬과 퍼포먼스가 혼합된 형태로 이루어지며 서커스 대신 쇼를 보여준다. 이 서커스단에는 춤추는 곰이나 사자 또는 코끼리와 같은 동물은 없다. 대신 각각의 프로그램과 연기자들이 하나의 완결된 스토리를 공연한다.

역발상의 완성: 태양의 서커스

일급 연기자들이 최고 수준으로 펼치는 춤과 노래, 연극을 비롯해 공연 중간에 연출되는 곡예는 관람객을 감동적인 꿈의 세계로 이끈다. 이런 유일무이한 경험을 위해서 사람들은 기꺼이 조금 더 많은 돈을 지불한다.

이러한 컨셉은 경제적인 면에서 많은 심사숙고를 거쳐 탄생한 것이다. 동물공연을 배제시킨다는 것은 막대한 규모의 고정비용을 절감한다는 것을 의미한다. 또 태양의 서커스단은 대형 오케스트라 비용을 아끼는 대신 조명과 음향기술 그리고 단원들에게 과감히 투자했다. 단원 중에는 과거에 리듬체조나 기계체조 분야에서 일류선수로 활약했던 이들이나 뮤지컬 배우들도 속해 있다. 태양의 서커스단은 스카우터를 고용해 새로운 재능을 가진 이들을 끊임없이 발굴하고 있다. 한 예로 이들은 올림픽경기에서도 선수들과 접촉할 기회를 찾고 있다. 특히 동유럽 국가들이나 중국의 운동선수들은 태양의 서커스단에서 일할 기회를 얻는 것을 매우 탐나는 제안이라고 여긴다.

태양의 서커스단은 이 같은 방식을 통해 낮은 유지비용으로도 운영이 가능했으며 제작에 필요한 자금을 세계 각지에서 쉽게 조달할 수 있었다. 이 기업의 과감한 행동에 최적의 전제조건 역할을 한 것은 동시공연이다. 즉 한 가지 쇼를 공연하기 위해 여러 팀이 동시에 연습하고 그 이후에는 전 세계적인 투어에 나서는 방식이다. 이처럼 한 가지 쇼가 여러 장소에서 동시에 진행되고 안무 프로그램 하나가 3년에서 5년간 공연된다.

세계적인 성공을 거둔 서커스-캐나다의 '태양의 서커스'.

입장료는 50유로에서 100유로에 달하는 높은 가격이다. 즉 이 기업은 안목이 높은 관객의 마음을 끌되 기존의 서커스 구경꾼들은 의도적으로 사절하고 있다. 비싼 입장료 외에도 쉬는 시간에는 여러 개의 매점이 손님들을 기다린다. 티셔츠, 머그컵, CD와 DVD 같은 상품의 판매는 이 기업의 수익에서 큰 몫을 차지한다.

1984년에 설립된 이 공연단은 오늘날 전 세계를 무대로 활동하고 있다. 태양의 서커스는 다양하고 잘 알려진 엔터테인먼트 요소들의 조합으로 틈새시장을 창출하고 새로운 시장을 활용하는 법을 영리하게 인식한 경우다. 이 모든 것은 지갑 깊숙이 손을 집어넣을 준비가 되어 있는 고객을 위해 쇼를 다량으로 생산해내겠다는 상상력에서 시작되었다!

용기, 인내, 비전은 역발상을 위한 도구

우리는 이 장의 도입부에서 역발상을 실천하는 이는 용기가 있으며 업계의 규칙을 거스를 수 있을 만큼 충분한 배짱을 갖고 있

국민에게 자부심을 불어넣는다는 임무를 띤 화장품. 남아프리카 공화국의 블랙 라이크 미.

다는 점에서 두드러진다고 말했다. 마이클 델과 기 라 리베르떼, 또 이케아의 잉그바르 캄프라드(Ingvar Kamprad)는 전혀 개성이 다르지만 용기와 인내를 발휘해 성공을 일구어냈다는 분명한 공통점이 있다. 역발상 실천가로서 이들의 또 다른 공통점은 이들 모두가 비전을 갖고 있었다는 것이다. 여기서 말하는 비전은 이사진이나 기업 컨설턴트가 몇 주간 숙고해 내놓은 헛된 자만과 다를 바 없는 빈말을 의미하는 게 아니다. 인문학자이며 심리학자인 에리히 프롬(Erich Fromm)은 우리가 생각하는 비전에 대해 다음과 같이 정확히 서술했다. "삶에서 정진하고, 동경하고, 실현하고픈 비전이 없다면 노력해야 할 이유도 없다."

허만 마샤바(Herman Mashaba)도 비전을 갖고 있었다. '조국의 검은 피부를 가진 국민들의 마음과 정신을 강인하게 하고 그들을 아름답고 자랑스러우며 당당하게 만드는 꿈'이 그것이다. 그는 이러한 비전을 실현하기 위해 1985년 남아프리카 공화국의 프레토리아 북쪽에 위치한 도시 가란쿠와에 '블랙 라이크 미(Black like me)' 라는 기업을 설립했다.

이 흑인 기업주는 남아공의 아파르트헤이트(인종차별) 정권의 방해를 받으면서도 네 명의 직원과 함께 샴푸와 비누를 수공으로 생산하기 시작했다. 목표집단은 검은색 피부의 남아공 국민들이었다. 허만 마샤바는 엄청난 용기와 인내, 책임감으로 오늘날 전 세계 시장으로 확대되고 있는 뛰어난 수익성을 자랑하는 화장품 기업을 창립했다.

Different Thinking

| 비즈니스 역발상 BOX |

— 뒤쳐지기 전에 새로이 거듭나라!

전혀 새로운 시장을 창출함으로써 틀에 박힌 도토리 키재기식 경쟁에서 벗어나라. 자신이 속한 업계에서 생소하게 생각하는 서비스를 개발하거나 전혀 새로운 고객 영역을 정복하라!

덴마크의 장난감 제조업체 레고가 기존의 장난감시장 외에 새로운 시장을 개척한 사실을 기억하라. 레고는 '시리어스 플레이' 라는 경영자들을 위한 블록세트를 시장에 선보였다. 또는 KBL을 기억하라. 이 기업은 기존 고객들을 대상으로 한 시장 개척이 완전히 끝난 후에도 엄청난 잠재력을 보유한 새로운 시장을 재인식했다. 새로운 고객들은 자외선 과다노출에 대한 우려로 선탠을 꺼리던 사람들이었다.
또한 방글라데시의 그라민뱅크와 남아공의 블랙 라이크 미는 이러한 전략이 거대 산업국가의 시장뿐만 아니라 그 외 지역의 기업과 고객의 번영을 위해서도 효과가 있다는 사실을 증명하고 있다.

기업의 최대화 & 최소화

우리는 여기에서 글로벌리즘이나 지리적 경계의 소멸, 인도나 베트남과 같은 개발도상국의 경제적 의미가 확대되는 것에 대한 전문적인 지식을 말하고자 하는 게 아니다. 그것에 관해서는 이미 많은 책들에서 거론되고 있으며 TV 방송에서도 자주 논하고 있다. 세계화는 바로 눈앞에 다가와 있으며 우리 경제의 확고부동한 구성요소로 자리 잡아가고 있다. 몇 명이나 되는 이들이 세계화에 항의하는 플랜카드를 흔들어댈까? 그게 몇 명이 되었든 이는 아무런 영향력을 발휘하지 못한다. 어차피 이들은 이러한 추세를 막을 수도 되돌릴 수도 없다.

우리가 이 장에서 다루고자 하는 흥미로운 질문은 전혀 다른 것이다. 어떻게 하면 우세한 위치를 차지하고 있는 업계의 트렌드를 거슬러서 헤엄칠 수 있을까, 또 어떻게 하면 사업이 지역적 · 세계적으로 큰 성공을 거둘 수 있을까?

지방기업, 지역기업, 국제기업

당신의 업계 주위를 한번 둘러보라. 많은 기업들은 자사의 시장범위를 지역적으로 제한함으로써 인위적으로 한계를 긋고 있다. 도대체 왜 그래야만 하는가? 우리는 모바일 사회에 살고 있으며 직원들에게 공간적인 유연성을 기대한다. 어째서 잠재고객에게도 우리 자신의 유연성을 보여주지 않는가?

다른 한편으로는 성공을 위해 세계를 대상으로 활동할 필요가 있는 업계도 있다. 소형 업체들에게는 사실 이런 기회가 거의 없을 것이다. 하지만 추세에 능동적으로 맞서는 기업은 모든 면에서 '지역의 영웅'이 될 수 있다. 지역의 특색을 지닌 틈새기업이 다국적 기업에 맞서 성공할 수 있다는 뜻이다!

| 비즈니스 역발상 제5법칙 |

기업의 최대화 & 최소화: 성공에 지리적 한계를 두지 마라!

기존의 사고방식: 업계의 지리적 한계를 엄수한다. 예를 들어 해당업계가 전적으로 한 지역을 겨냥할 때 당신도 마찬가지로 지역 내의 고객을 겨냥한 서비스를 제공한다.

비즈니스 역발상: 의식적으로 당신이 속한 업계의 지리적 지향점을 거슬러 행동하고 자체적으로 호경기를 만들어낸다!

대부분의 업계에서는 지리적 한계와 그에 따른 발전이 이루어지며 이는 정확히 엄수되는 편이다. 일반적으로 모든 업체의 발전은 항상 한 방향으로만 이루어지며 점차 규모가 커지고 국제화되는 경향이 있다. 특히 한 지방에서 활동했던 개인 기업들은 그 활동범위가 전국으로 확대된다. 또한 항공업계처럼 한 국가를 활동무대로 삼았던 업계는 세계적인 기업이 되고자 한다. 그러나 역발상 실천가들은 이러한 발전방향에 의문을 갖고 경우에 따라서는 정반대로 행동한다. 여기에 두 가지 예가 있다.

★ 장의업체들이 일반적으로 한 지방에서 활동하는 반면 서비스 코퍼레이션 인터내셔널(SCI, Service Corporation International)은 수직 통합된 기업으로 주식시장에 상장됐으며 전 세계를 무대로 활동하는 기업이다. 이 기업은 한 지역만을 겨냥하는 동종업계의 추세를 무시하고 전 세계에서 활약하는 서비스업체로 성장했다. SCI는 전 세계적으로 약 2,500개의 지점과 451개의 묘지 및 189개의 화장터를 보유하고 있다.

★ 대부분의 양조업체들이 일반적으로 한 지방의 소규모 업체에서 전국규모의 양조기업으로 발전하는 반면, 여러 지방의 소규모 양조업체들은 오히려 지방으로 성공적으로 컴백하고 있다.

어떻게 하면 동종업계의 지리적 한계에서 벗어나 성공할 수 있을까?

세계적인 컬트 현상: 8,500개의 스타벅스

스타벅스의 성공은 당신도 업계의 창조자가 될 수 있음을 보여준다. 스타벅스의 출발은 간소했다. 커피와 차, 향신료를 판매하던 시애틀의 4개 점포로 이루어진 작은 체인에서 이 모든 일은 시작됐다. 스타벅스의 설립자는 시장의 틈새를 발견하기는 했으나 그 가능성을 철저히 이용하지는 못했다. 좋게 표현해 중부유럽식 커피 맛이 관심을 끌지 못하는 나라에서 하워드 슐츠 이전의 스타벅스가 제공하던 서비스는 부적합했다. 미국의 북서부에 위치한 연방도시 워싱턴 주는 컴퓨터와 비행기에 열광하는 이와 그런지 음악(Grunge Music)팬들의 메카일 뿐만 아니라 확실히 커피 애호가를 위한 도시이기도 하기 때문이다.

좋은 제품은 이미 존재하고 있었다. 그러나 스타벅스의 초기에는 세계적인 성공을 이끌 만한 구체적인 방안이 마련되어 있지 않았다. 이것은 오늘날 스타벅스가 세계적으로 성공하는 데 훌륭한 전제조건으로 작용했다. 바로 이런 점에서 진정한 역발상 실천가가 영향력을 발휘했다! 기발한 사람들은 용기와 비전을 갖고 있다는 점에서 두드러진다는 사실을 기억할 것이다. 마이클 델이나 기 라 리베르뜨의 비전에 대해서는 앞에서 자세히 설명했다.

스타벅스의 경우에도 하워드 슐츠라는 주목받는 인물이 있다. 그의 역할은 소매점 관리 및 마케팅 책임자로서 야심을 갖고 보다 높은 과제를 수행하는 일이었다. 그는 미국인이든 독일인이든 모든 사람들은 한 곳에 모이고자 하는 욕구가 있다는 전제 하에 스타벅스를 모임을 위한 장소가 되게 하려는 계획을 세웠다. 즉 그는 사람들을 한 군데로 모으는 일종의 광장이자 집과 사무실 외의 '제3의 장소'로, 그리고 21세기의 아크로폴리스로서 제품이 아니라 삶의 이미지가 우선시되는 곳을 만들어내겠다는 것을 자신의 비전으로 삼았다. 이것은 진정 비전이라고 부를 만한 가치가 있다! 단지 궁금한 점이 있다면 왜 다른 이들은 이런 생각을 하지 못했을까 하는 것이다.

비 내리고 추운 시애틀의 커피숍 이야기로 다시 돌아가자. 스타벅스는 하워드 슐츠가 몇몇 지점이 딸린 이 기업을 인수하기 전까지는 향신료 제품을 선보이고 시종일관 커피를 마시는 즐거움을 제공하는 데 주력하면서 적당한 성공을 거두고 있었다. 그 이후 이례적인 확장이 시작됐다. 오늘날 스타벅스는 전 세계에 8,500개 이상의 지점을 갖고 있으며 날마다 새로운 점포가 생겨나고 있다. 전 세계로 확장하고자 하는 스타벅스의 열망은 여전히 꺾이지 않고 있으며 2만 개 지점 설립이라는 성장목표는 모든 대륙을 대상으로 실현될 예정이다. 즉 앞으로는 아시아와 인도네시아, 남미대륙에서도 커피에 대한 새로운 정의가 내려질 것이다.

지배문화에 맞서다: 카페 자허 vs 스타벅스

스타벅스는 가능한 많은 고객을 확보하기 위해 분주한 거리의 코너나 사무실이 많은 건물 1층에 가게를 낼 만한 자리를 찾았다. 슐츠는 스타벅스 매장을 나란히 자리 잡도록 하거나 심지어는 맞은편에 또 다른 지점이 문을 열게 했다. 그렇게 함으로써 고객들은 러시아워에도 기다릴 필요가 없었고 경쟁 커피숍이 생겨날 자리도 줄어들었다. 또한 스타벅스는 몇 주 만에 새로운 지점 설립을 계획하고 설비를 마친 뒤 곧바로 영업을 시작하게 했다.

스타벅스는 오스트리아 빈에서도 카페 자허(Cafe Sacher)의 바로 맞은편에 지점을 여는 일을 감행했다. 커피하우스 문화의 본고장인 빈에서 이것은 진정 오만에 해당하는 행위였다! 빈의 커피하우스는 베를린이나 뮌헨, 함부르크에 있는 카페와는 다르다. 이곳의 커피하우스는 하나의 공공기관이다. 이곳에 오면 좋았던 옛 시절에 머물러 있는 듯한 느낌을 받는다. 이곳은 점잖은 궁정고문관의 지정석이 있으며, 한 신사가 오스트리아 식으로 "안녕하십니까!"라고 말을 걸면 귀부인이 "처음 뵙겠습니다"라고 인사하는 곳이다. 오토 프리드랜더(Otto Friedlaender)는 "커피하우스는 빈 사람들에게 있어 거실의 연장선에 있는 곳"이라고 말한 적이 있다. 핵심을 정확히 찌른 말이다. 빈은 커피하우스의 본고장이다. 사람들은 이곳에서 자기만의 커피를 마시고 자신의 신문을 읽고 친구들을 만나고 체스를 두기도 한다. 혼자라는 느낌 없이 혼자 있을 수 있는 곳이다.

따라서 스타벅스의 개점으로 인해 오스트리아 신문이 떠들썩했던 것은 별로 놀라울 일도 아니었다. 그러나 사실 스타벅스는 목표집단이 다르기 때문에 결코 커피하우스의 경쟁업체가 될 수 없다. 오히려 평화로운 공존관계라고 봐야 옳다. 그러나 여기 비판적으로 짚고 넘어가야 할 중요한 의문이 하나 있다. 왜 기존의 경쟁자들 중 아무도 사업의 지리적인 한계에 의문을 제기하지 않았을까? 오늘날 스타벅스 체인이 전 세계적으로 8,500개 이상의 점포를 운영하는 동안 높은 명성과 깊은 역사를 자랑하는 카페 자허는 무엇을 했을까? 카페 자허도 시대의 흐름을 뒤늦게 알아차렸고 조심스럽게 확장전략을 추구했다. 자허는 '전설이 여행에 나선다'라는 모토 아래 잘츠부르크와 인스부르크, 그라츠 등에 지점을 개설한 바 있다.

지역의 영웅: 소규모 양조업체

지역시장에서 우두머리가 되기 위해서는 앞서 말한 것처럼 기존의 지배문화에 맞서는 시도를 해볼 수 있다. 경쟁업체보다 고객을 감동시키는 법을 더 잘 알고 있다면 동일한 대열에서도 브랜드의 신뢰도와 고객의 충성을 얻는 일이 가능하기 때문이다. 이를 확인하기 위해 이제 맥주업계에 초점을 맞춰보자. 맥주업계는 하이네켄(Heineken)이나 칼스버그(Carlsberg)와 같은 글로벌 업체가 장악하고 있다. 그러나 이러한 경쟁 속에서도 작은 틈새를 성공적으로 창출할 수 있다는 것을 증명하는 지방업계는 항상 존재한다.

스위스 바젤의 지역 양조업계는 두 개의 선도적 업체로 구성된다. 양조업체 피셔슈투베(Fischerstube)의 '윌리-비어(Ueli-Bier)'와 양조업체 '운저비어(Unser Bier)'는 바젤의 훌륭한 맥주 맛을 책임지고 있다. '윌리-비어'는 라인가세에 위치한 클라인바젤(Kleinbasel)에서, '운저비어'는 라우펜슈트라세의 그로스바젤(Grossbasel)에서 생산된다. 물론 우리가 이야기하는 것은 이 두 양조 브랜드가 생산하는 맥주의 양이 아니라 질이다. 이 두 업체는 연간 약 7천hl(헥타리터)의 맥주를 제조한다. 이에 비해 세계 1위인 안호이저-부시(Anheuser-Busch)는 연간 1억 4,700만 헥타리터를 생산해내고 있다.

소규모일지라도 훌륭한 전문가의 길을 밟는다면 성공은 보장된다. 독일에서는 뮌헨의 아우구스티너(Augustiner), 쾰른의 민간양조업체 가펠 베커(Gaffel Becker), 뒤셀도르프의 알트비어(Altbier) 양조업체인 페터 프랑켄하임(Frankenheim)이 지방업체이지만 높은 수익률을 기록하고 있으며 위기상황 속에서도 틈새시장에서 수익을 올리는 방법을 보여주고 있다.

지방이 강세: 친환경 제품의 열풍

기존 패턴의 반대방향으로 생각하라! 관심을 끌 만한 틈새시장의 대부분은 주요 트렌드보다는 역트렌드에서 발견될 때가 많다. 지정된 영역이나 제품의 종류에 권태를 느낀다면 추를 반대방향으로 움직여야 할 시기다. 모든 것들이 점점 국제화되는 추세에 있어서 역트렌드란 지역화를 말한다!

식품회사 페네베르크(Feneberg Lebensmittel GmbH)는 '내 고향에서' 라는 슬로건을 글자 그대로 보여주고 있다. 이 기업은 1998년 중반부터 친환경방식으로 관리, 재배된 식료품을 자체적으로 제공하고 있다. 한 지역에서 생산된 과일, 야채, 쇠고기, 계란, 유제품, 치즈 및 빵과 제과류를 바로 그 지역의 소비자들에게 공급하는 방식이다. 페네베르크는 '내 고향에서 생산된 제품: 품질을 보증합니다' 라는 자체 브랜드를 보유하고 있다.

페네베르크는 이러한 브랜드로 세계화 물결에 맞서 의도적으로 정반대되는 서비스를 제공하고 있다. 이러한 서비스를 통해 소비자들은 자신이 거주하는 지역의 경제적 안정을 돕고 이웃나라에서 생산된 야채가 아니라 국내 지역에서 생산된 제품을 구매할 수 있는 기회를 갖는다. 이러한 지역적 친환경 프로그램은 확실히 많은 장점을 갖고 있다. '내 고향' 제품은 다음과 같은 점에서 눈에 띈다.

- 짧은 운송거리로 최고의 신선도 유지
- 직접배달을 통한 비용 절감
- 믿을 수 있으며 확실한 생산과정
- 재배환경 보존 및 환경보호에 기여
- 순환경제 지원을 통한 지역 농촌경제 보호

페네베르크와 계약을 맺고 있는 협력자들은 알고이와 슈바벤 지역 출신의 농업 종사자들로 명망 있는 친환경 농업조합의 회원들이다. 이들은 국가로부터 엄격한 관리를 받고 있다. 또한 생산된 제품은 친환경방식의 엄격한 생산지침에 따라 페네베르크의 자체적인 생산공장이나 그 지역의 기업들에서 가공된다.

기분 좋은 요소: 유기농 제품을 집까지 무료배달

페네베르크의 소비자들은 제품에 대한 신뢰도뿐만 아니라 매장 자체에 대한 만족도도 높다. 페네베르크는 기분 좋은 시장을 선보이고 있다. 이 기업은 80년대에 창립한 이후 사전조사를 거쳐 모든 시장을 고객의 요구에 맞게 새로이 설계하고 재구성했다. 매장의 통로는 쇼핑카트를 밀고 다니면서 편안하게 움직일 수 있는 충분한 공간이 확보되어 있으며 물품들은 체계적인 그룹으로 나뉘어 정리되어 있다. 또 직원들은 친절하고 부드러운 분위기 조성에 큰 가치를 두고 있다. 이 모든 요소들은 페네베르크를 대형 슈퍼마켓 체인에 맞설 수 있는 성공적인 지역 브랜드로 만들고 있다.

오스트리아의 유기농산물 생산업체 아다마(Adamah)는 여기서 한 단계 더 진보한 경우다. 이 기업은 우선적으로 다음과 같은 사실을 알아냈다. 모든 고객이 이웃나라에서 생산된 야채를 대형 슈퍼마켓에서 구매하고 싶어하지는 않는다는 것, 국내에서 생산된 좋은 제품에 더 많은 돈을 지불할 의향이 있으며 그런 과정에서 중간상인 역할을 하는 슈퍼마켓을 완전히 배제할 용의가 있다는 것이다.

아다마는 바로 이러한 트렌드에 주력했다. 이 기업은 고객의 집으로 제철 유기농 채소와 과일을 정기적으로 배달한다. 앞에서 설명한 바 있는 페네베르크와 마찬가지로 당연히 모든 제품이 매우 신선하다. 그러나 또 다른 장점이 있다. 고객들이 장보는 데 걸리는 시간을 절약할 수 있다는 점이다.

제품에서 고객을 발견한다: 새로운 형식의 신문

언론업계에서도 지역화 현상이라는 역트렌드를 찾아볼 수 있다. 도처에서 언론업체들의 합병 발표가 끊임없이 이어지고 전국지 재벌들이 일간신문 시장을 자기들끼리 나누어 갖는 가운데, 〈포어아를베르거 나흐리히텐(Vorarlberger Nachrichten)〉과 같은 지방 일간지들은 자사의 성공을 축하하고 있다. 지방 일간지 창립자들이 우세한 언론대기업과의 경쟁에 맞설 진정한 기회가 없다는 사실은 분명하다. 따라서 이들은 전국지들에 비해 확실히 눈에 띄어야 하고 무엇보다도 지방과 관련된 주제들을 집중적으로 다루어야 한다. 한 예로 〈포어아를베르거 나흐리히텐〉은 지역신문이자 광고신문으로 입지를 확고히 했을 뿐 아니라 구독자들에게 저렴한 전화 및 전기요금을 비롯해 지역 내 각종 서비스 등을 연계해주는 지역포탈의 역할도 하고 있다.

〈포어아를베르거 나흐리히텐〉의 성공 뒤에는 '언론계의 스승' 으로 불리는 오이겐 루스(Eugen A. Russ)가 있다. 그가 주장한 컨셉은 읽기 쉬운 신문이었다. 이에 따라 이 신문은 대중취향의 기사와 스포츠난을 늘리고 무엇보다도 실용성을 높였다. 그 밖에도 서비스나 특별 세일을 통해 구독료를 대폭 낮췄다.

또한 이 신문은 '지역신문의 장점이 발휘되려면 모든 독자가 적어도 일년에 한번쯤은 자신이나 친구들의 사진이 신문에 실린 것을 볼 수 있어야 한다' 라는 모토를 엄격히 따르고 있다. 이를 위해 루스는 카메라와 마이크를 든 리포터를 지방으로 파견해 주민들의 파티를 취재하도록 하고 있다. 그 결과 이 신문의 사진 데이터베이스에는 현재 포어아를베르크 지역주민 3분의 1의 사진이 등록되어 있다.

또 신문에 모든 사진이 게재될 공간이 없기 때문에 웹사이트(www.vol.at)에서 나머지 기사를 볼 수 있도록 했다. 모든 독자들은 웹사이트에 적극적으로 참여하고 있다. 활동적인 커뮤니티의 구축이 이 신문의 목적이며, 루스의 말에 따르면 독자들은 '우리 지역의 신문은 바로 나를 위해 존재한다!' 라는 느낌을 받고 있다고 한다.

루스가 이러한 컨셉을 처음부터 모두 생각해낸 것은 아니다. 그는 미국여행 중에 영감을 받았다고 한다. 현재 많은 이들이 그의 방식을 모방하고 있지만 문제될 일은 아니다. 지역의 영웅이 방해받는 일은 드물기 때문이다!

지역화라는 트렌드 뒤에는 사람들의 기본욕구가 숨어 있다. 사람들은 점차 복잡해져가는 세상에서 정체성과 친숙함, 자신을 재인식할 수 있는 요소를 찾고 있다. 지역화 현상은 이런 욕구를 상품과 서비스로 채울 수 있는 상징적인 시스템이다.

이제 글로벌업체를 지향하든, 지역의 영웅이 되고자 하든 상관없이 한 가지 결정적인 질문에 답해야 한다. 고객들이 경쟁사보다 우리 회사 제품에 더 끌리게 하려면 어떻게 해야 할까? 스타벅스는 이렇게 답한다. '우리는 사람들에게 서비스를 하는 커피사업이 아니라, 커피를 서비스하는 사람 사업을 하고 있다('We're not in the coffee business serving people—we're in the people business serving coffee.').'

연습문제 하나: 이 문구에서 '커피'를 당신 기업의 제품으로 대체해보라. 아마도 곰곰이 생각해볼 만한 흥미로운 컨셉이 떠오를 것이다!

Different Thinking

| 비즈니스 역발상 BOX |

— **기존 패턴의 반대방향으로 생각하라! 관심을 끌 만한 시장성/시장진출의 기회는 주요 트렌드보다는 역트렌드에서 발견된다.**

생각해보라. 어떻게 하면 시대의 흐름을 거스르고, 우월한 위치에 있는 업계의 트렌드에 맞서 한 지역에서 또는 세계무대에서 당신의 사업을 크게 성공시킬 수 있을까?

지역적 성향이 매우 강한 업계에서 혁명을 일으킨 장의업체 SCI를 기억하라. 또는 전통적으로 한 지역에 고정되어 있던 커피하우스 시장을 생각해보라. 커피하우스업계의 통례를 깬 기업은 시애틀의 스타벅스였다. 스타벅스는 처음에 4개의 매장으로 시작했지만 오늘날에는 전 세계적으로 8,500개 이상의 점포를 거느리고 있다. 또 정반대의 길을 걸었던 소규모 양조업체들도 떠올려보라. 이들은 사업을 세계로 확장하는 전략을 버리고 지역시장에서 우두머리가 되는 데 주력하고 있다.

조합의 혁신을 통해 새로운 시장을 개척하라

하버드대학의 경제학자 시어도어 레빗(Theodore Levitt)은 1992년 출간된 자신의 저서 《경영에 관하여(Thinking about Management)》에서 다음과 같이 서술하고 있다.

다른 이들과의 차별화는 한 기업이 지속적으로 전념해야 하는 가장 중요한 작전상의 과제에 속한다. 이것은 개인의 생각과 판단으로 평가할 수 있는 문제가 아니다. …본래부터 대체 가능한 표준제품은 없다. 대체 가능한 방식으로 사고하고 행동하는 인간만이 있을 뿐이다.

고개를 끄덕이며 동의하기 전에 한 가지 의문을 떠올려보자. 모든 사람들이 경쟁에서 오랫동안 살아남는 유일한 방법이 경쟁업체와의 명확한 차별화라고 생각한다면, "당신 기업의 독특한 점은 무엇이며, 어떤 점이 경쟁자와 구별됩니까?"라는 질문에 적절히 대답할 수 있는 기업은 왜 그토록 적을까?

최근 한 은행의 워크숍에서 우리가 "당신 기업만이 지니고 있는 특징은 무엇입니까?"라는 질문을 던졌을 때 직원들은 "품질과 혁신, 소비자 지향이 다른 기업과 구분되는 점"이라고 답변했다.

유감스럽지만 그러한 답변으로는 오늘날의 경쟁 속에서 아무것도 달성할 수 없다. 동종업계의 모든 경쟁자들도 벌써 수년 전부터 같은 대답을 하고 있기 때문이다. 달리 말하면 품질, 혁신, 소비자 지향은 너무나도 당연한 것이며 뛰어나지도, 충분히 차별화되지도 않는 것들이다. 그것들로는 당신을 부각시킬 수 없다!

조합의 힘

여기에서는 어떻게 하면 경쟁업체들과의 차별화에 성공할 수 있는지에 대해 역발상을 바탕으로 이야기해보겠다. 이를 위해 한 가지 흥미로운 컨셉을 소개하고자 한다. 이 컨셉은 기본적으로 혁신을 도입해 사물들을 새로운 방식으로 조합하는, 단순하지만 성공적인 접근법이다. 그리고 그 조합이 기발하면 기발할수록 결과는 더욱 거대해진다!

| 비즈니스 역발상 제6법칙 |

조합의 혁신을 통해 새로운 시장을 개척하라!

기존의 사고방식: 동종업계에서 잘 알려져 있으며 관례적인 사항만을 추가하는 방식으로 기존의 제품 및 서비스를 확장한다.

비즈니스 역발상: 두 가지 상이한 업계의 제품 및 서비스를 지금까지는 존재하지 않았던 방식으로 접목시켜라. 기존의 사물을 새로운 방식으로 조합하는 것은 단순하지만 성공적인 접근방법이다. 그리고 그 조합이 기발하면 기발할수록 결과는 더욱 거대해진다!

어째서 모든 업계에는 사업이 어떠어떠하게 이루어져야 한다는 불문율이 존재하는 것일까? 예를 들어 법률상담은 거의 대부분 변호사 사무실에서만 이루어진다. 왜 그래야 하는가? 어째서 모든 업계에는 이 같은 '신성불가침의 원리(sacred Cow)'가 존재할까? 그것은 대부분의 경우, 항상 그래왔기 때문이다! 그러나 신성불가침의 원리를 역으로 이용하면 최상의 결과물을 만들어낼 수 있다!

커피 & 변호사: 아메리칸 스타일로 이혼하기

커피숍 안에 자리한 변호사 사무실을 살펴보자. 로스엔젤레스의 변호사 제프리 휴즈(Jeffrey J. Hughes)는 색다른 비즈니스 모델로 진정한 혁신을 보여주고 있다. 법률상담을 받기 위해 고객들이 사무실로 변호사를 찾아가야만 하는 시대는 지났다. 오늘날 변호사와 고객 간의 대화는 커피숍에서 매우 편안하게 이루어지고 있으며 그 비용도 매우 저렴하다. 15분에서 30분 정도 걸리는 상담에 드는 비용이 25달러이며 커피값은 그 비용에 포함되어 있다. 맥도날드에서처럼 벽에는 개별 서비스 가격이 적혀 있는 카드들이 걸려 있다. 명의 변경은 200달러, 상업등기 등록은 500달러 등등. 현재 약 30명의 변호사가 이러한 컨셉에 따라 함께 일하고 있다. 이들은 가족법, 노동법, 세법 분야, 또는 이민, 세금, 사고, 위자료, 지불불능 문제 등에 대해 각각 전문적으로 책임지고 있다. 이곳의 변호사 케이스 심슨(Keith F. Simpson)은 "이 같은 방식은 새롭다. 사람들이 편안한 분위기 속에서 만남으로써 사무실에 비해 쉽게 긴장을 풀곤 한다. 나는 매일 여기에서 새로운 고객들과 만나고 있다"고 자신의 의견을 밝혔다. 그는 일주일에 두 번 두 시간씩 법률 감정서를 작성하는 가족법 전문가다. 현재 그가 상담해준 고객 중 절반은 그에게 일을 맡기고 있다.

이 업체와 연계된 모든 변호사들은 각자의 전문 분야를 대표하는 믿을 만한 전문가들이다. 카페는 소위 변호 상담을 위한 만남의 장소로서 법률상담에 대한 부담감을 줄이는 역할을 하고 있다. 최초상담에 적용되는 낮은 비용도 이들의 성공에 한몫 하고 있다.

짝을 이루는 것들의 조합: 별미가 있는 요리책 서점

오스트리아 빈의 나슈마르크트 근처에는 요리책 전문서점 바베츠(Babette's)가 자리하고 있다. 별로 특별하지 않은 서점이라고 생각하는가?

바베츠 서점은 바로 혁신을 도입한 전형적인 본보기다. 이곳에서는 천 권 이상의 요리책 이외에 음식도 제공하고 있다. 바베츠는 서점과 향신료 판매대, 요리쇼를 결합했으며 손님들에게 매일 다른 메뉴를 제공한다. 그 밖에도 이곳에서는 요리교실과 요리 관련 이벤트가 열리고 있다.

바베츠의 공로자는 직접 가게를 운영하고 있는 나탈리에 페른슈티히(Nathalie Pernstich)와 질케 후알라(Silke Huala)다. 이들은 공동 기업주이며 요리사겸 예술가겸 장서가이다. 그리고 무엇보다도 미식가들이다. 바베츠의 아이디어는 요리와 책, 향신료, 훌륭한 음식에 대한 그들의 열정에서 탄생했으며 삶의 기쁨을 표현한 것이

요리하는 책벌레라는 컨셉의 바베츠 서점. 요리에 관한 수많은 책들은 물론 다양한 행사도 열린다. 물론 군침도는 음식도 마련되어 있다.

다. 또한 그들은 빈이라는 도시 특유의 요리가 취미인 사람들과 나슈마르크트 지역의 팬들로 이러한 가게가 수익을 거둘 수 있으리라는 생각에서 이 가게를 열었다.

이 두 명의 사업가는 훈련받은 전문요리사도 아니고 도서출판업자도 아니다. 질케 후알라는 회화와 미술교육을 전공했으며 나탈리에 페른슈티히는 IT 컨설턴트 교육과정을 밟고 정보통신업계에서 근무했다. 이것이야말로 혁신을 가능하게 만든 역발상적 접근이라고 할 수 있을 것이다.

경이로운 빨래방

독일 쾰른의 브뤼셀러 플라츠 지방에 자리한 '클리니쿰(Cleanicum)' 의 컨셉은 '기분 좋은 기다림' 이다. 정확히 말하자면

독일에서 가장 깨끗한 이름을 가진 곳 중의 하나. 쾰른 사람들은 클리니쿰에서 상쾌한 만남의 시간을 갖는다.

클리니쿰은 빨래방인 동시에 휴게실의 역할도 겸하고 있다. 쾰른 시내에는 빨래방을 이용하는 고객들이 매우 많다. 집의 임대료가 비싼 반면 크기는 작아서 세탁기를 들여놓을 자리가 부족하기 때문이다. 그러나 높은 안목을 지닌 고객들에게 보통의 빨래방들은 전혀 관심을 끌지 못한다. 빨래가 끝나고 나서도 건조될 때까지 오랜시간을 기다려야 하는 보통 빨래방의 분위기는 이들에게 무료하기만 하다.

클리니쿰은 이러한 점에 착안해 빨래를 부수적인 요소로 만들었다. 대신 사람들을 만나고 안락한 소파에 편하게 누워 있거나 인터넷 서핑을 하고 에스프레소를 마실 수 있는 분위기의 장소로 만들었다. 이곳의 고객들은 다른 사람의 방해 없이 책을 읽거나 커피를 마시며 빨래가 끝나기를 기다린다. 빨래가 마르기를 기다리면서 잠을 자는 사람도 많다. 클리니쿰의 경영자들은 이러한 현상이 고객의 신뢰와 만족감을 나타내는 징표라고 여긴다.

클리니쿰은 고객이 특별한 대접을 받고 있음을 느낄 수 있도록 친절한 서비스를 제공한다. 클리니쿰은 고객의 고민을 상담해주거나 손님들끼리 다양한 주제에 관한 팁이나 요령을 주고받을 수 있도록 공간을 마련해놓았다. 소문에 따르면 이미 많은 사람들이 클리니쿰에서 인생의 동반자를 찾았다고 한다.

제3의 공간에서 이루어지는 비즈니스: 아트 바 & 카페

앞서 말했듯이 카페에서의 법률상담은 적어도 미국에서 만큼은 이미 현실 속의 이야기다. 이제는 보험업계도 편안한 분위기에서 신규 잠재고객에게 제품을 보여준다면 더 많은 계약을 체결할 수 있다는 사실을 발견한 듯하다. 현재 몇몇 보험업체들은 일터와 집의 중간역할을 하는 소위 '제3의 공간' 이라 불리는 곳에서 추가로 보험계약 서비스를 제공함으로써 전혀 새로운 목표집단을 창출하고 있다.

영국의 대규모 보험회사 히스콕스(Hiscox)의 지점 아트 바 앤 레스토랑(Art Bar & Restaurant)은 독일 뮌헨에 자리하고 있으며 보험회사의 지점이라기보다는 매력적인 제3의 공간으로서 예술과 즐거움을 누리는 만남의 장소로 포지셔닝했다. 런던에 위치한 히스콕스의 아트 카페는 영국 예술계의 주요 근거지로 발전함으로써 뮌헨 지점의 모델이 됐다. 히스콕스는 예술작품의 보험뿐 아니라

PR 문구에 대한 보험상품도 제공하고 있다. 이곳 지점에서 손님들은 음식을 먹고 예술작품을 구매할 수도 있으며 이사회의 임원인 요아킴 로이터(Joachim Leuther)의 "우리는 삶에서 아름다운 것들을 보험으로 보호해준다"는 좌우명도 한번 믿어볼 수 있다.

흥미로운 조합: 미용실의 혁신

혁신을 적용한 예는 미용업계에서도 매우 다양한 컨셉 속에 녹아 있다.

* 베를린의 프리드리히스하인 지역에 위치한 미용실 카이저슈닛(Kaiserschnitt)은 미용사업과 홈패션 제품 판매점을 혼합한 형태다. 이 가게의 인테리어에 사용된 제품은 판매를 위한 것이다.
* 카페와 미용실을 혼합한 예는 매우 많다. 베를린의 크로이츠베르크에 위치한 미용실 수크레(Sucre)는 미용사와 프랑스인 제과제빵사가 공간을 나누어 쓰고 있다. 또 바로 얼마 전에는 베를린의 카페-비스트로 레데츠키스(Redetzky's)도 미용실 내부에 새로운 지점을 열었다.
* 게르하르트 마이어(Gerhard Meir)는 함부르크와 베를린, 뮌헨에 위치한 자신의 미용실에서 미디어 분야에 주력하고 있다. 고객잡지를 자체적으로 만들어온 그는 머지않은 미래에 도서관을 만들어 고객이 가게에 머무는 시간을 늘리고, 보다 편안함을 느낄 수 있도록 만들 계획이다.

이러한 예들은 조합이라는 컨셉을 사용하는 데 상상력의 한계가 없다는 사실을 보여준다.

창출된 가치가 본래의 몫을 합한 것보다 더 많은 경우:

라이브러리 호텔

조합의 원칙이 최대의 기능을 발휘할 때는 언제일까? 조합으로 창출된 가치가 본래 몫의 합보다 많을 때이다. 따라서 성공적인 조합의 전제조건은 구성요소들이 추가가치를 창출할 수 있도록 조화시키는 것이다.

뉴욕의 라이브러리 호텔(Library Hotel)이 그러한 예다. 이 도시는 정말 특이한 호텔로 넘쳐나는 곳이다. 그럼에도 불구하고 이 호텔의 컨셉은 엄청난 주목을 끌었다. 메디슨 41번가 길목에 자리한 이 호텔은 온통 읽을거리로만 둘러싸인 최초의 호텔이다. 이 호화 호텔의 모든 층은 다양한 전공서적이 차지하고 있으며 각각의 방에는 주제에 따라 책과 예술작품들이 구비되어 있다. 이 호텔은 약 6천 권의 장서를 취득해 60개의 방에 나누어 관리하고 있다. 그리고 고객이 적합한 방을 찾을 수 있도록 하기 위해서 12층짜리 호텔을 도서관 내부와 마찬가지로 다양한 관심 영역으로 분류해놓았다. 말하자면 '사회학', '언어', '수학과 자연과학', '기술', '예술', '문학', '역사', '일반지식', '철학', '종교' 영역들이다. 각각의 방은 다시금 이러한 학문 영역의 하위에 속하는 책들을 포함하고 있다.

또한 호텔객실뿐만 아니라 로비에도 손님을 위한 읽을거리가 마련되어 있다. 이곳에서는 마호가니 벽으로 된 독서실이 고객을 독서의 세계로 초대한다. '시의 정원(Poetry Garden)'이라 불리는 꼭대기 층에 위치한 안락한 겨울정원, 안락의자와 벽난로가 있는

라이브러리 호텔. 두 가지 시스템의 장점을 모두 얻기 위한 방법은 바로 공생관계를 유지하는 것.

'작가의 서재(Writers Den)', 높은 책장과 신문들이 비치되어 있는 아침식사 공간도 마찬가지다. 이곳에서 고객들은 독서는 물론이고 하루 종일 먹고 마실 수 있다.

라이브러리 호텔의 아이디어는 이 호텔의 소유주 헨리 칼란(Henry Kallan)이 12층짜리 건물을 구매한 뒤 호텔로 개조할 계획을 갖고 있을 당시, 주변의 거리를 어슬렁거리다 몇 발자국 떨어지지 않은 곳에서 뉴욕 공립도서관을 발견하게 되면서, 그리고 거기에서 몇 블록 더 떨어진 피어폰트 모건 도서관을 지나면서 떠올린 것이다. 이러한 아이디어는 대성공을 거뒀다. 현재 라이브러리 호텔의 객실요금은 315~800달러에 달한다.

이러한 예는 조합을 컨셉으로 잘 적용하기만 한다면 큰 성공을 거둘 수 있다는 것을 증명해준다. 우리 사회에는 우리가 상상할 수 있는 것들이 필요 이상으로 존재하고 있다. 그에 대한 사람들의 자연스러운 반응은 무엇일까? 전혀 다른 무언가를 찾는 것이다. 군중 속에서 돋보이는 무언가를, 기대하지 못했던 무언가를 찾는 것이다. 조합컨셉을 적절히 활용하면 이러한 것들을 달성할 수 있다! 그 조합이 기발하면 기발할수록 그 결과는 거대해지고 고객에게 더 많은 인기를 끌수 있다.

Different Thinking

| 비즈니스 역발상 BOX |

가장 성공적인 컨셉은 기존의 아이디어를 새로운 방식으로 조합해서 만들어진 경우가 많다.

– 제이슨 제닝스(Jason Jennings), 기업컨설턴트, 작가

당신은 왜 상이한 두 가지 영역을 하나의 제품이나 서비스로 연결짓지 않는가? 물론 이것은 두 가지 영역을 생각 없이 아무렇게나 조합하라는 말이 아니다. 명확한 전략적 의도와 기존 고객 및 목표집단에 대한 정확한 관찰로 고객이 필요로 하는 비범한 제품과 서비스를 창출해내는 것을 뜻한다. 두 가지 상이한 업계의 제품 및 서비스를 지금까지는 존재하지 않았던 방식으로 접목시켜라. 기존의 사물을 새로운 방식으로 조합하는 것은 단순하지만 성공적인 접근방법이다. 그리고 그 조합이 기발하면 기발할수록 결과는 더욱 비범해진다!

도서관과 호텔의 성공적인 조합으로 시장에서 진정한 차별화를 달성한 뉴욕의 라이브러리 호텔을 기억하라. 또는 변호사 사무실과 커피숍을 조합한 미국의 변호사 제프리 휴즈의 아이디어를 떠올려라. 그 밖의 적절한 예는 단조로운 빨래방에서도 찾아볼 수 있다. 쾰른의 클리니쿰은 빨래방과 쿨한 휴식공간을 조합한 경우다. 빨래가 끝날 때까지 '기분 좋은 기다림'을 제공한다는 모토 하에 말이다.

틈새시장의 독점업자가 되라

한동안 경제지에서는 거의 매일 떠들썩한 합병소식이나 합병 계획에 대한 뉴스를 읽을 수 있었다. 기업들이 합병을 하는 이유는 뻔하다. 시너지 효과로 비용을 절감할 수 있고, 기업의 가치와 수익을 상승시킬 수 있으며, 제품의 폭을 확대할 수 있기 때문이다. 그러나 대다수의 합병은 기대했던 성과를 거두지 못하고 있다. 투자은행 모건스탠리의 조사 결과에 따르면 합병의 70%가 실패했다고 한다. 그럼에도 불구하고 '큰 것이 좋은 것(big is beautiful)' 이라는 말은 사라지지 않고 있다. 2 더하기 2로 간단히 5를 만들 수 있다는 아이디어는 누구에게나 유혹적이다. 이러한 합병제국의 사장은 항상 중대한 연설을 하고 주요 인사와 만나고 고가의 시가를 피우면서 코냑을 마시지만, 작은 회사의 사장은 그 동안 밖에서 기다려야 하기 때문이다.

| 비즈니스 역발상 제7법칙 |

유사 독점: 틈새시장의 독점업자가 되라!

기존의 사고방식: 리스크 분산의 기본원칙에 따라 제품과 서비스의 포트폴리오를 가능한 폭넓게 구축함으로써 한 분야의 판매량이 감소할 경우 다른 분야의 좋은 실적으로 만회할 수 있기를 희망한다.

비즈니스 역발상: 용기를 가져라. 그리고 틈새시장을 찾거나 한걸음 더 나아가 스스로 틈새시장을 구축하라! 그러면 자체적으로 독점을 형성할 수 있다.

회사를 되도록 많이 사들여 덩치를 키우는 방식도 지역적으로 한정된 범위 내에서 경쟁을 하던 시기에는 그런 대로 들어맞았다. 개발도상국의 대기업 다수는 오늘날까지도 보호주의적인 자국의 시장에서 큰 성공을 거두고 있다. 모든 분야에 참여하고 있는 인도의 최대 기업집단인 타타(Tata)그룹이 그러한 예다. 인도 최대의 민간기업 타타는 자동차 및 화물차 생산, 전기 공급, 인터넷 서비스, 기업컨설팅, 호화 호텔체인, 차 재배농장, 컴퓨터 및 IT 서비스와 시계 생산과 같은 다양한 전문 영역에서 활동하고 있다. 그러나 이러한 컨셉은 서유럽이나 북미지역과 같이 고도로 산업화된 경제선진국에는 더 이상 적용하기 힘들다.

시대가 변했다: 작은 것이 좋은 것이다(Small is beautiful)

사방으로 가지를 뻗는 거대기업들의 시대는 지났다. 과잉공급의 시대에는 뚜렷한 경계가 중요하다. 따라서 거대기업을 추격할 것이 아니라 세계적으로 선두를 차지하고 있는 사업부문에 주력하는 일이 중요하다.

자신에게 적절한 틈새시장, 즉 세계 정상이 될 수 있는 틈새를 발견하고 거기에 주력해야 한다. 단, 정확히 행동해야 한다. 이를 위해서는 명확한 목표집단에 따른 맞춤형 서비스를 개발하는 일이 중요하며, 이러한 서비스를 정기적으로 제공할 수 있어야 한다. 헤르만 지몬(Hermann Simon)은 자신의 저서 《Die heimlichen Gewinner》에서 틈새시장의 두 가지 컨셉에 대해 설명한 바 있다.

틈새시장의 첫 번째 부류는 최고의 전문가들로 구성된다. 이들은 매우 작은 규모의 시장에서 강력한 시장지위를 구축하려고 시도한다('최소규모의 시장에서 위대해지기'). 나는 이들을 틈새시장의 슈퍼맨이라고 부른다. 다른 부류는 스스로 자신을 위한 시장을 창출하는 경우다. 이러한 기업들에게는 일반적인 의미의 경쟁상대가 없다. 나는 이들을 시장의 지배자라고 부른다. 이들은 실질적으로 자신의 시장을 소유하고 있기 때문이다.

극단적인 예 두 가지가 있다. 단 85명의 직원을 보유하고 있는 스웨덴의 베르그만&베빙(Bergman & Beving)은 거의 모든 이들이 입 속에 넣어본 경험이 있는 치과용 타액 진공흡입기라는 한 가지 제품으로 50% 이상이라는 놀라운 세계 시장점유율을 유지하고 있다. 그 밖에도 독일 란츠베르크 암 레히 지역에 위치한 주식회사 라치오날(Rational AG)은 자사의 포트폴리오상 유일한 제품인 대형 주방용 조리기기로 수년 전부터 세계 선두를 지켜오고 있다.

전문가로서의 역발상 실천가-역발상 실천가로서의 전문가

만프레드 우치(Manfred Utsch)는 자사의 강점이 무엇인지를 묻는 질문에 "우리는 세계 최초로 자동차 식별표지를 개발하고 제작하는 시스템을 구축한 기업이다"라고 답변한다.

만프레드 우치는 자동차 번호판을 전문적으로 생산하는 선도적인 중소기업의 경영인이며 노르트라인베스트팔렌 주의 해외무역 캠페인을 대표하는 기업가이다. 세계 100개국의 고객들은 독일 지겐 지역에서 생산된 이 기업의 자동차 식별표지 및 등록시스템을 사용하고 있다.

우치사(Erich Utsch AG)는 자동차 도난사고가 많은 국가들을 위해 자체적으로 레이저 및 홀로그램 기술도 개발했다. 일례로 스리랑카의 자동차에는 두 개의 식별표지 외에도 추가로 전면유리에 RF 태그가 붙어 있다. 이 태그는 떼어내려고 시도할 경우 그 안에 담긴 데이터가 자동으로 소멸돼 오용을 방지한다.

우치는 다수의 틈새업체들과 마찬가지로 하나의 부가가치 생산에 주력함으로써 성공했다. 이 기업은 사업 초기에는 차량 번호판만 단순 제작해 판매했지만 그 이후 기계산업에도 뛰어들었다. 현재 우치는 전 세계 번호판 제작업체에 번호판 제작용 기기를 판매하고 있으며 이를 통해 정비사업 및 부품사업에서도 놀라운 발전을 이룩할 수 있었다.

게다가 이제 우치는 새로운 자동차 식별표지 도입과 관련해 정부에 조언도 해주고 있다. 또한 자사의 기술을 다른 기업에게 성공적으로 대여해주고 있으며 이를 통해 무시하지 못할 만큼의 수익도 올리고 있다. 우치는 기업을 확장하는 중에도 본래의 틈새시장을 한 번도 벗어나지 않았다. 그 결과 제품은 확대됐지만 쓸데없는 일에 힘을 낭비하는 일은 지금껏 전혀 없었다.

지방 특산품의 틈새시장: 요제프 초터의 특이한 초콜릿

보통 유럽에서 일반 초콜릿 하나의 가격은 69센트 정도다. 좀 더 저렴한 것들도 있다. 반면 초터 초콜릿은 겨우 70그램의 무게지만 한 개에 평균 2유로 70센트나 한다. 하지만 초콜릿 이름은 흔한 '밀크 초콜릿' 이나 '알프스 밀크' 가 아니라 '레몬과 옥수수죽' 또는 '후추가루와 박하' 이고 까다로운 수작업을 거쳐 제작된다. 오스트리아의 초콜릿 수공업체 요제프 초터(Josef Zotter)의 프로그램에는 더 많은 것들이 포함되어 있다. 독창력을 통해 매우 특이하고 때때로 매우 과감한 맛이 탄생한다. '삼마와 모카' , '커피에 절인 자두와 베이컨이 든 초콜릿' 또는 '강낭콩과 양파절임' 은 초콜릿의 수공생산으로 최고의 틈새시장을 차지하고 있는 초터의 창의력에 의해 만들어진 제품이다.

이 기업의 비즈니스 모델은 제과 시장에서 통용되는 다수의 모델과는 다르다. 초터는 초콜릿 제조에 인공향료나 방부제, 색소를 쓰지 않고 최고 품질의 재료만을 사용한다. 하지만 좋은 재료를 조달하는 데 워낙 많은 비용을 들이다 보니 초터는 수년 전부터 소매상을 지배하고 있는 가격경쟁에도 전혀 동참하지 않고 있다. 그러나 매년 2백만 개의 수공 초콜릿을 일반 초콜릿보다 3배 이상 높은 가격으로 판매하고 있다.

이 기업은 판매망과 관련해서도 기존의 초콜릿 생산업체들과 다르게 행동하고 있다. 초터는 슈퍼마켓과 대형 체인점에는 초콜릿을 공급하지 않는다. 대신 고급 식품상점이나 제과점, 와인판매점, 공항의 기념품 상점과 박물관 숍을 판매장소로 택하고 있다.

칠리 산타페 맛 초콜릿. 초터는 매번 평범치 않은 이름과 맛의 수제 초콜릿을 만들고 있다.

초터는 극소규모의 틈새시장은 존재하지 않는다는 사실을 보여주는 예다! 그리고 바로 여기에 현명한 비즈니스 역발상의 성공 비결이 숨어 있다. 초터는 역발상을 통해 자신만의 진정한 포지셔닝을 구축했으며 이는 다시 내부와 외부의 상호작용, 즉 정확한 목표집단의 희망사항과 핵심역량을 올바른 방식으로 조정해나갈 수 있게 해준다.

초대형 틈새시장에서의 역발상: 카르만, 속력을 내다

카브리올레(2도어, 4~6인승의 탑오픈 방식 차)가 붐을 맞고 있다. 이 현상에 대해 유럽 최대의 카브리올레 제조업체인 카르만(Wilhelm Karmann GmbH)만큼 반가워하는 기업은 없을 것이다. 1901년에 설립된 카르만은 까다로운 자동차 부품시장에서 자사의 입지를 확립하는 데 성공했으며, 현재 카브리올레와 쿠페(2인승의 세단형 승용차)의 개발 및 제작부문에서 활약하고 있다. 그러나 카르만은 자동차업체들을 상대로 하는 비즈니스에 전적으로 주력한 탓에 자동차 구매자들에게는 그 모습이 드러나지 않는다.

한 예로 카르만이 메르세데스의 CLK를 제작했다는 사실은 극히 소수의 사람들만 알고 있다. 그 밖에도 아우디의 A4 카브리올레와 폴크스바겐의 뉴비틀 카브리올레, 크라이슬러의 스포츠쿠페 크로스파이어도 카르만이 생산해내고 있다. 이처럼 카르만은 유명 자동차업체들의 제작업무의 연장선상에 있는 기업이다.

이 기업은 계약생산업체(Contract Manufacturer), 즉 위탁생산업체의 일종으로 자동차업체가 생산설비의 부족으로 자체제작에 어려움을 겪게 되면 비로소 활동을 개시한다. 그런 점에서 카르만의 실력은 최고 자동차업체들에 못지않은 수준이다. 카르만이 선호하는 것은 자동차업체로부터 신규 모델의 제작과정에 처음부터 참여하는 일을 의뢰받을 때다. 이 경우 전반적인 비용 면에서도 저렴하다는 장점이 있다. 카브리올레나 쿠페와 같은 틈새모델은 고객층이 소수인 까닭에 자동차업체가 대량생산 모델의 생산과정과 동일한 방법으로 그 제품들을 생산할 경우 수익성이 전혀 없기 때문이다.

세계최고의 시장점유율을 자랑하는 기업

비행기 좌석에 자주 앉아본 적은 있어도 스위스 기업 란탈(Lantal)이 전체 비행기 좌석시트의 55%를 납품한다는 사실은 모르는 사람이 많다. 또한 이 기업은 비행기 내부바닥재도 전체의 35%나 납품하고 있다. 란탈의 이러한 섬유제품들이 인기를 끄는 이유는 세척이 용이하고 내화성인 동시에 가볍고 고급스럽기 때문이다. 란탈 제품의 이러한 특성은 항공기의 비용을 절감시켜준다. 그래서 많은 항공기업체가 란탈의 제품을 선호하는 것이다.

세계의 주요 항공기업체들은 좌석설비에 있어서 란탈의 소재를 매우 신뢰하고 있다. 란탈은 이러한 고객층에게 효율적인 서비스를 제공한다는 취지 아래 미국의 시애틀과 프랑스 툴루즈에서도 자회사를 운영하고 있다. 그런 점에서 본다면 보잉과 에어버스가 란탈의 단골고객인 것은 우연이 아니다.

당황스러운 경험이 비즈니스 역발상으로: 휠체어 타고 여행하기

볼프강 그라보스키(Wolfgang Grabowski)는 새로운 시장을 창출해냈다. 그는 휠체어를 이용하는 장애인들을 인도나 카리브해, 또는 교황에게 안내하는 사업을 하고 있다. 또한 그는 경쟁이 치열한 여행시장에서도 기발한 아이디어 하나로 많은 돈을 벌 수 있다는 것을 증명했다. 그라보 투어(Grabo-Tours)의 소유주 겸 대표인 43세의 그라보스키는 자사에 대해 유럽에서 유일한 장애인 단체여행의 선두업체라고 설명한다. 그라보 투어는 독일어권 국가의 단골고객 2천 명을 보유하고 있으며 매년 장애인을 위한 50개의 여행 프로그램을 판매한다.

볼프강 그라보스키는 개인적인 동기로 인해 이러한 아이디어를 떠올렸다. 그와 형제간인 피터는 심각한 자동차 사고로 휠체어 생활을 하게 됐다. 당시 볼프강은 피터와 처음으로 휴가를 함께 가기로 했지만 그 전에 한 가지 사실을 인정해야 했다. 여행 카탈로그에는 눈부시게 푸른 하늘과 풀에서 긴장을 풀거나 명소 관광에 대한 많은 내용이 담겨 있었지만 장애인들에게는 이 모든 것이 그림의 떡이었다.

그라보스키의 특별여행에 드는 비용은 다른 여행사의 여행비용보다 10~25% 정도 높지만 그 대신 더 많은 서비스를 제공한다. 모든 투어에는 여행 가이드 외에도 3명~4명의 도우미가 따라다니면서 여행객들을 24시간 내내 보살핀다. 참고로 도우미를 자원하는 이들은 여행비용이 무료이며 추가보수는 지급하지 않는다. 또한 볼프강 그라보스키는 최소 4성급의 고급 호텔을 고집하고 있다.

그라보스키는 자사의 네트워크와 독자적인 이니셔티브를 가장 가치 있는 자산으로 생각한다. 네트워크는 기발한 아이디어를 실행하는 데 도움이 되기 때문이다. 또한 모든 일을 문제없이 진행하고 여행장소가 장애인들에게 실제로 적합한지 알아보기 위해 그는 항상 몸소 현지조사에 나서고 있다. 여기에는 물론 많은 비용이 따르지만 그라보스키는 이런 방식으로 '그라보는 가능성이 있는 것을 모두 가능하게 만든다'는 자사의 모토를 충실히 지키고 있다.

역발상 실천가 카르만, 증기로 속력을 내다

한 가지 제품만으로 세계적인 선두업체가 된 기업이 있다. 독일 란츠베르크 암 레히에 위치한 주식회사 라치오날은 대형 주방용 조리기기부문에서 논쟁의 여지없이 선두를 달리는 업체다. 이 기업은 이미 지난 1976년에 전문 주방기기 시장에 증기를 이용한 조리기기인 '콤비 댐퍼(Combi Daempfer)' 를 선보여 고객들에게 선풍적인 인기를 끈 바 있다. 이 기기는 열풍과 증기의 조합으로 요리의 모양을 흐트러뜨리지 않으면서 음식을 신속히 조리해낸다.

라치오날은 시장의 가능성을 인식하고 신기술의 힘을 빌려 대형 영업용 주방기기 시장에서 새로운 시장영역을 개척했다. 1997년 차세대 주요 기술의 비약이 이루어지기 전까지 라치오날은 '클리마플루스 콤비(ClimaPlus Combi)' 로 20년간 주방기기 시장을 지배해왔다. 클리마 플루스 콤비는 여러 단계의 복합적인 조리과정을 자동화하는 데 최초로 성공한 제품이다. 즉 전문기술이 부족한 사람도 이 기기를 사용해 전문가다운 요리를 만들어낼 수 있게 되었다.

라치오날은 이러한 신제품개발로 경쟁업체들보다 앞선 기술을 보유했음을 증명했다. 특히 단순한 하드웨어 공급업체에서 탈피해 요리프로그램이나 사용자의 편의성과 같은 기기의 소프트웨어에 주력한 점은 이 기업의 핵심적인 성공요소로 작용했다.

라치오날의 타깃층은 명확하며 관련기관을 통해 비교적 정확한 통계를 정기적으로 확인할 수 있는 덕분에 시장을 파악하고 그 성장 가능성을 예측하기가 매우 수월하다. 그러나 라치오날은 자사의 앞선 기술을 신뢰하는 데 그치지 않고 제품의 판매전문가로 전문요리사를 고용하고 전 세계적인 서비스 네트워크를 구축하는 등 기업을 확장하기 위해 힘쓰고 있다.

시장을 지배하는 가장 좋은 방법은 처음부터 스스로 시장을 창출해내는 것이다. 라치오날이 해낸 것이 바로 그것이다. 이러한 방법은 이전에는 존재하지 않았던 시장이 자사의 제품을 통해 규정된다는 점에서 이상적이다. 물론 제품의 독특함을 유지하고 지속적으로 개선하는 노력은 필수다.

적나라한 누드의 틈새시장: 네이키드 에어와 네이키드 뉴스

오늘 하루 동안 무슨 사건이 일어났는지 알고자 저녁뉴스를 보는 중이라고 생각해보자. 이라크의 폭탄테러 뉴스를 보도하던 여자 아나운서가 갑자기 정장 재킷을 벗기 시작하더니 천천히 블

네이키드 뉴스의 벌거벗은 아나운서들.

라우스의 단추를 푼다. 아나운서가 아무렇지도 않게 일본의 지진에 관한 다음 뉴스를 읽는 동안, 당신의 또렷한 시선은 서서히 어깨 끈이 흘러내리는 검은색 레이스 브래지어로 향한다…….

네이키드 뉴스의 웹 사이트(www.nakednews.com)는 색다른 방식으로 뉴스를 보도한다. 물론 이런 방식이 모든 시청자들의 취향을 만족시키는 것은 아니지만 네이키드 뉴스는 적어도 수백만 명의 시청자를 확보하고 있다. 1999년부터 캐나다 토론토에서 제작된 이 쇼가 일반 뉴스와 다른 점은 뉴스의 내용이 아니다. 뉴스를 읽는 동안 입고 있던 옷을 하나씩 벗는 여자 아나운서들이다.

네이키드 뉴스는 매일 연예계 뉴스와 그날의 주요 사건을 보도하고 있다. 그들은 매주 3,400만 명의 미국 시청자들 외에도 영국과 호주를 비롯한 170개 이상의 국가에서 수백만 명의 시청자를 확보하고 있다.

한편 뚱뚱한 사람들을 위한 킹 사이즈 여행클럽이나 비행기 안에서 옷을 벗는 것을 허용하는 네이키드 에어(Naked-Air), 나체주의자들의 크루즈여행 등을 제공하는 업체들도 있다. 어찌 보면 상황판단이 빠른 기업가들의 창의력이 지나친 것처럼 보인다. 그러나 아무리 괴상하고 기발하게 느껴질지라도 이러한 사례들은 초점을 맞추는 일이 얼마나 중요한지 여실히 보여준다. 모든 사람을 대상으로 모든 일을 하고자 하는 사람, 즉 다수의 시장에서 다수의 고객층을 대상으로 여러 가지 서비스를 제공하고자 하는 사람은 잘해봐야 간신히 손해만 면하는 수준에 머물 수밖에 없다. 그러나 한 가지 제품이나 서비스를 한 가지 특정 영역에 초점을 맞추어 제작한다면 큰 성공을 거둘 수 있다.

'불레 폰 툍츠' (Bulle von Toelz, 독일 방송국 Sat1에서 방영하는 형사 드라마–옮긴이)의 주인공으로 잘 알려진 오트프리드 피셔(Ottfried Fischer, '불레 폰 퇼츠'에서 주인공 형사역을 맡은 배우로 체중이 150킬로그램을 넘는 거구–옮긴이)와 같은 신체적 특징을 가진 사람들은 편안한 삶을 살기가 힘들다. TV 드라마상의 피셔는 고집이 매우 세고 종종 맥주에 취해 기분이 들뜨는 거구임에도 불구하고 난해한 범죄사건을 노련하면서도 예리하게 해결한다. 그러나 실제로 이런 신체조건을 가진 사람들의 생활은 대부분 전혀 즐겁지 않다. 특히 해변에서 휴가를 즐기는 동안에는 자신에게 향하는 호기심 어린 눈빛이나 단련된 몸매의 사람들로부터 경멸어린 시선을 끊임없이 받기 일쑤다. 한 영리한 호텔리어는 이런 점에서 기회를 발견했다.

그는 멕시코의 칸쿤에 뚱뚱한 사람들을 위한 리조트를 최초로 개장했다. '프리덤 파라다이스(Freedom Paradise)'라 불리는 이곳에서 뚱뚱한 피서객들은 남을 의식하지 않고 온전히 그들끼리만 지낼 수 있다. 단순한 방법으로 초점을 맞추는 데 큰 성공을 거둔 경우다. 이러한 킹 사이즈 여행클럽은 객관적으로 볼 때 여느 리조트와 다른 점이 거의 없다. 포지셔닝이 독특했을 뿐이다. 하지만 이 리조트는 일반 리조트보다 높은 객실점유율을 기록하고 있으며 독특한 아이디어로 인해 전 세계에 무료로 홍보를 할 수 있는 이점도 누리곤 한다. 지금 이 책에서도 PR을 하고 있는 셈이다! 그 아이디어는 간단하지만 매우 탁월했다.

나체로 비행하는 네이키드 에어도 조금 더 특이할 뿐 비슷한 경우다. 이 기업은 일정 항로를 나체로 비행하는 프로그램을 최초로 선보였는데, 모든 비행이 수주 전에 마감되는 등 대단한 성공을 거뒀다. 이 기업은 틈새를 지배함으로써 경기침체나 동종업계가 겪고 있는 위기에서 벗어날 수 있었다. 같은 시장에 기존의 업체들이 몰려들 위험도 없었으며 고객집단 사이에서 입에서 입으로 전해지는 소문 덕에 추가이익을 달성했다!

이런 상황에서 나체주의를 지지하는 이들을 가득 태운 크루즈로 지중해를 횡단하는 일은 더 이상 예상 밖의 아이디어가 아니다. 지난 2004년에 시작된 유럽 최초의 나체 크루즈여행은 바르셀로나를 출발해 이비자, 아작시오, 니스를 거쳐 다시 바르셀로나로 돌아오는 노선이다. 이 업체가 세계 최대의 고객층을 보유하지 않은 것만은 확실하다. 그러나 최초의 나체여행에 참가하려고 모여든 사람이 모두 몇 명인지 짐작할 수 있겠는가? 50명? 100명? 250명? 17개국에서 무려 450명의 사람들이 모여들었다! 참가자 중 최고연령은 74세였으며 가장 어린 참가자는 겨우 2주된 아기였다.

이러한 사례들은 독자적인 시장이 어떠한 방식으로 창출되는지 잘 보여준다. 이들은 기존 업체들과의 도토리 키재기식 경쟁에서 벗어나 대형 업체들이 관심을 갖지 않는 틈새시장을 능숙하게 파고들었다.

Different Thinking

| 비즈니스 역발상 BOX |

— 우리는 기업의 개성과 시장의 틈새를 정의했다. 우리는 고객이 즐거워하고 기뻐서 깜짝 놀랄 수 있는 서비스를 제공하기를 원한다.

– 허브 켈러허(Herb Kelleher), 사우스웨스트 항공(Southwest Airlines) 회장, CEO

용기를 내라. 틈새를 찾아내고 한발 더 나아가서 틈새시장을 스스로 개척하라! 그러기 위해서는 지금 당장 자신에게 다음과 같은 중요한 질문을 해봐야 한다.

— 우리 기업만이 지니고 있는 고유한 특징(USP, Unique Selling Point)은 무엇인가?

* 우리 기업이 지향하는 바는 무엇인가?
* 우리 기업이 경쟁업체보다 더 잘할 수 있는 일은 무엇인가?
* 어떤 점이 우리 기업의 고객과 직원들을 감동시키는가?

자신이 속한 기업의 강점이 무엇인지 직원들부터 우선적으로 이해해야만 장기적인 성공을 누릴 수 있다. 따라서 직원들을 먼저 감동시켜야 한다. 수없이 다양한 기업과 제품들 사이에서 돋보이기 위해서는 기업도 사람과 마찬가지로 독자적인 아이덴티티를 갖춰야 한다. 그러한 아이덴티티가 기업 내부에 확고히 자리 잡아야만 그 메시지가 고객에게도 전달된다!

수공으로 초콜릿을 생산하는 오스트리아의 요제프 초터를 기억하라. 또는 장애인과 비장애인을 구분한 여행상품을 전문으로 취급하는 그라보스키 투어를 기억하라. 너무 작은 틈새시장이란 존재하지 않는다.

003

Different Thinking

다르게 생각하라 : **제품**

Product

Different
Thinking

빛의 속도로 변화하는 비즈니스 세계에서는 과거에 배운 것을 방치하고 망각하는 능력이야말로 성공의 결정적인 요소라고 할 수 있다.

– 요나스 리더스트랄러, 《펑키 비즈니스(Funky Business)》의 저자

"우리는 고객의 욕구를 알고 있으며 이를 만족시키려고 노력합니다." 20년 전의 고객에 대한 이 같은 진심어린 약속은 더 이상 고객을 집 밖으로 유인하지 못한다. 오늘날 고객의 욕구를 만족시키는 이는 겨우 살아남을 수 있을 뿐이다. 고객은 예전보다 까다롭고 공격적이며 조급한데다가 더욱 뛰어난 통찰력을 지니고 있다. 게다가 고객의 선택의 폭은 그 어느 때보다도 더 넓어졌다.

한 업계의 구성원 대부분은 같은 방식으로 눈이 멀었다. 그들은 모두 같은 것에 주의를 기울이고 같은 것을 보지 못한다.

– 게리 해멀, 경영전략가

이제는 기업이 무엇을 판매할지 결정하는 것이 아니라 고객이 무엇을 살지 결정한다. 얼핏 보면 이것은 억지처럼 느껴진다. 그러나 이것은 오늘날 기업들이 직면한 최대의 도전을 명료하게 표현한 것이다. 즉 어떤 제품이든 일단은 고객의 마음에 들어야 하고 어떤 이유로든 고객의 사랑을 받아야 한다.

우리는 첫 번째 장과 두 번째 장에서 비즈니스 전략과 새로운 판매시장에 대해 설명했다. 이번 장은 기업 활동의 핵심인 고객에게 제공하는 제품과 서비스에 관한 것이다.

이 장의 제목은 간단하게 '제품' 이지만 그 뒤에는 유형 또는 무형의 특징을 갖는 제품 및 서비스의 복합적 구조들을 포함하고 있다. 이러한 구조에는 기능이나 디자인과 같은 추가적인 서비스도 포함된다. 또한 광고와 '공동체(Community)' 의 영향을 받는 감정적인 요소도 속한다.

당신이 서비스 영역에서 활동할 경우에도 이번 장은 중요하다. 실질적인 제품과 서비스 사이의 경계는 점점 더 불분명해지고 있다. 이제 추가서비스를 보장하지 않는 제품은 거의 없다고 봐야 한다. 그렇다. 고객의 관점에서 실질적인 차이로 느껴지는 부문은 서비스와 시장에서의 포지셔닝일 뿐이다. 서비스업계에 종사한다면 우리가 제시하는 사례들의 도움으로 서비스를 좀더 혁신적으로 개선하는 방법을 배우게 될 것이다. 디자인과 관련된 의문사항도 서비스업계에 중요한 의미로 다가올 수 있다.

진정한 혁신을 추진하기 위해서는 용기를 발휘해야 하며 상식을 깨고 비즈니스 역발상을 실천해야 한다. 그러나 새롭고 상식을 깨는 제품과 서비스로 시장에 진출하려는 목표를 갖고 있다면 경쟁업체를 주시하거나 업계의 전문지를 정독하는 일로는 목표달성을 위한 아이디어를 발견할 수 없다. 거기서 모은 지식은 당신의 기업과 제품을 기껏해야 경쟁업계의 모방물로 만드는 데 그치기 때문이다. 진정한 역발상으로 혁신적이고 근사한 제품을 시장에 선보이려면 차별화할 수 있는 능력을 갖추고 끊임없이 새로워지려는 노력을 해야 한다. 차별화를 달성하기 위해서는 남과 다르게 생각할 줄 알아야 한다. 이 책에서 행동만큼 생각의 중요성을 강조하는 이유가 바로 이 때문이다.

기존의 제품컨셉에 의문을 제기하라

어떤 업계에서 활동하든 우리는 우리 기업의 제품이 왜 이렇고, 어떠해야 하며, 또 왜 그래야만 하는지에 대해 대부분 비교적 자신 있게 설명할 수 있다. 우리의 머릿속에는 업계의 구조나 경쟁업체들의 외양, 고객에 대한 수많은 견해나 생각, '확고부동한' 원칙들이 이미 뿌리 박혀 있기 때문이다. 우리는 고객이 어떤 제품을 원하고 원하지 않는지 당연히 알고 있다고 생각한다.

업계의 확고부동한 견해는 동료나 경쟁업체, 전문지나 학술회의 등을 통해 접하게 된다. 동종업계에 종사하는 사람들은 기업 행사에 화기애애하게 참석하고 같은 책과 잡지를 읽으면서 서로를 감시하다가 조금 새로운 경쟁업체가 나타나면 그 모델을 다시 모방한다. 이러한 '업계의 지식'은 경영자의 행동반경과 행동의 개연성을 결정짓는다. 이로부터 기업의 한계와 범위가 발생하는 것이다. 결국 그 범위는 기업이 혁신적인 사고를 하거나 거기서 얻게 된 수단 그리고 그 밖의 많은 것들을 제약하게 된다.

그리고 동종업계의 안경을 통해 바라본 세계에 대한 관점과 확고부동한 업계의 규칙이나 그와 관련된 모든 견해와 생각을 수용하는 일은 일종의 구속이 되며 기업의 인식능력을 눈에 보이는 특정 단면으로 제한한다. 그 결과 경영자들은 일정한 틀 안에 갇혀 스스로 만든 경계선 밖에는 무엇이 존재하는지 알 수 없게 된다. 이러한 문제를 해결하는 방법은 여기저기서 쉽게 들을 수 있지만 실천하기는 참으로 어렵다. 지금 이런 덫에 걸려들었다는 생각이 든다면, 제품컨셉의 이러한 정신적인 속박에서 벗어나기 위해 스스로에게 이렇게 질문해봐야 한다. "이것은 왜 이래야만 하는 걸까?" "정말로 그래야만 할까?" "제품에 대한 우리의 생각이 정말 맞을까?"

| 비즈니스 역발상 제8법칙 |

제품 DNA: 기존의 제품컨셉에 의문을 제기하라!

기존의 사고방식: 기존의 제품컨셉을 수용하고 그 범위 내에서 자사의 서비스를 최적화하려 한다.

비즈니스 역발상: 현재 통용되는 제품컨셉의 배경에 의문을 갖고, 고객에게 감동을 줄 수 있는 혁신적인 제품과 서비스를 제공하기 위해 새로운 가능성을 찾아보라!

새로운 형태의 청소기를 발명한 제임스 다이슨(James Dyson)을 예로 들어보자. 만약 다이슨이 진공청소기의 외관과 기능에 대해 과거에 형성된 견해와 생각, 확고부동한 원칙만을 내면화했다면, 그는 현재와 같은 기념비적인 임무를 완수하지 못했을 것이다. 아마 그 또한 마찬가지로 모든 진공청소기 생산업체와 똑같은 생각을 했을 것이다. 하지만 단지 '더 나은 진공청소기를 만드는 일은, 밀레(Miele)나 지멘스(Siemens), 엘렉트로룩스(Electrolux)도 얼마든지 할 수 있는 일' 이다.

과거의 것이 항상 좋은 것만은 아니다

다이슨 이전의 그 누구도 새로운 진공청소기를 발명하려 하지 않았다는 사실은 그가 혁신적인 제품을 만들어내는 데 전혀 방해요소가 되지 않았다. 이는 오히려 열려 있는 기회였다. 또한 다이슨에게는 한 가지 중요한 특징이 있었는데 그는 한 곳에 정체되어 있는 상황을 끔찍이도 싫어하는 사람으로, 평소 끊임없이 노력하는 기질의 소유자였다. 그가 경험해본 기존의 제품에 대한 불만은 새로운 진공청소기 기술을 발명하는 기폭제로 작용했다. 제임스 다이슨은 당시 시장에서 판매되는 진공청소기들이 먼지봉투를 교체한 지 얼마 되지 않았는데도 흡입력이 매우 약해져 고객들이 불평을 한다는 사실을 알게 되었다. 해당업계는 수십 년간이나 고객의 똑같은 불평을 들으며 동일한 제품을 판매해온 것이다!

아마도 이제 당신은 '맙소사, 그런 걱정을 할 새가 어디 있어'라고 생각할 것이다. 그러나 제임스 다이슨은 자신이 몰두하던 생각이 삶의 전부가 되면서 행복한 사람이 됐다. 다이슨이 진공청소기에 대해 매우 큰 불만을 품었던 1978년 당시, 그의 본업은 정원용 기기의 디자인 및 개발업무였다. 그러나 유감스럽게도 그는 자신의 본업에서 큰 성공을 거두지 못하고 있었다. 즉 그 역시 다른 사람들처럼 해야 할 실질적인 걱정이 이미 충분히 많았던 셈이다. 그러나 다이슨은 역발상 실천가로서 진공청소기에 대한 자신의 불만을 근본적으로 규명하고자 했다. 그는 청소기의 먼지봉투를 교체해도 단지 짧은 기간 동안만 흡입력이 나아질 뿐이라는 결론을 내리고 그 원인을 밝히기 위해 먼지봉투를 절개했다. 그는 재빨리 문제의 핵심을 발견했다. 먼지봉투의 미세한 구멍들은 봉투 내부의 먼지는 나가지 못하도록 하면서 청소기가 빨아들인 공기를 안으로 들이는 역할을 한다. 그러나 먼지가 미세한 구멍을 막을 경우 공기의 흐름이 방해를 받아 진공청소기의 흡입력이 현저히 떨어진다.

진공청소기 업계가 100년 전부터 청소기에 먼지봉투를 달았

먼지봉투 없는 청소기로
깨끗이 청소하기.

다는 이유만으로 그것이 항상 옳다고 말할 수는 없다. 다이슨은 쿠르트 투콜스키가 강조했던 다음과 같은 원칙을 따랐다. '20년 동안 그렇게 해왔다고 말하는 전문가를 믿지 마라. 그는 20년 동안 잘못된 행동을 해왔는지도 모른다!'

진공청소기의 VIP

다이슨은 먼지봉투가 없어도 다른 진공청소기보다 성능이 훨씬 우수한 진공청소기를 개발해냈다. 기존의 먼지봉투는 다이슨에 의해 막히지 않는 두 개의 원심분리식 흡진장치(싸이클론)로 대체됐다. 외부의 흡진장치는 공기 중의 거친 먼지가 선회하도록 하고, 내부의 흡진장치는 공기 중의 미세한 먼지가 걸러지도록 공기의 흐름을 조절하는 역할을 한다. 이와 같은 비범한 기술 덕분에 다이슨의 진공청소기는 단시간 내에 영국시장을 장악할 수 있었다. 제임스 다이슨에게는 당연히 최고의 소식이었다. 오늘날 그는 자신의 혁신적인 제품들로 수백만 유로의 매출을 올리고 있다. 다이슨이 획기적으로 고안해낸 진공청소기를 사용하는 고객 중에는 사라 제시카 파커(Sarah Jessica Parker, 미국 미트콤 〈섹스앤더시티〉의 주인공－옮긴이), 샤론 오스본(Sharon Osbourne, 영국의 유명한 방송인), 엘튼 존(Elton John), 카일리 미노그(Kylie Minogue), 토니 블레어(Tony Blair)와 영국 여왕도 포함되어 있다. 물론 끝에 두 명은 직접 청소기를 사용하지는 않을 테지만 말이다.

그렇다면 지금 제임스 다이슨은 어떻게 살고 있을까? 버뮤다에 있는 자신의 초호화 저택에서 아무 일도 하지 않고 부유한 삶을 즐기고 있다고 생각한다면 잘못 짚었다. 그는 여전히 어떤 일에든 끝까지 꼼꼼하게 매달리는 사람이다. "나는 당신 회사의 진공청소기를 좋아합니다. 하지만 더 이상 사람이 청소를 할 필요가 없는 청소기는 언제 발명할 예정입니까?"라는 말은 다이슨사가 청소로봇인 DCO6을 개발하는 계기가 되었다. 이 청소로봇은 꼼꼼할 뿐만 아니라 독립적이며 사람보다도 더 체계적으로 청소를 해낸다. 그러나 청소뿐만 아니라 때때로 빨래도 해야 하는 것이 사람이다. 그래서 다이슨은 또 다른 발명품을 마련했다. 바로 다이슨 세탁기다. 다이슨의 기술자들은 지난 2000년에 손빨래의 동작을 모델로 삼아 드럼 두개가 반대방향으로 회전하는 혁신적인 세탁기 콘트라로테이터(Contrarotator)를 영국시장에 선보인 바 있다. 콘트라로테이터는 세탁을 좀더 깨끗하고 효과적으로 할 수 있어서 종전의 세탁기와 비교할 때 많은 양의 빨래를 더욱 신속하게 처리해준다.

다이슨의 다음 계획은 무엇일까? 모르긴 해도 분명 또 다른 가정용 기기의 개발을 목표로 혁신을 실현할 모델을 찾고 있을 것이다. 다음과 같은 모토를 충실히 따르면서 말이다.

* "우리는 항상 이렇게 해왔다! 다른 방법은 있을 수 없다."라는 말을 그저 무시하라. 이런 말이 당신에게는 의심스럽게 들려야 한다.
* 기존의 해결책이 탐탁치 않다면 스스로 변화를 시도하라!

내밀한 장소의 획기적인 변신

이전의 사례에서 우리는 제품컨셉에 의문을 제기하는 것으로 새로운 제품컨셉을 개발해낼 수 있다는 사실을 체험했다. 앞서 진공청소기와 세탁기의 경우에는 그런 일이 가능했다. 하지만 화장실에서도 가능할까? 화장실은 대개 규격화된 제품으로 구성되며 한두 가지 특정한 목적으로 사용된다. 이 같은 영역은 혁신에서 제외되는 경우가 대부분이다. 몇몇 레스토랑의 화장실에 비데가 설치되었다는 것만으로도 이미 센세이션을 일으켰을 정도다.

일본을 방문해보면 어떤 방식으로 화장실에서도 획기적인 제품컨셉을 개발할 수 있는지 알게 될 것이다. 일본 사람들은 화장실을 좋아한다. 더 정확히 말하자면 호화로운 화장실을 좋아한다. 심지어 일본에는 어떤 호텔이나 가게, 레스토랑이 최고의 화장실을 보유하고 있는지 알려주는 '도쿄의 엉덩이 천국' 이라 불리는 특이한 시내지도가 있을 정도다.

일본을 처음 방문한 외국인 손님들은 친절하게 인사하는 화장

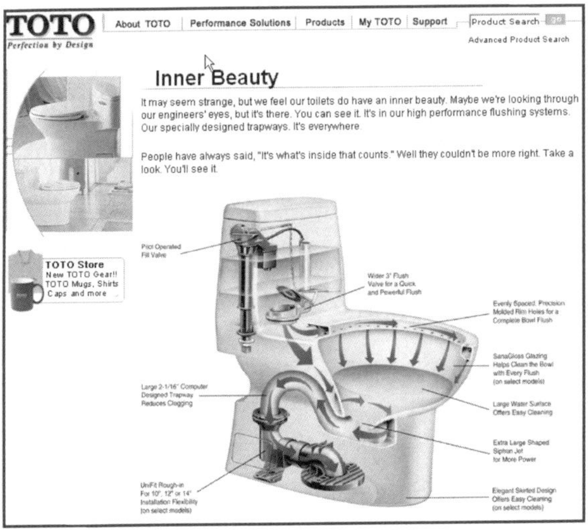

토토가 만드는 변기는 상품이라기보다 과학이다.

실이나 보잉 747기의 조종석을 연상시키는 계기판을 변기에서 발견하고 깜짝 놀라곤 한다. 일본의 하이테크 화장실은 진정 탁월한 혁신이다. 다른 업체들이 화장실의 디자인을 조금 변경하거나 변기의 색깔을 흰색에서 베이지나 하늘색, 민트그린으로 바꾸는 것 이외에는 별 다른 아이디어를 떠올리지 못한 반면, 일본 최대의 화장실 위생용기 제조업체 토토(Toto)와 인택스(Intax)는 업계의 이러한 한계를 뛰어넘어 남다른 역량을 발휘하고 있다.

두 제조업체의 변기는 시장의 90% 이상을 점유하고 있다. 그들이 개발한 변기는 온도조절이 가능한 난방시트가 부착되어 있으며 순환장치와 필터로 불쾌한 냄새를 자동으로 제거하고 사용자의 해당부위에 세기와 온도조절이 가능한 세정수를 공급한다. 회전식 물줄기의 세정기능은 치질증상의 개선을 돕는다. 의사들은 변비예

방을 위해 세정 마사지 기능이 있는 비데를 추천하기도 한다. 그것으로 충분하지 않은 사람들은 변기를 이용해 체지방 분석이나 소변검사를 해볼 수도 있다. 최근 토토가 당뇨병 환자용으로 개발한 혈당치 측정 모델로는 그런 일이 가능하다. 또한 토토는 자사의 비데가 사용자의 모든 건강정보를 장기간 저장할 수 있도록 만들 계획이다. 정보보호를 주장하는 사람들은 경찰이 공중 화장실의 변기에 자동 마약테스트 장치를 설치할 수도 있다면서 우려할 정도다. 하지만 토토에게는 얼마나 멋진 시장인가!

하찮은 제품은 회사 내부에 적이 없다

이러한 예는 단순한 제품으로도 구매자가 더 많은 돈을 지불하게 만드는 혁신을 창조해낼 수 있다는 사실을 입증한다. 토토의 비데는 최고가가 3천 달러에 달한다. 특별 제작된 모델은 그 이상의 가격에 판매되는 경우도 있다. 일본인들은 생필품으로 고가의 컬트적인 물건을 만드는 데 성공했다. 아직도 당신 회사의 제품으로는 혁신이 불가능하다는 핑계를 대고 싶은가?

진보가 아닌 혁명을 시도하라.

– 리처드 설리반, 홈 디팟(Home Depot)

당신 기업의 제품이나 서비스가 매우 일상적인 제품이라고 해도 끊임없이 혁신을 시도해야 한다. '이것은 왜 이럴까?', '정말 그래야만 할까?' 라는 질문을 일상적인 업무로 여겨야 한다. 모든 직원이 역발상에 대한 근본적 견해를 내면화해야 하지만 이는 단순히 역발상을 많이 하라고 외친다고 해서 달성할 수 있는 것이 아니다. 현 상황에 지속적으로 의문을 제기하고 매일 새롭고 우수한 아이디어를 동종업계의 외부에서 찾으려는 의지는, 상부에서 '지금부터 우리는 모두 역발상을 실천한다!' 라는 모토를 천명한다고 해서 생겨나는 게 아니다.

역발상은 실험의 허용을 의미한다. 그러나 실험에는 언제나 실패의 위험이 뒤따른다. 실험은 성공할 수도 있고 못할 수도 있다. 그것이 실험의 결정적인 단점이기도 하다. 역발상을 허용하는 기업이라면 실패에 대한 관대함을 보여야 한다. 확실히 실패는 성공의 핵심이다.

성공하고 싶다면 실패의 확률을 두 배로 늘려라.

– 토머스 왓슨 시니어, IBM 창립자 · 전 CEO

문제는 전통적인 기업들이 좀더 빨리 학습하고 성공하기 위해서는 실수를 좀더 일찍 해봐야 한다는 사실을 수용하는 환경을 조성하지 못한다는 점이다. 오히려 실수를 하면 좌천되거나 유배당할 걱정을 해야 한다. 대부분의 기업들이 어떠한 실수도 용납될 수 없다는 것을 비교적 분명하고 확실히 보여준다. 그러나 이러한 환경은 미래의 실수를 막지 못하며 오히려 새로운 일을 감행하려는 시도를 방해한다. 즉 혁신과 역발상의 싹을 애초부터 잘라버리는 기업문화가 자리 잡게 된다.

실패는 변화와 혁신에 이르는 최고의 방법이다. 따라서 실패를 처벌해서는 안 된다. 실패는 그것으로부터 배우고 다음번에 같은 실패를 하지 않도록 하는 요소가 된다. GE의 카리스마적인 전 CEO 잭 웰치는 "실패를 감수한 사람들에게 보수를 지불함으로써 실수에 사례를 했다. 활기찬 분위기를 만든 것이 바로 그들이기 때문이다"라고 말한 적이 있다. 하지만 그렇다고 해서 GE가 그저 편안하고 일을 잘 못해도 상관없는 직장이라는 뜻은 아니다. 오히려 그 반대다. 웰치의 경영스타일은 매우 강직했다. 그럼에도 불구하고 그는 다정다감함과 뛰어난 직감을 지니고 있었다. 그는 대부분의 에너지와 일상 업무시간의 많은 부분을 직원들에게 할애했다. "우리는 직원들을 채용하고 그들에게 돈을 지불한다. 그들이 매일 회사에서 어떤 일을 어떻게 처리해야 하는지에 대해서는 아무도 이야기하지 않는다." 자유, 실험에 임하는 자세, 실수로부터 빨리 학습하는 능력은 오늘날까지도 GE의 경영스타일에서 본질적인 표준이 되고 있다.

GE를 비롯해 성공을 거둔 혁신적 기업들은 기업이 실험을 즐기는 이들의 장소가 되어야 한다는 사실을 입증한다. 거기에는 '실수문화' 도 포함된다. 가장 강도 높은 학습경험은 성공할 때가 아니라 실수를 감내할 때 쌓을 수 있기 때문이다.

이때 상습적인 비관론자들과 염세주의자들이 당신을 방해하도록 내버려둬서는 안 된다. 당신은 소위 전문가라고 불리는 수많은 이들이 혁신에 대해 경고할 것이라는 사실을 알고 있어야 한다. 서적인쇄술이 발명된 당시, 수도승들은 새로운 책들이 개개인의 필사본보다 익명성을 더욱 확대시킬 것이라면서 비난한 바 있다. 회의론자들은 철도가 인간의 영혼에 해를 끼칠 것이라고 생각했으며, 전화가 개발될 당시에는 전화로 인해 사람들이 집 밖으로 나갈 필요가 없어져 인간의 근본적인 고립이 닥칠 것이라고 했다. 만약 우리가 항상 비관적인 전문가들의 말에만 귀를 기울였다면 아직까지도 우리는 어두운 동굴 속에서 웅크리고 앉아 있을 것이다.

오해를 막기 위해 덧붙이자면, 지금 우리는 외부의 모든 비판을 단순히 무시해버리라고 말하는 것이 아니다. 그러한 비판을 수용하되, 건전한 회의적 시선으로 바라봐야 한다고 말하는 것이다. 다르게 표현하면, 새로운 아이디어를 선보였는데도 지독한 혹평가들이 당신에게 환호하는 경우에는 특히 더 회의적일 필요가 있다. 노벨상 수상자인 벨연구소의 아노 펜지어스(Arno Penzias)는 다음과 같이 말했다. "평범한 제품은 회사 내부에 분란을 야기하지 않는다."

제품에 새로운 기능 추가하기: 오랄-비

기존의 제품컨셉에 끊임없이 의문을 제기하고 새롭고 다른 것을 탐색하는 일은 제2의 본능이 되어야 한다. 제품컨셉에 의문을 제기하는 가장 쉬운 방법은 그 제품에 새로운 기능을 추가해보는 것이다. 칫솔을 보자. 전통적인 제품인 '솔이 달린 막대'는 지난 20년간 개량작업을 거쳤을 뿐만 아니라 여러 가지 기능도 추가됐다. 그 결과 구매자들은 초음파 세척 및 구강세정 기능이 있는 전동칫솔에 200유로를 훌쩍 뛰어넘는 비용을 지불하기도 한다.

그러나 항상 그랬던 것은 아니다. 70년대에만 해도 전동칫솔은 가장 불필요한 전자제품으로 여겨졌다. 그러나 80년대 후반, 오랄-비 연구센터의 소장 피터 힐핑어(Peter Hilfinger)는 아주 훌륭한 아이디어를 떠올렸다. 그 결과 최근 브라운 공장에서는 500만 번째 휴대용 전동칫솔을 생산하고 있다. 본래 전기면도기를 개발하는 일을 했던 힐핑어는 지난 20년간 전동칫솔의 판매량이 불안정했던 원인에 대해 의문을 가졌다. 그의 관심을 끈 것은 시중의 전동칫솔은 길쭉한 칫솔머리가 단순히 양방향으로 움직이는 방식이라서 손의 움직임을 재현하는 기능 이상은 하지 않는다는 점이었다. 더불어 그는 칫솔머리가 둥글어야 한다는 것도 단번에 떠올릴 수 있었다. 손으로는 할 수 없는 동작을 재현하는 칫솔머리가 중요했던 것이다! 실제로 그것은 회전동작을 고안해내면서 간단히 해결되었다. 다음 단계는 회전동작과 더불어 초음파로 진동하는 칫솔이었다. 여기에 더해 치과의사들이 환자에게 제품을 추천하는 경사까지 겹쳤다.

고객은 제품이 아닌 성과를 산다

현재 독일 가정의 30% 이상이 전동모터가 달린 칫솔을 보유하고 있다. 그 중 절반 이상은 미국의 전통적인 기업 질레트의 브랜드인 브라운 오랄-비(Braun Oral-B)의 이름을 달고 있다. 지난 2003년 브라운 오랄-비는 구강위생용품 분야의 침체 속에서도 독일에서만 100만 유로 이상의 매출을 달성했다. 게다가 전동칫솔 부문의 성장률은 두 자리 숫자를 웃돈다. 즉, 양적으로는 50% 이상 증가했으며 매출액은 69%까지 상승했다.

또한 질레트는 플라그 제거에 색다른 무기가 되고 있는 차세대 제품 음파칫솔을 시중에 내놓았다. 광고에 따르면 칫솔이 치아에 직접 닿지 않아도 음파의 효과가 나타난다고 한다. 심지어 수준 높은 과학자들도 음파칫솔의 품질에 대해 열광적인 찬사를 보내고 있으며 구강위생 역사의 이정표로 여기고 있다. 고객이 그 제품을 직접 검사하지는 못한다. 광고를 믿는 수밖에 없다. 광고에 따르면 음파칫솔은 치아, 잇몸, 혀를 위해 3단계로 이루어진 세정 및 초음파 세척 시스템을 갖춘 포괄적인 구강위생을 위한 새로운 컨셉이다. 누가 그것을 마다하겠는가?

가격대비 성능에 의문을 제기하기: 저렴한 수술비용

제품컨셉에 의문을 제기하는 또 다른 방법은 해당업계를 지배하는 가격대비 성능과 관련한 견해의 근거를 묻고 변혁을 일으키는 것이다. 베를린의 MIS(Minimal Invasive Surgery, 최소 침습 수술) 클리닉은 그러한 가능성을 보여준다. 이 병원에서는 법정 의료보험에 가입한 환자들이 전체 환자의 약 80%를 차지하고 있으며 이들도 별 4개 등급의 치료를 받는다. 그리고 이러한 수준의 치료는 수술에만 국한되지 않는다.

이 같은 사례가 눈에 띄는 이유는 그 장소가 미국이나 싱가포르가 아닌 독일이기 때문이다. 게다가 격렬한 논쟁이 가장 빈번하게 벌어지는 업계에 관한 이야기다. 즉 독일의 병원 및 국민보건업계에서 종전과는 전혀 다른 일이 진행되고 있다는 뜻이다!

독일 의료보험제도의 개혁에 관해서는 많은 논의가 이루어지고 있지만 환자의 병원체류기간을 단축하고 저렴하면서도 수익성 있는 수술을 실시해 환자를 만족시키는 일은 불가능해 보인다. 하지만 항상 그렇지만은 않다. 베를린 MIS 클리닉의 환자들은 민간의료보험이 아니라 법정 의료보험에 가입된 경우에도 별 4개 등급의 치료를 받는다. 34개 병실은 물론이고 방까지 짐을 옮겨주는 서비스나 간이식당에서의 식사제공, 음악을 즐길 수 있는 라운지와 일광욕이 가능한 테라스까지 제공한다. 아침에도 잠을 충분히 잘 수 있고 개인적인 보살핌을 받는다. 수술 중에는 자신이 좋아하는 노래를 들을 수도 있다.

이러한 이야기는 사실이라고 하기에는 너무 좋게만 들린다. 또한 이런 사업으로는 막대한 적자를 볼 것만 같다. 하지만 이 수술전문 클리닉은 1997년에 처음 문을 연 이후로 지속적인 수익을 내고 있다. 그 비결은 최신 기술의 도입으로 환자들이 병원에서 머무는 기간을 최소한으로 줄임으로써 막대한 비용을 절감할 수 있었기 때문이다. 환자는 수술 3시간 전에 병원에 도착해 가능한 빠른 시일 내에 퇴원한다. 환자들이 평균적으로 병원에 머무는 기간은 1.7일이다!

게다가 민간기업이 운영하는 병원임에도 불구하고 경쟁업체인 공공병원보다 인건비가 약 30%나 낮다. 의사와 의료진들은 치료업무에만 투입되고 행정업무는 병동의 비서들이 처리하기 때문이다. 또한 음식은 호텔의 전문인력들이 맡는다. 반면 공공병원에서 높은 급여를 받는 의사들은 전체업무 중 행정업무의 비율이 최대 40%까지 이른다!

이러한 예는 융통성이 부족하고 완고한 업계에서도 전반적인 제품컨셉에 의문을 제기하는 일이 가능할 뿐만 아니라 혁신에도 성공할 수 있음을 보여준다.

순박한 혁신: 어린아이와 같은 호기심을 지녀라

어린아이들은 순진하다. 그들은 무엇이 가능하고 불가능한지 알지 못하기 때문에 궁금한 것이 많다. 아이들은 "하늘은 왜 파랗죠?", "물은 왜 축축해요?", "공기는 왜 보이지 않아요?", "왜 엄마, 아빠가 내 엄마 아빠죠?"와 같은 질문들을 한다. 반면에 어른들은 영리해서 무엇은 되고, 무엇은 되지 않는지 알고 있다. 그리고 어린아이들의 이런 질문을 귀찮아하면서 "어쨌든 그건 그런 거야"라고 뿌리친다. 그러나 어린아이처럼 "왜", "어째서"라고 끊임없이 질문하는 천진난만한 자세는 역발상 실천가들의 특성이다.

그렇다면 역발상을 실천하는 이들은 순진한가? 그렇지 않다. 그들은 단지 어린이다운 참신함을 간직하고 사물에 대해 편견 없이 의문을 제기하는 법을 알고 있을 뿐이다.

한 예로 '세기의 요리사'로 상을 받은 에카르트 비치히만

잘츠부르크 공항의 행어7(Hangar 7)에 자리한 레스토랑 이카루스.

(Eckart Witzigmann)은 이처럼 편견 없는 마음을 간직한 경우다. "레스토랑의 주방에는 왜 항상 같은 요리사만 있을까?"라는 질문에 대한 그의 답변은 "그건 원래 그래"가 아니었다. 이러한 의문은 오히려 요식업 서비스에 혁신을 도입하는 주춧돌이 됐다. 오스트리아 잘츠부르크 공항의 행어7(Hangar 7, 유리와 강철로 이루어진 구조물로 내부에 레스토랑과 바 등이 있으며 비행기 격납고로도 사용됨—옮긴이)에 자리한 레스토랑 이카루스(Ikarus)가 바로 그것이다. 이 레스토랑은 매달 새로운 일류 요리사가 음식을 요리하는 방식으로 혁신을 실천하고 있다. 이카루스의 연간계획은 웹사이트 www.hangar-7.com에서 확인할 수 있다.

질문으로 앞서 간다: 보청기와 대출금

영국의 드럭스토어(Drugstore, 약품과 화장품을 비롯한 잡화를 판매하는 상점－옮긴이) 체인 부츠(Boots)도 "왜 보청기의 배터리를 갈아야만 할까?"라는 편견 없는 의문에 대해 흥미로운 답변을 발견했다. 일회용 보청기 판매가 그 결과다. 환경을 생각한다면 걱정스럽지만 대부분의 고객들에게 이런 제품은 축복이다. 보청기용 배터리는 전문가들만 교체할 수 있는 탓에 많은 사람들이 교체를 꺼리기 때문이다.

또 미국의 기민한 한 사업가는 어처구니없어 보이는 질문을 토대로 전혀 새로운 사업 아이디어를 생각해냈다. 그 질문은 바로 '미리 사진을 볼 수 있고 마음에 들지 않는 사진은 지워버릴 수 있는 디지털 사진기술의 장점이 왜 저렴한 일회용 카메라의 원리에는 적용될 수 없는 걸까?' 였다. 그 답변으로 최초의 일회용 디지털 카메라가 출시됐다. 이 카메라의 판매가격에는 사진을 인화하는 비용이 포함되어 있어 사진을 찍은 후 디지털 카메라를 반납하면 사진을 인화해주고 한 번 인화한 카메라는 재활용된다.

그리고 편견 없는 의문을 제시한 경우가 한 가지 더 있다. 이번에는 은행업계의 사례다. 왜 대출승인 결정이 나려면 며칠 또는 몇 주 동안 기다려야만 할까? 노리스방크(Norisbank)는 이러한 질문의 해답을 찾아냈다. 그 결과 노리스방크의 개인고객은 30초 안에 대출결과를 알 수 있고 PC로 인터넷을 통해 대출을 신청할 수 있다. 컴퓨터가 대출의 승인여부를 결정하고 자동 득점 시스템이 위험도 테스트를 담당한다. 이지크레딧(easyCredit)이라는 이러한 상품은 엄청난 성공을 거두었으며 대출신청에 대한 많은 고객들의 심리적 부담감을 대폭 경감시켰다.

창의력을 발휘하기만 한다면 뻔한 제품이나 기존의 비즈니스 컨셉에 대한 사고방식을 근본적으로 바꿀 수 있다. 물리적인 제품뿐만 아니라 서비스 및 영업방식도 전적으로 변화될 수 있다. 편견 없는 순진한 질문은 색다른 제품컨셉으로 향하는 문을 여는 열쇠다. 이러한 질문에는 현명한 대답이 따르기 때문이다.

Different Thinking

| 비즈니스 역발상 BOX |

사람들은 사물을 보면 '왜 그렇지?' 라고 묻는다. 하지만 나는 '왜 안 되지?' 라고 묻는다.
– 조지 버나드 쇼(George Bernhard Shaw), 아일랜드의 노벨문학상 수상 작가

당신 기업의 제품이나 서비스가 매우 일상적인 제품이라고 해도 끊임없이 혁신을 시도해야 한다. '이것은 왜 이럴까?', '정말 그래야만 할까?' 라는 질문을 당연한 일상적 업무로 여겨야 한다. 현재 통용되는 제품컨셉의 배경에 의문을 갖고, 고객에게 감동을 줄 수 있는 혁신적인 제품과 서비스를 제공하기 위해 새로운 가능성을 남겨둬라!

새로운 형태의 진공청소기를 발명한 제임스 다이슨을 기억하라. 그리고 전형적인 '내밀한 장소' 에 변혁을 일으킨 화장실 위생용기 제조업체 토토를 기억하라. 이처럼 어느 시장과 업계에서든 혁신적으로 역발상을 실천한 예를 찾아볼 수 있다. 이들은 현재 통용되는 제품컨셉에 근본적이면서도 순수한 질문을 제기해 변화가 불가능해 보이는 업계의 규칙들을 발칵 뒤집어놓았다.

디자인은 결정적인 경쟁요소다

"그 남자는 미쳤다!", "당장 그 사람을 해고하라!", "크리스 뱅글(Chris Bangle)이 당신네 회사의 멋진 BMW를 더 이상 망치지 못하게 막아야 한다." 전 세계의 BMW 운전자들은 수석 디자이너 크리스 뱅글에 대해 이처럼 격렬한 비난을 쏟아 부으며 그의 해고를 요구했다. 고객들의 감정이 폭발한 이유는 신형 7시리즈의 말 많은 디자인 때문이었다. 2002년 BMW의 신형 7시리즈가 출시된 직후 BMW는 흥분한 팬들로부터 인터넷과 우편을 통해 엄청난 불만을 들어야 했다.

뱅글은 한편에서는 '해괴한 디자이너' 이지만 다른 한편에서는 '디자인의 신' 으로 여겨진다. BMW의 예를 보면 확실히 알 수 있다. 그는 디자인에 대한 양극화된 반응이 눈에 띄지 않던 7시리즈를 다시금 화제의 대상으로 만들었다. 상당수의 BMW팬들이 처음에는 "크리스 뱅글이 타타(Tata, 인도의 자동차 브랜드)에서 일할 수 있게 그에게 인도행 티켓을 사줘라. 타타에는 그 사람처럼 기업을 망치는 디자이너가 없다!"라고 말하는 등 적극적인 제안을 하면서 매우 흥분된 반응을 보였지만 결론적으로 새로운 디자인 덕에 뮌헨 출신 기업인 BMW의 판매량은 늘어났다.

역발상 실천가는 디자인의 의미가 제품의 외양을 아름답게 하는 것 이상이라는 사실을 알고 있다. 경쟁업체에 비해 제품의 디자인에 정성을 기울이는 하이파이 기기 제조업체 뱅앤올룹슨(Bang & Olufsen)이나 아우디, VW, BMW, 포르쉐, 메르세데스 벤츠와 같은 자동차 제조업체들은 디자인의 위력과 효과를 증명하는 살아있는 증거다.

또는 브라운을 예로 들어보자. 이 기업의 제품들은 현재 뉴욕의 모던아트박물관에 전시되고 있다. 이미 지난 1955년에 브라운의 혁신적인 디자인은 이 기업 제품의 특징으로 자리 잡았으며 기업의 이미지 및 성공의 토대가 되었다. 그 밖에도 사무용 의자 제조업체 비트라(Vitra)와 빌칸(Wilkhahn)을 비롯해 난방용 보일러 제조업체 비스만(Viessmann)과 부데루스(Buderus)는 디자인이 전반적인 기업전략의 중심이며 제품 또는 서비스가 성공하는 데 중요한 요소로 작용한다는 사실을 증명하고 있다. 디자인은 열정과 감각, 연대감을 하나로 묶어주므로 정서적 차별화를 형성하는 토대가 된다.

| 비즈니스 역발상 제9법칙 |

디자인: 디자인을 경쟁요소로 인식하라!

기존의 사고방식: 제품과 기능에 초점을 맞춘다. 디자인은 제품의 외양을 미화하는 데 국한된 작업이며 맨 마지막 단계의 일이다.

비즈니스 역발상: 비범한 디자인을 차별화 및 성공의 요소로 이용하라. 제품과 포장, 판매장소의 디자인은 기업전략의 확실한 구성요소가 되고 있다!

디자인이 결정한다

소니는 디자인의 중요성을 재빨리 인식했다! 이런 맥락에서 소니의 전 회장이며 CEO였던 오가 노리오(Norio Ohga)는 "우리는 경쟁사들의 제품이 모두들 대체로 같은 기술과 같은 가격, 같은 성능과 같은 특성을 제시한다고 생각한다. 따라서 한 제품을 시장의 다른 제품과 구분 짓는 유일한 요소는 디자인이다"라고 밝힌 적이 있다.

가구회사 카르텔(Kartell)도 디자인의 중요성을 알고 있었다! 최고의 디자인에 하드플라스틱을 소재로 하는 카르텔의 가구는 베스트셀러로서 시장의 쇠퇴에도 불구하고 기업의 성장에 기여하고 있다. 카르텔은 타협 없이 모더니즘을 구현하고 있으며 필립 스탁(Philippe Starck)과 같은 일류 디자이너의 도움을 받고 있다.

자동차 생산업체들도 디자인의 중요성을 수긍했으며 디자인이라는 주제를 다시금 인식하고 있다. 실용적이기는 하지만 시각적 독창성이 없는 대중적인 자동차들이 거리의 풍경을 좌우하던 단조로운 시기가 지나자 기업들은 경쟁의 압박을 이유로 다시금 좀더 유별난 것에 주력하는 추세다. 베를린에 위치한 국제 디자인센터의 대표 오트마 비켄하이저(Othmar Wickenheiser)는 "요즘 시대에 정말 형편없는 자동차는 더 이상 존재하지 않는다"고 말했다. "따라서 디자인이 유일하게 변화를 줄 수 있는 요소가 되는 추세"라는 것이다. 자동차 생산업체들은 이러한 원칙을 실행에 옮기고 있다. 그러한 예로 르노는 매우 과감한 디자인을 강조한 모델로 다른 경쟁사들과 명확히 대조적인 모습을 보이고 있다.

마음을 사로잡는 디자인

르노의 경우 과감한 디자인에 대한 기업 내부의 저항은 적은 편이었다. 그것은 르노의 수석 디자이너 파트릭 르 퀘망(Patrick le Quement)이 전 세계에서 디자이너로서는 유일하게 이사회의 의석을 차지하고 있으며 발언권을 갖고 있기 때문이다. 다른 기업들도 디자인을 결정적인 경쟁요소로 인식한 지 오래다. 수백만 달러 규모의 적자를 기록한 바 있는 크라이슬러도 '자극적인 제품'으로 곤경을 극복하려 하고 있다. 90년대 초 크라이슬러의 비약적인 발전의 원동력이었던 미국 자동차업계의 전설 밥 루츠(Bob Lutz)는 69세의 나이에 이전의 경쟁업체였던 GM에 채용되어 '고객이 반하는 자동차'를 천명하고 있다. 게다가 안일함과 단조로움의 화신인 독일의 전통적인 브랜드 오펠도 '참신한 사고'로 빠르게 움직이고 있다. 그 결과 오펠의 중형모델 벡트라(Vectra)와 소형자동차

대중과 아방가르드를 모두 고려한 르노의 디자인.

아스트라(Astra)는 독특한 라인과 날씬한 외양을 갖추게 됐다.

신형 모델은 사랑을 받거나 미움을 받아도 된다. 그러나 무관심만은 안 된다. 오펠의 수석디자이너 한스 제어(Hans Seer)는 "오늘날에는 고객의 지성에 어필하는 것만으로는 부족하다"면서 "고객의 마음을 지배해야 한다"고 말한다.

모든 생산업체들이 비슷한 전략을 갖고 있다. 디자인은 제품을 미화하는 것에 그치지 않고 경쟁에서 특별한 장점으로 작용하는 차별화 요소가 되고 있다. 르노의 수석 디자이너 르 퀘망은 〈비르트샤프츠보헤(Wirtschaftswoche)〉와의 인터뷰에서 "우리는 상위 모델에 정체성을 부여하기 위해 수년간 독창적인 시각적 표현방식을 찾아왔다"고 밝혔다. 이 기업에게 있어 독자적인 정체성 또한 매우 필요한 요소였다. 르노는 수년간 메르세데스와 BMW의 고급스러운 모델을 모방하는 일을 우선시했기 때문이다. "우리는 독자성을 구축하기 위해 위험을 감수했다. 그러나 위험을 감수하지 않았다면 더욱 위험했을 것"이라고 르 퀘망은 솔직히 시인한다.

종합예술로서의 디자인

훌륭한 디자인은 특정한 기본원리에 기초하며 명확한 목표를 추구한다. 그러나 추가로 한 가지 관점을 더 고려해야 한다. 즉 혁신적인 디자인의 대상이 항상 제품 자체가 되어야 할 필요는 없다는 뜻이다. 그 대상은 다음과 같이 크게 세 가지 영역으로 구분할 수 있다.

* **제품 디자인:** 여기서는 실제로 제품 자체가 디자인의 핵심이다. 그 중에서도 디자인의 중심은 제품의 형태가 되는 경우가 빈번하다. 정서적으로 또는 기술적으로 결합이 가능하기 때문이다. 그러나 당신이 휘발유를 판매한다면 어떻겠는가? 환경친화적으로 보이게 하려고 휘발유를 녹색으로 물들이겠는가, 아니면 더 강력한 힘을 상징하기 위해 붉은 빛이 도는 금색으로 물들이겠는가? 이런 경우 당신의 가능성과 효과를 표현하는 데 제한이 따른다.
* **포장 디자인:** 여기서 말하는 포장은 넓은 의미의 포장이다. 포장 디자인은 큰 효과를 유발할 수 있다. 심지어 '디자인 없는 디자인(Non-Design)'에도 매우 저렴한 제품을 상징적으로 표현하려는 의도가 깔려 있다.
* **판매장소의 디자인:** 쇼핑의 체험을 형상화하는 일의 중요성도 점점 커지고 있다. 많은 기업들이 고객에게 밀착해 브랜드의 이미지를 알리기 위해 플래그십 스토어(Flagship Store: 한 기업에서 만들어낸 여러 상품 · 상표를 한곳에 모아서 홍보 · 판매하는 매장. 체험판매장이라고 한다-옮긴이)를 만들고 있다. 또한 은행의 지점이나 슈퍼마켓, 커피숍과 패스트푸드 레스토랑의 디자인도 더 이상 우연에만 맡기지 않는다.

성공적이며 혁신적인 기업에서는 일종의 종합예술을 종종 찾아볼 수 있다. 즉 제품과 포장, 판매장소가 최고의 효과를 거둘 수 있도록 서로 조정되는 작업을 거친다는 뜻이다. 지금부터 소개하는 예를 통해 이 세 가지 요소의 공생관계가 어떻게 형성되는지 유념해서 보기 바란다.

기업을 대상으로 하는 산업제품이든 소비자를 상대로 하는 소비재든 간에 디자인은 항상 중요하다! 디자인은 브랜드와 연상되는 특성, 정체성 확립 및 제품 재인식의 가능성과 밀접하게 연결되어 있다. 그리고 디자인은 소비재 시장에서와 마찬가지로 산업제품 영역에서도 성공을 위한 중요한 요소다.

컬트적 위상과 디자인의 공생: 카르텔의 가구

일본의 건축가 사카시타 키요시(Kiyoshi Sakashita)는 "오늘날 디자인은 기능과 가격보다 우선시된다"고 말했다. 구매자들 사이에서 진정한 컬트적 위상을 확보한 브라운, 알레시(Alessi), 또는 뱅앤올룹슨과 같은 브랜드들은 이러한 발언이 옳다는 것을 증명한다. 어떻게 하면 디자인을 통해 이러한 컬트적 지위를 확보할 수 있을까? 가까운 예로 이탈리아의 가구제조업체 카르텔을 살펴보자. 이 기업이 생산하는 제품에는 의자, 소파, 책장, 서랍장, 책상을 비롯해 우산꽂이나 신문보관대 같은 액세서리도 포함되어 있

뱅엔올룹슨의 하이파이라는 제품이다. TV 아니면 예술?

다. 특이한 점은 모든 제품이 플라스틱으로 만들어졌다는 점이다. 플라스틱은 다방면으로 활용할 수 있으며 견고하고 지속적이며 가공이 쉽다는 장점이 있다.

카르텔은 디자인을 자사 전략의 핵심적인 구성요소로 이용함으로써 시장의 일반적 업체들과 아주 뚜렷이 구분된다. 이 기업은 자사제품의 혁신적인 형태와 색상, 가공방법 등을 자동차 제작업체 및 음료업계와 그 밖의 다른 분야에서 차용했으며 적합한 것이 없을 경우에는 직접 개발했다. 그러나 카르텔은 여기서 멈추지 않았다. 그들은 더 나아가 제품의 디자인, 기업 이미지의 디자인과 판매점의 디자인이 공생관계를 형성하도록 했다. 이때 가장 중요한 역할을 한 것은 제품 디자이너와 인테리어 디자이너였다.

카르텔은 제품을 형상화하는 과정을 론 아라드(Ron Arad)나 필립 스탁과 같은 세계적인 명성을 지닌 디자이너에게 맡겼다. 목표는 주요제품이 기업의 특성과 디자이너의 정신을 동시에 지닐 수 있도록 하는 것이었다. 각각의 디자이너들은 자신만의 개성을 살린 디자인을 선보인다. 론 아라드는 책장 '북웜(Bookworm)'에서 암시하는 것처럼 곡선을 편애하는 특징이 있고, 안토니오 시테리오(Antonio Citterio)는 융통성 있는 합목적성을 우위에 두며, 피에로 리소니(Piero Lissoni)는 기하학을 선호하는 식이다.

지난 1976년만 해도 파산직전이었던 이탈리아의 가구제조업체 카르텔은 재기와 동시에 화제의 대상으로 떠올랐으며 시장에서 독보적인 위치를 확보하는 데 디자인을 성공적으로 이용했다는 평가를 받고 있다. 카르텔은 품질, 트랜디한 디자인, 합리적인 가격대비 성능을 모두 갖춘 제품을 선보이고 있다.

감정을 형상화하는 언어를 개발하다: 애플이여 영원하라

역발상 실천가들은 차별화된 제품 및 서비스를 제공하는 기업, 고객의 입장에서 생각하는 기업만이 미래 시장에서 성공을 거둘 것이라는 사실을 이전부터 이해한 이들이다. 차별화, 정체성 확립, 고객과의 연계성을 겨루는 시합에서 디자인은 핵심적인 성공 요소가 되고 있다.

15년 전에는 가격경쟁이 우세했다. 오늘날에는 품질경쟁이 우세하다. 그리고 내일은 디자인이 결정적인 경쟁기준이 될 것이다.

– 로버트 헤이스(Robert Hayes), 하버드 경영대학원 교수

그리고 또 한 가지 분명한 사실이 있다. 브랜드로서 인정받고자 하는 제품은 단순히 기능만 내세워서는 목표를 이룰 수 없다. 그보다는 개인적이며 감정적인 요구를 수용하는 제품을 만들어야 한다.

애플 컴퓨터는 고객들이 단지 우수한 성능 때문에 자사의 제품을 구매하는 게 아니라는 사실을 깨달았다. 디자인은 제품의 혁신성, 뛰어난 성능과 더불어 성공에 결정적인 요소다. 아이맥

(iMac)을 예로 들어보자. 애플은 저렴하면서도 사용하기에 복잡하지 않고 동시에 모양새가 멋진 인터넷 PC라는 아이디어를 떠올렸다. 애플은 지금까지 모든 컴퓨터 덮개가 쥐색이나 누런색이었다는 데 착안해 색색의 파스텔톤으로 컴퓨터의 외관을 꾸미는 놀라운 아이디어를 제안했다. 동종업계의 그 누구도 감히 시도하지 못한 혁신이었다. 1998년 시장에 처음 선보였던 새로운 아이맥이 압도적인 성공을 거둔 이후, 이러한 디자인 컨셉은 모든 신제품에 적용됐으며 기대한 만큼의 성공을 거뒀다.

애플은 업계의 디자인 추세를 규정하는 방법을 다시금 파악했다. 애플의 디자인 팀은 명망 있는 산업디자인상인 '레드 닷 어워드(Red Dot Award)'에서 '올해의 디자인 팀(Design Team of the Year)'이라는 영예를 재차 거머쥐었다. 이러한 점은 여전히 사용자의 시각적인 욕구를 철저히 무시하는 PC업계의 경쟁사들로부터 애플을 명확히 차별화하고 있다. 그 밖에도 애플은 평면 모니터 안에 컴퓨터를 내장한 새로운 아이맥 G5와 같은 아름다운 외양과 빠른 속도를 갖춘 제품을 선보임으로써 컴퓨터의 트렌드를 이끌어가고 있다.

또한 애플은 매력적인 디자인의 데스크탑 컴퓨터뿐만 아니라 인기를 끌고 있는 MP3 플레이어 아이팟(i-Pod)과 노트북 시리즈인 아이북(iBook)과 파워북(PowerBook)을 오래 전에 선보였다. 애플은 독창적인 디자인과 결합한 고품질의 제품으로 다른 컴퓨터 생산업체들과 명확히 구분된다. 또한 제품 디자인으로 어떻게 라이프스타일을 창조할 수 있는지를 보여주고 있다. 매킨토시는 여전히 컬트의 대상이다. 아이맥, 큐브(Cube), 아이북 또는 파워북 모두가 근사한 외양을 갖추고 있어 그것을 소유한 이들에게 엘리트 의식을 심어준다. 애플의 디자인 부서는 기업의 성공을 책임지고 있으며 조나단 아이브(Jonathan Ive)를 필두로 하는 디자이너들은 좀 더 새로운 컨셉을 찾아내기 위해 지금도 머리를 맞대고 있다

디자인이 구매를 결정한다

알레시(Alessi & Co.)는 예전부터 제품의 성공이 더 이상 기능이나 기술적 완벽함 또는 품질에 한정되지 않는다는 사실을 깨달았다. 이 이탈리아 기업은 자사 제품의 외양과 예술적 형상화, 디자인을 구매결정 과정의 중요한 요소로 인식했다. 금사로 세공을 했건, 군더더기 없는 형태이건, 사이버틱한 디자인이건, 고상한 기품을 지녔건 간에, 알레시의 주방용 디자인예술작품은 할머니의 커피 찻잔이나 엄마의 레몬즙 짜는 기구와는 완전히 다르다.

에토레 소사스(Ettore Sottsass), 리하르트 자퍼(Richard Sapper), 아킬레 카스티글리오니(Achille Castiglioni), 알레산드로 멘디니(Asessandro mendini), 알도 로시(Aldo Rossi), 마이클 그레이브스(Michael Graves), 필립 스탁과 같은 디자이너들이 이 기업을 위해 일하고 있다. 자퍼의 멜로디가 흘러나오는 주전자나 소사스의 양념통, 로시의 에스프레소 머신, 거미발 모양의 레몬즙 짜는 기구는 소형 예술작품이며 제품계의 아이콘으로 인식되고 있다.

그러나 독일시장에서는 주방용 제품을 판매하는 상점이 정체되어 있다. 알레시는 그 해결책으로 주방이 아닌 다른 영역을 위한

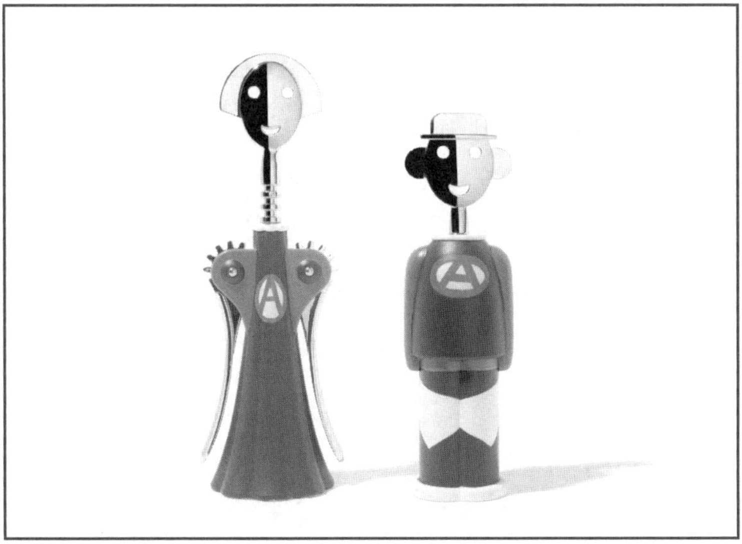

알레시의 전략적 성공요소는 디자인.

제품들을 생산하는 데 성공했다. 예를 들면 화장실을 위한 제품이다. 여기에는 1921년 설립된 이탈리아의 가족기업 알레시가 제작한 샴푸용기에서부터 전반적인 가구까지 모두 포함된다.

이 기업이 관심을 기울인 또 다른 시장은 거실용품이었다. 전형적인 알레시풍으로 제작된 물건들은 다른 제품보다 4배에서 5배 정도 높은 가격으로 판매된다.

그 밖에도 알레시는 지멘스와 합작으로 전화기를 개발하기도 했다. 뮌헨의 전자기업인 지멘스가 기술을 제공하고 제품의 외관은 이탈리아의 디자인기업 알레시가 제작하는 방식이다. 이처럼 알레시의 아이디어는 끊임없이 이어지고 있다! 이 기업은 제품 디자인으로 매우 확고한 틈새시장을 창출했다. 한 예로 피아트 판다 알레시(Fiat Panda Alessi)는 흑백이 조화된 특이한 차체와 청개구리 빛깔의 좌석시트를 지닌 자동차다. 디자인을 시도할 수 있는 제품을 끊임없이 발견해내는 알레시의 모습을 보여주는 사례다.

기업을 상대로 한 디자인: 쿠카의 로봇

주위를 한번 둘러보라. 대부분의 자본재 생산업계에서는 기술적 진보 덕에 제품의 품질이 매우 높아졌다. 기술적인 면에서의 차별화는 연구와 개발에 많은 투자를 해야만 이루어진다. 그러나 디자인을 이용하면 많은 투자 없이도 현명한 차별화를 달성할 수 있다. 역발상 실천가들은 이미 오래 전에 이러한 사실을 깨달았다. 디자인은 소비재를 구성하는 단지 하나의 요소가 아니다! 게다가 고객은 디자인의 품질을 통해서만 각기 다른 수준의 기술적 전문지식을 구분할 수 있다. 기업은 이를 통해 무명업체에서 벗어날 수 있다.

독일 아우구스부르크의 산업로봇 제조업체 쿠카(Kuka)는 이러한 사고체계를 따르고 있다. 이 기업은 제품의 디자인에 대해 숙고한 결과 각지고 기능적인 외형이라는 동종업계의 추세와는 반대로 자사의 로봇을 둥근 모양으로 만들었다. 그리고 로봇에 반짝거리는 색상의 에나멜을 칠하고 생산업체의 이름을 모델의 표찰뿐만 아니라, 로봇의 팔위에도 써서 멀리서도 보이도록 했다. 쿠카의 로봇 역시 앞에서 언급한 바 있는 명예로운 디자인상인 '레드 닷 어워드' 를 수상했다.

가치 전달자로서의 제품 디자인: 호화 제품으로서의 세제

브랜드 제품의 외부 덮개 역할을 하는 포장은 제품을 미적으로 인식하고 형상화하는 과정에서 중요한 역할을 한다. 선두적 위치의 브랜드는 무엇보다도 의미심장한 포장 덕분에 판매시점에서 능력을 발휘할 수 있었다. 이러한 생각을 완전히 활용한 업계가 바로 화장품업계다. 향수와 화장품에 있어 포장 디자인은 결정적인 의미를 지닌다. 작은 유리 향수병은 최고 디자이너들에 의해 구상되고 제품을 둘러싼 포장은 제품의 이미지에 맞춰 재단된다. 그 재료는 유리와 두꺼운 종이를 벗어난 지 오래다. 기존의 틀을 깬 포장재료는 계속해서 차별화되고 있으며 그 성공으로 정당성을 인정받고 있다. 형식에 얽매이지 않을수록, 또 정서적일수록 고객의 수요는 증가한다!

상황 판단이 빠른 몇몇 신생기업들은 이러한 상황을 정확히 주시했으며, 그런 일이 사치품에만 한정된 것은 아닐 것이라는 가정을 세웠다. 이들은 능숙한 역발상으로 간단한 실험을 실시했다. 가까운 슈퍼마켓에 가서 디자인 기술로 활기를 불어넣을 수 있는 눈에 띄지 않는 제품을 찾은 것이다. 그들이 발견한 물건은 세제였다. 메토드(Method)라는 기업은 포장 디자인을 활용해 세제와 같은 단순한 제품을 차별화하고 높은 수준으로 끌어올릴 수 있다는 사실을 증명했다.

현재 이 기업은 1천만 달러의 매출을 올리고 있으며 프록터앤갬블과 같은 대기업과 직접적으로 경쟁하고 있다. 사실 가정용 세제의 내용물은 경쟁사와 그리 다를 게 없다. 유명 디자이너가 용기

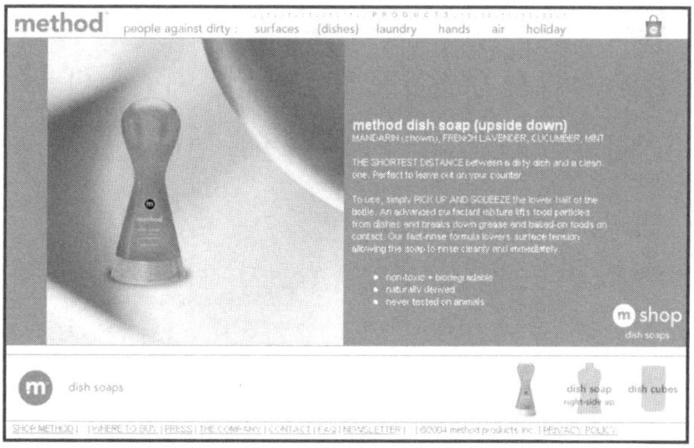

섹시한 디자인의 세제용기. 새로운 포장디자인을 통해 세제를 라이프스타일을 대변하는 제품으로 탈바꿈시켰다.

만 디자인했을 뿐이다. 메토드는 고객이 제품을 싱크대 아래에 숨겨놓는 대신 모두가 볼 수 있는 곳에 자랑스럽게 올려놓을 수 있도록 우아한 포장을 개발하는 도전에 뛰어들었다.

라이프스타일을 규정하는 이 세제는 민트향, 오이향, 귤향과 라벤더향으로 구성된다. 판매가격은 한 병당 3~5달러로 높은 수준이다. 그러나 수요는 엄청나다. 참고로 메토드는 이 세제의 내용물을 생산하는 일에는 전혀 관여하지 않고 있다. 이 기업은 단순히 제품번호 08/15의 세제를 고급스러운 용기에 담는 일만 한다. 그것으로 자체적인 리스크를 최소화하고 있다.

디자인의 단위를 새로이 생각하기: 섹시한 피클

식초에 절인 저장식품 시장이 침체기에 접어들고 있다. 붉은 양배추나 양배추를 소금에 절인 제품이나 피클은 더 이상 사업적 매력이 없어 보인다. 이러한 제품 분야는 고객들의 머릿속에 전통적이며 고루하다는 이미지가 각인되어 있으며 특히 젊은 구매고객층의 비중은 확실히 수적인 열세에 있다.

'모든 문제는 기회' 라는 모토에 따라 이전에는 VEB 슈프레발드콘제르베(VEB Spreewaldkonserve)로 불렸던 슈프레발드호프(Spreewaldhof)라는 기업은 이 같은 시장에 다시 활기를 불어넣는 도전에 뛰어들었다. 이 기업은 베를린 남쪽에 자리한 슈프레발트 지역의 골센이라는 도시에 위치해 있다. 사람들은 슈프레발트에 대한 이야기를 들으면 오이를 떠올리고, 오이하면 슈프레발트를 떠올린다.

슈프레발트호프가 제품의 묵은 먼지를 털어내기 위해 한 일은 무엇일까? 그들은 오이피클을 따분한 통조림 병에 넣는 대신 매우 기발한 제품포장을 생각해냈다. 이를 통해 촌스러운 제품을 높은 가격으로 사람들에게 제공한다는 원대한 목표를 달성했다.

그 해결책은 커다란 오이를 작은 캔에 넣어 막간을 위한 간식으로 새롭게 선언한 것이다. 선별 과정을 거친 커다란 피클 한 개를 캔 안에 넣은 '겟 원(Get One)' 은 주유소나 슈퍼마켓, 디스코텍이나 스포츠센터에서 굉장한 인기제품으로 1유로 50센트 내지 2유로 20센트의 가격에 팔리고 있다. 오이피클 한 개의 가격치고는 엄청난 금액이다!

이 기업의 성공비결은 평범하지 않은 포장방식이었다. 그러나 아무리 혁신적인 제품이라도 세상 사람들이 그 제품의 존재를 알지 못하면 아무 소용이 없다. 슈프레발트호프는 이러한 문제점도 영화의 도움으로 해결했다. 대히트를 친 영화 〈굿바이 레닌(Good

오이피클의 이노베이션. 겟 원은 새로운 타깃층을 개척했다.

Bye, Lenin!)〉을 본 사람들은 극 중에 나오는 동독사람들의 식탁 위에 슈프레발트 피클이 놓여 있었다는 사실을 알 것이다. 슈프레발트호프는 이 영화의 광고파트너로서 영화 속에서 자사의 제품을 광고했다. 〈굿바이 레닌〉의 DVD를 구매하는 고객들에게 선물팩으로 겟 원을 증정한 것 역시 기발했다.

판매장소의 매력적인 디자인: 프라다의 하이테크

판매장소의 디자인 역시 기업에게 있어서 중요한 요소임에도 이것은 많은 기업들에게 아직까지 활용도가 낮은 차별화 영역이다. 판매장소에서는 체험의 기회를 조성하는 것뿐만 아니라(여기에 대해서는 조금 후에 자세히 다룰 것이다) 판매시점에서 모순이 없고 미래를 내다본 인식을 발휘했느냐도 중요하다. 프라다나 나이키(Niketown)는 성공적인 매장컨셉으로 판매장소의 역할을 극대화한 사례다.

이탈리아의 인기상표 프라다는 유명 건축가들에게 작업을 맡겼다. 유명 건축가 렘 쿨하스(Rem Koolhaas)는 뉴욕에 프라다 플래그십 스토어를 구상했으며 헤르조그 앤 드 모롱(Herzog & de Meuron)과 함께 도쿄에도 독특한 플래그십 스토어를 추가로 구상했다. 이 두 매장은 특이한 구조상의 외관과 그에 맞먹는 인테리어로 사람들의 주목을 받으며 고객에게 놀라움을 주고 있다. 한 예로 뉴욕의 프라다 플래그십 스토어에서는 인공지능 거울과 불가사의한 빛의 효과를 내는 유별난 디스플레이 기술을 볼 수 있다.

다수의 기술적 혁신은 프라다 매장의 유별난 디자인을 더욱 돋보이게 하는 역할을 한다. 예를 들어 프라다의 플래그십 스토어에서는 보디 스캐너가 고객의 치수를 자동으로 측정하고 희망할 경우 가상으로 상담이 이루어지기도 한다.

혁신적 기술의 대부분은 탈의실 안에 숨겨져 있다. 탈의실에 들어서면 스캐너가 고객이 갖고 들어간 옷을 자동으로 인식한다. 별도의 모니터는 소재에 대한 정보와 관리 요령을 보여주고 재고 여부나 가공방식의 특성에 대해 안내한다. 그리고 중앙컴퓨터는 갖고 들어간 블라우스에 어울리는 신발을 골라주기도 한다. 심혈을 기울인 기술의 도움으로 이 매장을 찾은 고객들은 거울에 내장된 모니터를 통해 각각의 의상들을 볼 수 있다. 고객들이 신발을 실제로 신어볼 필요 없이 발 높이에 다양한 모델의 신발들이 영상

뉴욕에 위치한 프라다의 플래그십 스토어. 첨단적인 디자인이 지나가는 사람의 발길을 사로잡는다.

으로 나타나는 방식이다. 원할 경우 자신이 제품을 입어본 모습을 촬영한 사진이 서버에 저장된다. 전에 입어본 의상을 한 번 더 보고 싶을 경우 버튼을 한 번만 누르면 다시 입어볼 필요가 없다. 모니터에서 마지막에 입어봤던 의상의 모습을, 거울에서는 현재의 모습을 볼 수 있기 때문이다.

서비스의 디자인: 엄콰은행 – 얼마나 멋진 은행인가!

서비스업무도 디자인을 통한 차별화가 더욱 필요하다. 서비스는 무형이기 때문에 고객의 눈에 띄고 의사소통할 수 있기 위해서는 형상이 필요하다. 하지만 대체가 가능한 동일한 디자인은 디자인의 창조적인 가능성을 헛되이 만든다.

이미 앞에서 언급했던 미국 오리건 주의 엄콰은행은 시종일관 디자인이라는 요소를 경쟁상의 장점과 차별화의 표지로 내걸었다. 엄콰은행은 고객의 관심을 끄는 것은 은행의 규모가 아니라 삶의 질이며 그것을 높이기 위해 은행이 지원해줄 수 있는 것이 무엇인지를 깨달았다. 디자인상을 수상한 엄콰은행의 공간은 고객으로 하여금 오래도록 머무르고 싶게 만든다. 이곳에서는 신문을 읽고 커피를 마시거나 쇼핑을 할 수도 있다. 물론 은행업무는 기본이다. 엄콰은행은 은행업무가 번거로운 일이 될 수도 있지만 라이프스타일을 결정하는 요소가 될 수도 있다는 사실을 깨달았다. 따라서 이 기업은 은행업무를 기분 좋은 경험으로 인식시키기 위한 노력을 하고 있으며 성공을 거뒀다. 엄콰은행은 서비스기업이 디자인을 이용해 가격 이외의 수단으로도 고객의 마음을 사로잡고 경쟁업체로부터 차별화할 수 있음을 보여주는 매우 좋은 예다.

판매장소의 디자인은 단지 소비재업계를 위한 것만은 아니다

기업들은 판매장소에 대한 이러한 성찰을 소비재 영역에만 국한시키려 했다. 그러나 오늘날 대규모 산업박람회를 한번 둘러본 사람이라면 투자재 영역도 소비재 영역과 근본적으로 다르지 않다는 사실을 알게 될 것이다. 많은 생산업체들에서 더 이상 기술을 통한 차별화가 아닌 제품의 외관을 통해 차별화를 달성하는 일이 늘어나고 있다. 브랜드 주위에 미적인 인식의 영역이 구축되고 있다는 의미이다.

Different Thinking

| 비즈니스 역발상 BOX |

— 디자인은 제품을 미화하는 작업 이상의 것이다. 디자인은 열정과 감각, 고객과의 연계성을 하나로 묶어주며 정서적 차별화를 이루는 토대가 된다.

역발상 실천가들은 미래사회에서는 차별화된 제품 및 서비스를 제공하는 기업, 고객의 입장에서 생각하는 기업만이 시장에서 성공을 거둘 것이라는 사실을 일찍이 깨달았다. 차별화, 정체성 확보, 고객과의 연계성을 겨루는 시합에서 디자인은 핵심적인 성공요소가 되고 있다.

애플과 BMW, 메토드, 카르텔을 기억하라! 이들 기업은 모두 제품, 포장 및 판매장소의 디자인이 기업전략의 구성요소가 될 수 있다는 사실을 보여준다.

고객에게 경험을 제공하고 감성을 불러일으켜라

경쟁에서의 차별화라는 주제에 대해 조금만 더 이야기해보자. 역발상 실천가들은 다음과 같은 사실을 이해하고 있다. 자사의 제품이 얼마나 좋고 직원들이 얼마나 친절하며 서비스가 얼마나 빠른지에 상관없이, 전화번호부나 인터넷 검색엔진에서 쉽게 찾을 수 있는 다른 기업도 대부분 똑같은 것들을 제공할 수 있다는 사실이다.

상황이 이렇다면 해결책은 단 한 가지뿐이다. 실망스럽겠지만 그 해결책은 단순하다. 새로운 것을 만들고, 창의적이 되어야 한다! 당신의 경쟁자들이 한 번도 생각지 못한 전혀 새로운 일을 감행하라. 당신의 고객이 당신을 다르다고 인식하는 것이 중요하다. 그러나 많은 기업들은 이러한 사실을 이해하지 못했다. 이들은 막대한 에너지를 쏟아부어 더 나은 품질을 제공하고 탁월한 입지로 유리한 점을 획득하거나 기술혁신 또는 효율적 프로세스를 통해 고객에게 자사를 강조하려고 한다. 이들은 자신이 경쟁자들보다 낫다고 생각하면서 이러한 진실이 어느 날엔가는 반드시 고객에게도 인정받을 것이라고 고집스럽게 믿고 있다.

| 비즈니스 역발상 제10법칙 |

경험의 내면화: 고객의 경험을 창조하고 감성을 일으켜라!

기존의 사고방식: 고객을 확보하기 위해 합리적인 논거와 제품의 객관적인 설득력(기능성, 성능, 품질 등)을 강조한다.

비즈니스 역발상: 새로운 것을 만들어라. 그리고 창의적이 되라. 합리적인 논거에 감성과 경험을 추가하라. 이렇게 하면 서비스가 무대 위에서 주목을 받을 수 있으며, 제품은 고객의 마음을 얻는 도구가 될 수 있다.

보통 사람들은 자사의 제품이 성능이나 기술적 설비, 품질 면에서 왜 더 나은지에 대해 여러 논거를 제시한다. 그러나 역발상 실천가들은 이와 같은 기술적 논거에 감성과 경험을 추가한다.

이성은 가슴이 원하는 것을 인정한다!

역발상 실천가들은 왜 경험을 주제로 다룰까? 경험의 본질적인 특성은 고객의 감성에 어필함으로써 깊은 인상을 남긴다는 데 있다. 아마도 장난감이나 장난감인형만큼 고객의 감성과 관계가 깊은 제품은 없을 것이다. 그렇다면 인형 제조업체 시장이 어떤 규칙에 따라 움직이고 있을까? 사람들은 우선적으로 제품과 거기에 딸린 액세서리를 구매한다. 그에 뒤따른 놀이의 '경험'은 고객의 집에서 이루어지는 게 대부분이다.

아메리칸 걸의 뮤지컬 인형쇼.

반면 인형 제조업체 '아메리칸 걸 플레이스(American Girl Place)'는 경험의 장소를 다시 상점으로 옮겨놓았다. 아메리칸 걸은 두 개의 대규모 사옥을 소유하고 있다. 시카고의 본사와 뉴욕에 위치한 지점이 그것이다. 이 두 곳은 기존의 장난감업체가 아니라 고객의 경험을 위해 마련된 흥미로운 장소다. 여기서 자사 브랜드의 인형을 판매하는 본래 업무는 단지 부차적일 뿐이다. 그 대신에 어린이와 어른 방문객들에게 뮤지컬쇼나 카페, 레스토랑, 심지어는 인형 미용실과 같은 광범위한 서비스를 제공한다. 그 결과 방문객들은 인형 하나 사는 일 없이 수백 달러를 지출하기도 한다. 아메리칸 걸 플레이스의 이러한 컨셉이 뛰어난 점은 어린아이의 방에서 이루어지던 놀이의 체험을 상점으로 옮겨놓았다는 사실이다. 이 기업의 성공은 그 방식이 옳았음을 증명하고 있다. 아메리칸 걸은 현재 약 800만 개의 인형을 판매해 바비에 이어 업계 2위를 차지하고 있다.

경험은 수익성 있는 상품을 의미하며 이때의 상품은 서비스와는 명확히 다른 것이다. 서비스가 공산품과 구분되는 것과 같은 이치다.

– 조셉 파인(Joseph Pine), **제임스 길모어**(James Gilmore), 《Experience Economy》에서

또 다른 예는 스웨덴의 북쪽지방 키루나에 자리한 얼음 호텔

이다. 이 건물은 매년 겨울 얼음으로 새로 짓는다. 침대도 얼음으로 만들어졌으며 순록모피로 만든 덮개와 침낭이 지급된다. 가구와 식기, 컵도 모두 얼음으로 만들어진 것들이다. 평균기온은 0도 이하지만 전 세계에서 몰려온 손님들은 그곳에 묵기 위해 하룻밤에 200유로 이상을 지불한다.

진짜 근사한 얼음 호텔

이 호텔이 판매하는 제품은 무엇일까? 순록모피 위에서 잠을 잘 수 있다는 것? 얼음으로 만들어진 바의 좌석? 온통 눈으로 덮여 있는 스웨덴 북쪽지방의 뛰어난 경치? 혹은 이 모든 것을 합친 것일까? 이 호텔이 판매하는 제품은 이 모든 것이며 그 이상이기도

키루나의 얼음 호텔.

하다. 얼음 호텔에서의 경험은 금방 끝나버리지만 모든 세부사항과 일시적인 환경 속에서의 특별한 느낌에 대한 기억은 오래 남는다. 그리고 이러한 경험은 단순한 여행이나 숙박 또는 먹을거리보다 훨씬 더 가치 있다.

밀라노의 중부지역에도 스웨덴의 이러한 호텔을 모델로 삼아 만들어진 '아이스바(Icebar)' 가 있다. 이탈리아의 수도 중심에 자리한 '압솔루트 아이스바(Absolut Icebar)' 는 벽, 판매대, 식탁을 비롯해 컵까지 정말로 모든 것이 얼음으로 만들어졌다. 이곳의 내부온도가 영하 5도인 탓에 손님들은 출입구에서 안감을 댄 두툼한 겨울용 장화와 보온외투를 지급받는다.

이 바는 여섯 달이 지나면 완전히 새로 다시 지어야 한다. 매달 120평방미터의 대형 술집을 보수하기 위해 필요한 60톤의 얼음은 스웨덴에서 직접 공수된다. 그 밖에도 이 바에서는 모두 보드카만 마신다. 얼음을 넣은 언더락으로 말이다.

기업을 대상으로 한 비즈니스 영역에서의 경험: 컴퓨터광

경험은 소비재 영역의 가격상승과 차별화뿐만 아니라 기업을 상대로 한 영역에서도 마찬가지로 적절한 기능을 발휘한다. IT 서비스기업과 건설기계 제조업체, 냉난방기기 제조업체와 기업을 위한 이벤트를 전문으로 하는 호텔이 그러한 예다.

미국의 IT 전문기업 '긱 스쿼드(Geek Squad)' 의 사례부터 살펴보자. '컴퓨터광들의 모임' 이라는 뜻을 가진 이 기업의 이름은 많은 것을 의미한다. 이 이름을 보면서 엄청나게 두꺼운 안경을 쓰고 주로 콜라나 피자를 먹으며 급한 일이 아니고서는 자리를 뜨지 않고 컴퓨터에 대해서만 이야기하는 사람들을 떠올렸다면 조금 잘못 짚었다.

이 이름은 비즈니스에 경험을 도입하는 데 성공한 재기발랄한 한 기업의 것이다. 이 기업은 모든 대도시의 여러 업체가 제공하는 매우 획일적인 서비스에서 대단히 성공적인 서비스를 재창조해냈다. 긱 스쿼드는 기업들을 지원하는 IT 서비스업체다. 예를 들면 기업들의 IT 네트워크에 고장이 났을 때, 프린터가 고장 나거나 파일이 열리지 않을 때, 컴퓨터에서 이상한 소리가 날 때 도움을 준다. 이 기업은 재기발랄함에 경험과 혁신을 추가했다. 자사에 대해서는 고객의 컴퓨터 문제를 돌보는 '특수부대'의 일종이라고 설명한다. 긱 스쿼드의 직원들은 흰 와이셔츠에 폭이 좁은 검은색 넥타이를 매고 흰 양말과 검은색 바지를 입는다. 이들은 '특별요원

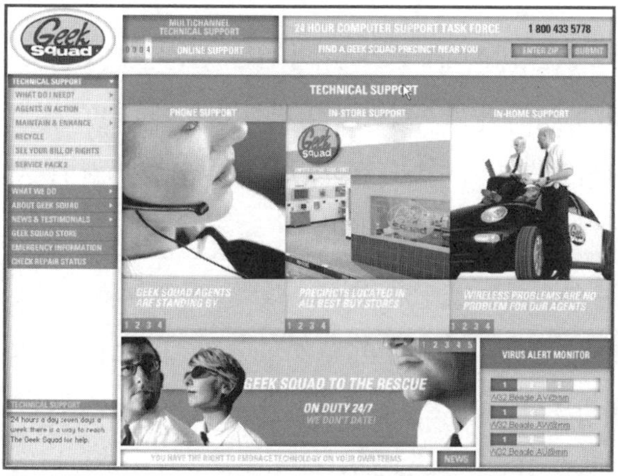

긱 스쿼드의 홈페이지. 선글라스와 검은색 정장으로 IT 기업의 요청을 받는 중.

(Special Agent)' 이라는 신분증을 갖고 전설적인 영화 〈블루스 브라더스(The Blues Brothers)〉의 주인공이었던 잭과 엘우드 블루스와 비슷한 차림새로 나타난다.

다른 사업에 비해 그리 매력적이지 못한 비즈니스 분야에 있어 최대한 많은 고객들의 관심을 끌기 위해 시도한 이러한 방법은 꽤 괜찮은 성과가 있었다. 경쟁에서의 뚜렷한 차별화, 입소문을 통한 선전, 다소의 컬트적 요소 구축과 사업상 대성공이 그 결과물이다.

기업고객도 경험을 원한다: 고객용 굴삭기

긱 스쿼드는 기능적인 서비스에 단순히 경험과 재미라는 요소를 추가해 기업고객을 대상으로 한 비즈니스의 차별화 방법을 보여주는 훌륭한 사례다.

생각은 경이로운 것이다. 그러나 경험은 그보다 훨씬 더 굉장한 것이다.

– 오스카 와일드, 아일랜드의 시인, 극작가이며 연출가

또한 이러한 예는 모든 이가 달려가는 곳을 향해 함께 달리는 것이 항상 가장 현명한 일은 아니라는 사실을 보여준다. 모든 이들이 같은 빵 부스러기를 두고 다투는 곳에서는 가격이 차별화의 결정적인 지표이며 경쟁의 요소이다. 여기에서 탈피하기 위해서는 차별화된 전략적 사고방식으로 무언가를 시도해야 한다! 의식적으로 차이를 만들어내는 것이 중요하다는 말이다.

B2B 시장에 속한 점점 더 많은 기업들이 경험으로 보다 큰 경제적인 성공을 이끌어낼 수 있다는 사실을 깨닫고 있다. 일반적인 경우에는 제품의 기술적 성능에 대한 정보, 제품의 유용성이나 가격대비 성능이 중심이 되지만, 역발상 실천가들은 산업재에도 경험이 추가되어야 진정한 차별화와 혁신에 성공할 수 있다는 사실을 알고 있다.

미국의 건설기계 제조업체 케이스(Case)가 그런 예다. 이 기업은 위스콘신에서 '케이스 토마호크 체험센터(Case Tomahawk Experience Center)'를 운영하고 있다. 이곳에서는 굴삭기와 불도저를 마음대로 시험운행해볼 수 있다. 이러한 시험운행은 모두 순수한 이벤트 차원에서 실시된다. 어릴 적 굴삭기를 몰아보고 싶다는 생각은 누구나 한 번쯤 해보았을 것이다. 그런 꿈이 이제 현실이 되는 것이다! 이곳에서는 기존고객이나 잠재고객이 굴삭기를 이용한 작업 실력이나 삽질을 하거나 땅을 평평하게 고르는 실력을 겨루는 경연대회를 열기도 한다.

그러나 이러한 체험은 이 기업이 계획하는 일의 일부분일 뿐이다. 케이스는 또 다른 독특한 시도의 일환으로 잠재고객, 즉 경영자나 기업주와 같이 재정적 결정을 담당하는 위치에 있는 사람들이나 근무조장, 불도저 기사들과 같은 중장비기기 사용자들을 시험운행의 장에 다 같이 초대하고 있다. 이런 행사에는 고용주도 함께 참석해야 한다. 투자에 대한 결정을 내리는 것이 고용주이기 때문이다. 그러나 고용주가 실제로 기기를 사용하는 경우는 드물다. 케이스의 불도저에 투자하는 것이 왜 옳은지에 대해서는 기기를 직접 사용하는 사람들이 훨씬 더 잘 알고 있다. 따라서 케이스는 이들이 자사의 제품에 대해 신뢰하는 한 케이스의 마케팅을 대변하는 연장선상에 있다고 판단하고 있다.

케이스는 B2B 시장에서 이벤트의 위력을 매우 인상적으로 증명한 경우다. 당신이 건설기기 제조업체를 운영한다면 카탈로그 여러 개를 잠재고객에게 보낼 것이고 직원들은 분명히 고객들에게 제품의 기술적 성능의 특징에 대해 잘 설명할 수 있을 것이다. 그러나 이러한 모든 행위는 잠재고객을 현장으로 유인해 직접 제품을 시험해본 고객의 체험과 비교해볼 때 분명 약하다.

보이지 않은 기술을 경험할 수 있게 만들기

근본적으로 모든 기업은 체험의 장을 구축할 수 있다. 건물관리시스템과 같은 제품을 제작할 경우에도 그렇다. 이런 제품이 엄청나게 매력적이지는 않다는 점은 사실이다. 하지만 체험에는 적격이다. 이러한 체험 가능성을 단호히 실행에 옮긴 기업은 밀워키에 위치한 존슨 컨트롤스(Johnson Controls)다.

존슨 컨트롤스는 기업 소재지에 브랭갤 기술센터(Brengel Technology Center)를 보유하고 있다. 이곳은 냉방기술 및 건물자동화 영역에서 자사가 제공하는 모든 제품으로 무장한 곳으로 그 기술적 가능성을 보여주기 위한 장소다. 고객들은 이미 여러 차례 주목 받은 적 있는 이 건물을 방문함으로써 현대적인 사무공간에 최적의 냉방기술에 대한 계획이 수립된 이후에도 어떻게 에너지를 절감하고 효율적인 기술로 무장할 수 있는지 직접 체험해볼 수 있다.

또한 노스캐롤라이나의 리서치 트라이앵글 파크(Research Triangle Park)에 위치한 노텔 네트웍스 이그제큐티브 브리핑 센터(Nortel Networks Executive Briefing Center)도 B2B 영역에서 사용자를 고려한 체험의 장을 마련한 좋은 예다. 이곳에 도착한 손님들은 스마트카드를 받는다. 이 카드는 고객들에게 개인적이면서도 양방향으로 노텔의 기술을 체험할 수 있는 기회를 제공한다. 이를 위해 센터 내부에는 최신 기술부터 가상현실을 체험할 수 있는 실험실까지 준비되어 있다. 이때 스마트카드는 손님 개개인에 맞춘 서비스를 제시하고 불러오는 역할을 한다. 따라서 손님은 노텔의 기술이 어떠한 방식으로 자신의 삶에서 중점적인 역할을 수행할 수 있는지에 대해 매우 밀접한 체험을 하게 된다.

이벤트 효과 강화하기: 새로운 척도가 된 스카라리아 호텔

노텔 네트웍스와 존슨 컨트롤스는 기업이 어떤 방식으로 경험의 장을 구축할 수 있는지 보여주었다. 그런데 기업 전체가 경험 그 자체가 될 수도 있을까?

이런 일이 어떻게 가능한지, 어떻게 적용되는지 살펴보기 위해 오스트리아로 시선을 돌려보자. 정확히 말하면 오스트리아의 볼프강제 호수다. 잘츠카머구트(Salzkammergut, 오스트리아의 알프스 지방—옮긴이)에 자리한 이 호수는 많은 독자들에게 이미 잘 알려진 곳이다. 독일의 전 총리였던 헬무트 콜이 수십 년간 여름휴가를 보냈던 곳이기 때문이다. 콜의 충성스러운 방문 때문에 왜 진작부터 호수의 이름을 헬무트 콜로 바꾸지 않았는지에 대해 의문을 제기하는 사람들도 있다. 하지만 이건 주제 밖의 이야기다.

우리는 볼프강제의 한 호텔에 대해 이야기하고자 한다. 이곳은 우리가 아는 바에 따르면 헬무트 콜이 아직은 묵은 적이 없는 곳이다. 전형적인 휴양 호텔이 아니라 각종 회의나 세미나를 개최하는 대기업을 상대하기 때문이다. 호텔 스카라리아(Scalaria)는 체험을 제공한 덕분에 독특한 포지셔닝에 성공했다. 그것도 하나같이 훌륭하고 믿음직스러운 수천 개의 호텔체인이 이미 왕성하게 활동하고 있으며 훌륭한 분위기와 최고의 서비스를 제공하는 시장에서 말이다. 스카라리아의 소유주는 다음과 같이 말하고 있다. "우리의 경쟁상대는 없습니다. 실제로 전혀 새로운 영역을 창출해낸 셈이죠."

이 호텔은 웹사이트(www.scalaria.com)의 환영문구부터 범상치 않다. '이벤트 리조트'를 방문해주셔서 매우 감사합니다. 이곳은 기업 이벤트와 제품 전시를 위한 유일무이한 장소입니다. 우리 호텔의 완벽한 연출을 통해 매혹적인 순간들을 즐기시고 무대와 쇼, 와우 효과(Wow Effect)의 매력을 느껴보시길 바랍니다.'

더 이야기할 필요가 있을까? 스카라리아는 이벤트와 놀람효과에 주력함으로써 새로운 척도를 마련했다. 다음과 같은 고객 리스트가 그 성공을 입증한다. 알리안츠, 벤틀리, 브라이틀링, 캐논,

다임러크라이슬러, 디오르, 이온, 에스까다, 페라리, 조르지오 아르마니, 구찌, 휴고보스와 같은 기업들이 자사의 이벤트를 이곳에서 이미 진행한 바 있다.

스카라리아 호텔이 역발상과 무슨 관계가 있을까? 전통적인 사고방식이 친밀함이나 신속성과 신뢰도, 가격대비 성능을 특히 중요시 여기는 반면, 역발상 실천가들은 다른 방법을 추구한다. 이들은 앞에서 언급된 사항들도 중요하게 생각하지만 그와 동시에 이미 모든 경쟁자들이 거기에 주력하고 있다는 사실을 잘 알고 있다. 명확한 차별화와 독창성은 의식적으로 남과 달라지려는 노력을 해야만 얻을 수 있다. 진정한 차별화는 고객에게 체험이 풍부한 서비스를 제공할 때 이루어진다.

체험이 관계를 견고하게 만든다

훌륭한 체험의 장은 기존고객과 잠재고객에게 브랜드를 정착시키는 역할을 한다. 체험의 장은 기업과 고객 간에 좀더 깊은 관계를 형성하기 위한 것이다. 소비재 및 산업재 시장에서 고객과의 의사소통에 있어 체험이 점점 더 중요해지고 있다. 감성적이며 재미에 중점을 둔 수단만이 고객에게 도달할 수 있기 때문이다. 기업은 체험을 통해 신뢰를 쌓을 수 있다. 최적의 경우는 그러한 신뢰가 기업의 제품에 전달되고 고객과 브랜드의 관계가 강화될 때다.

체험마케팅에 접근할 때는 그러한 조치가 광고쇼로 그치게 내버려둘 것이 아니라 고객에게도 경제적 이익을 제공할 수 있도록 주의를 기울여야 한다.

브랜드는 마케팅과 아무런 관련이 없다…. 그것은 구매자와 제품의 감성적 연결에 관한 것이다.

– 하워드 슐츠, 스타벅스 회장, 수석 전략가

분위기 조성하기: 앤스로폴로지에서 산책하기

대부분의 기업들이 체험이라는 단어를 흔하게 사용하고 있다. 그러나 체험이라고 써 붙였다고 해서 전부 다 진정한 체험인 것은 아니다. 그에 관한 일화를 하나 소개하겠다. 얼마 전 독일 에어푸르트 지역의 래디슨 SAS 호텔(Radisson SAS Hotel)에 머무를 때 호텔의 새로운 서비스에 관한 다음과 같은 안내문을 읽었다. '특별 하이라이트: 어드벤처 샤워.' 우리는 호텔이 어떻게 어드벤처 샤워를 체험하게 해줄까라는 단순한 의문을 가졌다. 그러나 유감스럽게도 호텔 측은 우리의 의문에 대한 답변을 해주지 못했다.

체험이라는 주제로 다시 돌아가자. 처음에는 동양식 바자회에 들르고 그 다음에는 영국식 별장에서 어슬렁거리다가 맨 마지막으로 옷을 산다. 이 모든 일을 한 시간에 끝내는 일이 불가능하다고 생각하는가? 미국의 에스닉 스타일 브랜드체인 앤스로폴로지(Anthropologie)는 이러한 컨셉을 정확히 따르고 있다. 이 상점은 의류뿐만 아니라 가구와 액세서리를 포함한 독특한 제품들을 다양하게 선보이고 있다.

앤스로폴로지에서 쇼핑을 하노라면 다양한 국가의 벼룩시장을 한바퀴 돌아보고 있는 듯한 느낌이 든다. 엄청난 크기의 캐노피 침대 위에는 헤아릴 수 없이 많은 쿠션이 있고 부드러운 보풀섬유의 목욕가운이 보란 듯이 놓여 있다. 그 옆에는 조개로 틀이 장식된 그림액자가 보인다. 마요르카 스타일로 보이는 디자인이다.

앤스로폴로지는 특히 20세에서 60세 사이의 활동적인 고소득층 여성에게 어필하고 있다. 이로써 젊은 사람들에게 초점을 맞춘 업체들과 의식적인 경계를 긋는 셈이다. 그렇다고 해서 허리부분에 고무줄이 든 바지에 편안하고 헐렁한 블라우스나 고루한 스타일의 비슷비슷한 액세서리들을 판매한다는 뜻은 아니다. 2달러짜리 저렴한 물건부터 하나에 2천 달러나 되는 수작업으로 제작된 물건까지 선택의 폭은 굉장히 넓다.

앤스로폴로지는 미국에 이미 50개 이상의 매장을 열었으며 멈추지 않는 확장일로에 서 있다. 고객들은 놀랍게도 평균 1.5시간이나 이 가게에 머문다. 전형적인 광고를 하지 않는데도 그렇다. 이 기업의 사장 글렌 센크(Glen Senk)는 "우리 회사의 철학을 구성하는 중요한 요소는 다른 기업이 광고에 지출하는 자금을 고객이 아주 독특한 쇼핑체험을 할 수 있도록 투자한다는 것이다. 우리는 광고 메시지가 아닌 우리의 철학을 실현하는 데 투자한다"고 밝혔다.

엔스로폴로지의 컨셉은 비교적 단순하다. 고객에게 제품을 제공할 뿐만 아니라 제품을 둘러싸고 있는 세계를 함께 체험할 수 있게 해주는 것이다. 제품들은 점점 비슷해지지만 체험은 그렇지 않

앤스로폴로지의 내부. 호화 벼룩시장인 셈이다.

기 때문에 체험을 활용하면 얼마든지 차별화가 가능하다. 이 경우 예술과 상업 사이의 구분은 더 이상 명확하지 않다.

가게 문을 닫고 이루어진 체험: 영리한 서점

앤스로폴로지는 미국에 50개 이상의 지점을 보유하는 수준에까지 도달했으며 더 이상 작은 규모의 기업이 아니다. 그렇다면 직원이 여덟 명이나 열명밖에 안되는 소규모 업체도 고객에게 그들만의 체험을 제공할 수 있을까?

적은 예산으로도 체험 제공은 얼마든지 가능하다! 고객의 기억 속에 오래도록 남길 수만 있다면 반드시 앤스로폴로지처럼 극도로 치장을 할 필요까지는 없다.

독일 괴팅엔 지역의 서점 도이어리히(Deuerlich)는 중소기업이 체험마케팅을 어떻게 활용할 수 있는지 보여준다. 이 기업은 '뒤죽박죽 별장에서의 한여름밤' 이라는 모토를 내걸고 어른과 어린이 고객을 서점으로 초대했다. 이 서점은 아스트리드 린드그렌(Astrid Lindgren, 스웨덴 작가, 《말괄량이 삐삐》의 원작자—옮긴이)의 유명한 이야기들을 낭송하면서 밤새 참가자들의 흥을 돋우기 위해 스웨덴식 간단한 음식과 음료를 제공했다. 졸음이 몰려올 때에는 서점에서 잠을 잘 수 있도록 배려했고 새벽까지 깨어 있는 사람에게는 아침식사도 제공했다.

이 이벤트에 참여하려면 의무적으로 돈을 내야 한다. 입장료는 시간대를 4개로 나누어 등급별로 구분되어 있다. 따라서 단순한 입장권, 또는 잠자리가 포함된 표를 예약할 수도 있다. 이러한

도이어리히 서점. 기발한 기지와 적은 예산으로 놀라운 체험을 제공한다.

이벤트를 생각해낸 사람들은 그 결과에 매우 만족해하고 있다. 고객의 반응도 엄청나서 언제 또 밤새 책 읽는 이벤트를 진행할 예정인지를 묻는 고객들의 질문이 쇄도하고 있다.

도이어리히 서점은 중소기업이 창의력과 책임감, 적은 예산으로 체험이라는 트렌드를 활용하는 방법을 보여주는 매우 탁월한 예다. 또 이런 예에서 한 가지 더 배울 점이 있다. 바로 이러한 체험의 대가로 입장료를 먼저 요청하고 그 이후에 수익성 있는 체험을 판매하는 방식이다. 제품이나 서비스와 관련된 체험이 고객을 어느 정도까지 매료시키는지는 중요하지 않다. 이 방식의 핵심은 콘서트를 주최할 때와 마찬가지로 관람객들에게 먼저 돈을 요구한 후에 수익성 있는 체험을 제공하는 것이다.

Different Thinking

| 비즈니스 역발상 BOX |

— 우리가 종사하는 업계는 운송업계가 아니다. 우리는 2만 5천 개의 발 위에 놓여 있는 엔터테인먼트업계다.
- 리처드 브랜슨(Richard Branson), 버진 그룹(Virgin Group) 회장, 버진 아틀랜틱 항공(Virgin Atlantic)의 창립자

자사의 USP(Unique Selling Point)에 대한 리처드 브랜슨의 이 같은 발언은 여러 업계에 적용됐다.
체험으로 판매를 촉진시킨 스웨덴 북쪽지방의 얼음 호텔이나 건설기기 제조업체 케이스를 기억하라. 그리고 적당한 유머와 체험을 의식적으로 도입하는 데 성공한 IT 서비스기업 긱 스쿼드를 떠올려라. 이 기업은 획일적인 서비스를 성공적인 사업으로 만들었다.

새로운 것을 만들어내라. 그리고 창의적이 되라. 합리적인 논거 위에는 감성과 경험을 추가하라. 이렇게 하면 서비스와 제품은 고객의 마음을 얻는 도구가 될 수 있다.

단순할수록 많이 팔린다

* 지난해 운전자들이 불필요하게 느끼고 사용법을 모른다는 이유로 메르세데스 벤츠가 자사의 자동차 모델에서 제거해야 했던 기능: 600개
* 지구촌에서 한 사람이 매년 생산하는 정보량과 맞먹는 책의 높이: 9미터
* 한 사람이 매일 아침에 눈을 떠 밤에 잠들 때까지 얻는 정보의 개수: 1만 개
* 뉴스 방송 직후에 방금 시청한 내용을 제대로 기억할 확률: 1/3

* 유럽에서 판매되는 소비재의 개수: 약 40만 개
* 유럽 가정에서 구매하는 소비재의 평균 개수: 350개

– 독일 경제지 〈브랜드 아인스(brand eins)〉의 기사 '숫자로 본 세계' 중에서

오늘날의 소비자들은 지나치게 많은 정보와 제품에 시달리고 있다. 그렇다면 기업들은 어떤가? 이들은 세상을 점점 더 복잡하게 만드는 일에 꾸준히 기여하고 있다.

이동통신업체의 매번 바뀌는 다양한 요금체계를 오늘도 역시 들여다보고 있는가? 그렇지 않다면 당신은 상당히 좋은 세상에 살고 있는 셈이다. 그러면 기업은 무엇을 하고 있을까? 이들은 가뜩이나 파악하기 힘든 요금체계의 정글 속에 또 다른 하나의 요금체계를 추가시킨다. 최근에 디지털 카메라나 DVD 플레이어를 샀던 기억을 떠올려보라. 모델들을 제대로 비교해보기도 전에 신제품들이 시장에 쏟아져 나오지 않았는가. 게다가 기기 사용법을 다 익히기도 전에 새로운 제품을 장만해야 하는 경우도 있다. 그렇다면 전자상가의 친절한 판매상담자가 하는 일은 또 무엇일까? 당신은 말없이 진열대 앞에 서서 판매상담자가 제품에 대해 정확한 설명을 해주기를 기대하지만 이들은 포장에 쓰인 제품설명서를 읽어주면서 자신의 전문가다운 상담을 바탕으로 고객이 어서 빨리 구매결정을 내려주기를 바라고 있다.

단순하게 만들어라

고객들은 더 이상 정보를 파악할 능력이 없다. 세상은 온통

지식과 정보, 서비스와 제품들로 가득 차 있다. 그리고 그 숫자는 매일 늘어만 간다. 고객들은 이미 무의미한 공급과잉에 충분히 시달리고 있다. 이들은 더 이상 귀중한 시간을 인위적으로 만들어진 제품의 차이를 파악하는 데 낭비하지 않으려 한다.

앞으로 우리는 무엇보다도 단순화에 힘써야 할 것이다. 고객들은 정보를 전달하는 과정에서도, 제품을 소개할 때도, 제품 자체에서도 좀더 단순한 것을 찾게 될 것이다. 또한 최소한의 구성요소와 단순한 디자인을 원할 것이다. 기업들은 모든 것을 복잡하게 만드는 경향이 있다. 가뜩이나 삶의 많은 것들도 복잡해지고 있는 마당에 말이다.

– 잭 웰치, GE 전 대표

모든 게 점점 복잡해지는 데서 생기는 문제점에 대한 해답은 단순화에서 찾을 수 있다. 고객을 위해 복잡한 부분을 줄이고 일관성과 안정성을 구축해야 한다. 이를 통해 공급자와 구매자 간에 다시금 견고한 신용이 싹트는 계기를 마련할 수 있다.

| 비즈니스 역발상 제11법칙 |

쉽게 만들어라: 명료함을 추구하고 적당히 단념해가면서 매혹적인 제품을 만들어라!

기존의 사고방식: 제품을 지속적으로 확장하고 가격을 차별화한다. 이들의 목표는 고객이 선택할 수 있는 제품의 폭을 넓히고 다양한 제품을 제공하는 것이다.

비즈니스 역발상: 삭제하고 축소하라. 본질적인 것에 초점을 맞춰라. 명료함을 추구하고 적당히 단념해가면서 매혹적인 제품을 만들어라!

이때 복잡성을 줄인다는 말은 '평범해짐' 을 의미하는 게 아니다. 복잡함을 줄이는 것은 본질적인 것에 초점을 맞추는 행위를 의미한다. 즉 생략하는 기술을 말한다. 그러면 어떤 방식으로 제품을 명료하고 단순하게 만들 수 있을까? 복잡성은 다음과 같은 네 가지 영역에서 드러나며 당신은 이러한 영역에 주목해야 한다.

- 제품: 복잡한 부분을 축소 · 제거한다(예-고객이 쉽게 선택할 수 있는 일목요연한 품목).
- 가격모델: 통신업계와 같이 수많은 요금체계를 내놓을 것이 아니라 가격대 성능비를 공정하게 보장하는 명료하고 이해하기 쉬운 가격구조를 제공한다.
- 고객과의 상호작용: 제품 사용법을 최대한 쉽게 만든다.
- 커뮤니케이션: 외부(고객, 사업파트너) 및 내부(직원)와의 커뮤니케이션을 명료하게 하고 고객을 충분히 납득시킨다.

이번 장에서는 주로 첫 번째 사항에 전념할 것이다. 그러나 단순함을 철저히 이용하기 위해서는 모든 사항을 동시에 조절해야 한다. 다른 장을 읽을 때 이러한 기본원칙을 염두에 두고 읽는다면 단순함의 원칙이 생각보다 더 많은 예에 적용될 수 있음을 알게 될 것이다.

망설임 없는 선택: 과일잼 실험

미국의 학자 시나 아이옌가(Sheena Iyengar)와 마크 레플러(Mark Leppler)가 실시한 조사결과는 제품의 종류를 쉽게 파악할 수 있는 경우의 구매비율이 제품의 종류가 많을 때보다 훨씬 높다는 사실을 증명했다. 연구진들은 제품종류의 다양성에 대한 고객의 반응에 대한 실험을 수행했으며 다음과 같은 결과를 도출해냈다. 24가지 종류의 과일잼이 선반에 놓여 있는 경우, 고객의 60%가 제품 앞에 머물러 있었지만 겨우 3%의 고객만이 그 중 하나를 구매했다. 그러나 진열된 과일잼을 6가지 종류로 줄인 경우에는 40%의 고객이 그 자리에 머물렀고, 그 중 30%가 제품을 구매했다. 이러한 결과는 제품의 종류가 방대할 때보다 종류를 줄인 경우가 여섯 배나 구매율이 높다는 사실을 뜻한다. 고객들은 제품의 종류가 많을 경우 방향감각을 잃고 의심하게 되며 스트레스와 좌절감을 느낀다.

독일의 대형 할인마트 알디와 치보는 이미 시장의 승자로 자리를 굳힌 기업이다. 이들의 공통점은 단순하면서도 파악하기 쉬운 제품에 주력했다는 것이다. 이 두 기업은 고객이 올바른 길을 찾을 수 있도록 도와주었다. 이들 할인마트는 제품선택의 폭이 그리 넓지 않으며 가격도 쉽게 파악할 수 있다. 이들은 끝없이 다양한 품목을 늘어놓고 지속적으로 과장된 활동을 펼치며 고객을 혼란시키는 것이 아니라, 방향을 제시하고 명확하면서도 초점을 맞춘 제안을 한다. 게다가 놀라울 정도로 저렴한 가격대 성능비로 이러한 제안을 하는 경우가 자주 있다. 이들의 제안은 믿을 만하고 지속적이며 확실하다. 또한 믿을 수 있는 품질과 가격으로 고객을 만족시킨다. 알디의 경우 고객들은 가격비교를 할 필요가 전혀 없을 정도다. 고객들은 이미 수년 전부터 알디에서는 매우 낮은 가격의 제품을 찾을 수 있을 거라고 결론을 내렸기 때문이다. 이처럼 알디는 이미 단순화를 통해 고객과의 탄탄한 신뢰관계를 구축했다.

치보의 시스템

치보의 모토는 '매주 새로운 세상' 이다. 그리고 이러한 모토는 일년에 52회 적용된다. 치보의 세상은 정확히 7일의 수명을 가진 초소형 영역으로 회사 자체브랜드인 TCM이 제작한 최대 40개의 제품으로 구성된다. 이 제품들은 시기에 따른 소비자의 요구에 꼭 맞추어 제작된다. 소비자의 요구에 대한 치보의 정확한 예측은 때때로 매우 놀라울 정도다. 또한 치보는 아직 사러가지 않았을 뿐 오래 전부터 바꾸고자 했던 물건을 적시에 공급한다. 예를 들어 화장실용 비누케이스나 정원에서 일할 때 신는 고무장화, 또는 테라스에 놓을 새로운 석쇠 같은 물건들 말이다. 모든 제품을 단 한 번만 선보이기 때문에 고객들은 선택으로 인한 어려움을 겪지 않는다.

'임시전문점' 으로서 치보가 일년에 한번씩 내놓는 제품의 판매량은 독일 전문상점의 판매량을 모두 합한 것보다도 많다. 관련 업계의 독일 소매상들이 총 2%의 손실을 감수해야 했던 반면, 이 기업은 연간매출이 8%나 상승해 330억 유로를 벌어들일 수 있었다. 신기하게도 함부르크의 치보가 매주 다른 생활용품 및 서비스 판매로 올리는 매출은 치보의 본래 사업인 커피 매출보다 더 높다.

이러한 결과는 완벽한 맞춤형 세부계획과 갈고닦은 제품계획 수립, 엄격한 품질관리를 통해 달성된 것이다. 그 결과 고객들은 치보의 저렴한 가격과 좋은 품질을 신뢰하게 되었다. 그리고 이 모든 것은 쉽게 파악할 수 있는 제품세계 안에서 이루어진 것이다. 치보의 시스템은 일관성과 안정성을 바탕으로 구축된 것이기에 고객들에게 확신과 신뢰감을 준다. 그리고 이것은 공급자와 구매자의 관계를 다시금 견고히 다진다. 고객은 무엇보다도 기업의 신뢰성을 가치 있게 여기기 때문이다.

고객은 다양한 제품을 구비한 슈퍼마켓에서 10미터로 나열된 요구르트 코너를 보다가 길을 잃고 제품의 홍수 속에 빠져버리는 상황을 더 이상 원하지 않는다. 눈이 멀어 아무것도 볼 수 없게 되어도 사람들은 신뢰할 수 있는 예측이 가능한 세상을 동경한다.

– 슈테판 그뤼네발트(Stephan Gruenewald),
독일 쾰른의 시장조사기관 라인골드(Rheingold) 대표

복잡한 것에 넌덜머리가 난 고객의 단순함에 대한 욕구를 충족시킨 경우는, 베스트셀러 도서목록에서도 발견할 수 있다. 2001년 10월에 출간된 저서 《단순하게 살아라(Simplify your life)》는 요사이 독일에서만 35만 권 이상 팔려나갔다. 게다가 이 책을 통해 복잡한 것을 줄이고 자신의 삶을 단순화하려는 독자들은 전 세계적으로 100만 명 이상이나 된다.

넘치는 것은 모자란 것만 못하다: 유니레버의 솎아내기 작업

알디의 성공 이후 많은 기업들은 본질적인 것에 대한 만족이 실제로 놀라운 매출로 이어진다는 사실을 깨달았다. 최근의 시장 및 소비연구자들은 알디의 성공 이면에는 단기간의 염가판매 이외에도 많은 것이 숨어 있다는 데 동의하고 있다. 알디의 성공 뒤에는 역발상 실천가들이 오래 전부터 인식했으며 활용해온 중요한 깨달음이 숨어 있다. 그것은 바로 제품이 적을수록 매출이 증가한다는 사실이다. 소비재 생산업체 중에서도 업계의 대기업들은 이미 잠에서 깨어난 상태다. 이들은 단순화의 추세를 눈치 채고 자사의 포트폴리오를 급속히 축소하고 있다. 일례로 네덜란드 및 영국계 기업인 유니레버(Unilever)는 지난 4년간 자사 제품의 75%에 해당하는 총 1,200개의 제품을 포트폴리오에서 삭제했다.

슈테판 그뤼네발트는 이렇게 말했다. "사람들은 점점 더 단순한 것을 동경한다. 이들은 모든 불안감을 일목요연함과 자기 삶에 대한 통제로 대처하고자 한다." 간단히 말하자면 쉽게 파악할 수 있는 제품의 품목, 명확한 용도, 가장 중요한 판매경로에 주력하는 것, 그리고 간단하면서도 투명한 가격구조는 모든 기업이 확보해야 할 필수사항이다.

복잡한 가격모델 단순화하기: 가능성을 보여준 버젯

고객의 입장을 근본적으로 이해하고 있는 기업이라면 당연히 단순하면서도 투명한 가격구조를 구축하기 위해 노력할 것이다. 그러나 현실은 달라 보인다. 그 예가 독일의 철도산업이다. 2002년 10월, 독일 철도경영 책임자 메도른(Mehdorn)은 승리를 확신하면서 다음과 같이 선언했다. "우리는 새로운 요금체계로 유럽 최고의 철도가 될 것입니다."

그것이 환상이었다는 사실은 새로운 요금체계의 도입 이후 얼마 지나지 않아 밝혀졌다. 갑자기 바보가 된 것처럼 요금체계를 이해하지 못한 것은 고객의 탓이 아니었다. 복잡한 요금제도가 엄청난 문제들을 야기한 것이다. 특히 이런 맥락에서 요금체계의 개혁을 통해 고객들이 복잡한 요금제도를 쉽게 파악할 수 있도록 도우려던 철도청의 약속은 아이러니하게 느껴졌다.

철도청장의 의도는 좋았지만, 현실적으로 기차표 창구 앞에는 긴 줄이 늘어서야만 했고 승객들은 "바보 같아", "이건 도가 지나치잖아" 같은 말을 쉴 새 없이 늘어놓았다. 아이러니하게도 정작 피해를 본 것은 이런 어리석은 짓을 저지른 당사자들이 아니라 판매창구와 기차의 승객들이었다. 그리고 그 한가운데에는 일을 좀 더 간단하게 만들어 좀더 잘 해보려던 기업의 수뇌부가 할 말을 잃고 앉아 있었다.

이러한 요금체계는 얼마 전 추가로 수정보완작업을 거쳤으며 이해하기 쉽게 변경됐다. 여기서 한 가지 의문이 스친다. 철도청은 자신도 완전히 파악하지 못하는 요금체계를 도대체 왜 도입한 것일까?

이에 대한 해결책은 매우 간단하다. 단순하고 투명한 가격구조를 도입하면 된다. 렌트카 전문업체 버젯(Budget)은 그것을 증명하는 사례다.

최근에 가장 저렴한 자동차 렌트비용을 인터넷으로 찾아본 적 있는가? 대부분의 업체들이 제공하는 복잡한 요금제도는 명료함은커녕 혼란스러움만 가중시킨다. 또한 가격을 비교해볼 시간이 그리 많지 않았던 고객은 자신이 선택한 제품이 가장 저렴한 것인지에 대해 확신하지 못한다. 그리고 이것은 스트레스를 유발한다.

기존의 사고방식은 기업들이 고객을 대상으로 하는 이 같은 혼란스러운 게임에 기꺼이 참여해 좀더 특이한 할인제도로 고객을 유인하는 것이었다. 반면 현명한 역발상 실천가들은 고객들이 그런 속임수에 넘어갈 만큼 어리석지 않으며, 복잡한 가격모델에 점점 더 신경을 곤두세우고 있다는 사실을 깨달았다. 가격모델의 단순화와 축소는 점점 더 믿을 만한 구매근거가 되고 있다.

렌트카 전문업체 버젯의 예는 가격체계를 단순화함으로써 고객의 이용률을 높일 수 있다는 사실을 보여준다. 버젯의 경쟁사들이 자동차를 빌리고자 하는 고객으로 하여금 수백 가지의 요금제도와 그에 맞먹는 차량의 종류를 선택하도록 했던 반면, 버젯은 이코노미와 비즈니스라는 단 두 가지 요금체계만 내놓았다. 이코노미는 39

무조건 훌륭하다. 버젯에는 요금제도가 두 가지밖에 없다.

유로, 비즈니스는 59유로만 내면 고객들은 종합보험에 가입된 원하는 크기의 차량을 대여해 무제한으로 달릴 수 있다. 여기서 고객이 얻을 수 있는 분명한 장점은 투명성이다. 가장 저렴한 서비스를 찾기 위해 번거로운 작업을 하지 않아도 된다. 또 결정에 따르는 혼란스러움도 없다. 돈을 낸 만큼 받는다는 것을 확실히 알기 때문이다.

사람들은 생각만큼 어렵지 않게 탁월해질 수 있다는 데 불쾌감을 느낀다. 그들은 노력하기만 하면 얼마든지 탁월해질 수 있다는 사실을 잊고 있다.

– 요한 볼프강 폰 괴테

기업철학으로서의 단순함

복잡함을 줄이는 작업은 가격모델을 단순화하거나 몇몇 제품을 품목에서 제외시키는 것만으로는 충분하지 않다. 단순함은 단순함을 최고의 원칙으로 적용한 신제품개발에서 시작해 기업의 모든 하위행위로 전달되는 근본사상이자 기업철학이 되어야 한다. 즉 기업의 단순화란 명료한 광고 메시지, 명확한 목표와 책임소재, 모든 부서에 적용되는 소비자 지향정책을 뜻하며 지나치게 다양한 판매경로를 적절히 줄여나가는 일도 포함된다.

복잡한 제품 사용법 문제로 다시 돌아가보자. 제품의 사용법이 나날이 복잡해지고 있다. 자동차만 해도 그렇다. 복잡한 기술로 가득 차 있어서 시동열쇠를 한번 돌려보기도 전에 200페이지짜리 설명서와 씨름하지 않으면 안 된다. 또는 휴대전화를 생각해보자. 휴대전화 사용자 중 적지 않은 수의 고객들이 지나치게 다양한 기능 앞에 자포자기한 상태다. 이들은 가장 간단한 기본기능 이외에는 그 많은 기능을 제대로 활용할 줄 모른다.

기존의 사고방식에서는 기술설비나 업그레이드 경쟁에 참여해 제품에 되도록 많은 기능을 포함시키려고 했다. 그러나 역발상은 누구라도 쉽게 사용할 수 있도록 제품의 사용법을 단순화하는 것이다. 실제로 사용법이 간단한 제품에 대한 아이디어는 생각보다 많다.

- 병따개가 없어도 간단히 돌리면 열리도록 만든 맥주병
- 애초에 쿠킹 페이퍼에 올려진 채로 나오는 신선한 반죽의 냉동피자
- 주요 기능만으로 구성된 노인용 휴대전화
- 5분 스프: 뜨거운 물만 부으면 끝
- 청소 불감증인 사람도 바닥청소를 하게 만드는 청소제품 '스위퍼(Swiffer, 물을 묻히지 않고 정전기를 이용해 먼지를 청소하는 P&G의 제품 – 옮긴이)'

* 적절한 세탁 기능과 필요한 물의 양을 자동으로 조절해주는 세탁기
* 현대적인 PC운영체계의 사용에 중대한 영향을 미쳤으며, 그래픽을 기반으로 한 사용자 환경(User Interface)을 갖춘 애플의 매킨토시 컴퓨터
* 노키아의 휴대전화 메뉴: 심도 있는 사용성 평가(Usability Test)를 통해 쉽게 사용할 수 있으며 단시간에 사용법을 터득할 수 있도록 제작. 경쟁사들도 노키아가 확립한 이 같은 표준을 계속해서 채용하는 추세다.

상식과 단순함

네덜란드의 전자기업 필립스는 얼마 전 자사의 슬로건 'Let's make things better(한국에서는 '작은 차이가 명품을 만듭니다'로 알려져 있음－옮긴이)'와 작별을 고하고 '상식과 단순함(Sense and Simplicity)'을 새로운 모토로 정했다. 그 이면에는 새로운 철학이 숨어 있다. 이때의 'Sense'는 이성적으로 가치를 부여한다는 뜻이고 'Simplicity'는 쉽고 소비자와 친밀하다는 뜻으로 쓰였다.

필립스는 고객이 쉽고 논리적이며 자신의 필요와 일치하는 제품을 구매한다는 너무나도 당연한 사실을 알고 있었다. 그런 맥락에서 필립스는 버튼 세 개만으로도 조작이 가능한 커피메이커 센세오(Senseo)를 개발했다. 이 제품은 전원버튼과 잔의 숫자를 선택하는 두 개의 버튼을 포함해 단 세 개의 버튼으로 이루어져 있다.

'단순함(Simplicity)'은 필립스가 추구하는 핵심적 특성이다. 필립스의 마케팅 책임자 안드레아 라그네티(Andrea Ragnetti)는 "우리는 현대적 기술의 단순화와 소비자의 체험을 돕는 기업으로 인식되기를 바란다"고 말했다.

필립스는 복잡한 기술은 절대로 사용하기 쉽지 않다는 사실을 이해했다!

점점 더 많은 기업들이 고객들이 진정으로 원하는 것은 복잡한 기술의 공급과잉이 아닌 정반대의 것이라는 사실을 깨닫고 있다. 고객들은 신기술을 원하면서도 사용하기에 부담이 없는 제품을 바란다. 따라서 기업들은 정말로 필요한 특성이 무엇인지, 좀더 단순하게 만들 수는 없는지에 대해 끊임없이 의문을 제기해야 한다. 이러한 의문들은 모든 제품개발에서 중요시해야 하는 핵심적인 질문이다. 넘치는 것을 과감히 단념할 줄 아는 용기를 지닌 사람만이 유용한 물건을 생산할 수 있으며 동시에 복잡성으로 인한 비용도 절감할 수 있다.

Different Thinking

| 비즈니스 역발상 BOX |

— **단순한 것을 복잡하게 말하기 위해서는 교육을 받아야 하지만, 복잡한 것을 단순하게 말하기 위해서는 현명해야 한다.**
– 찰스 촙(Charles Tschopp), 스위스 작가

알디는 단순화의 시범을 보인 대표적인 경우다! 치보 또한 제품의 종류를 줄이고 일시적인 판매를 통해 큰 성공을 거둘 수 있다는 사실을 보여주었다. 버젯은 급격히 단순화한 가격체계로 고객에게 어필했다. 본질적인 것에 초점을 맞추되 그렇지 않은 것은 과감히 생략하라. 명료함과 어느 정도의 단념을 통해 제품을 매혹적이게 만들어라!

004

Different Thinking

다르게 생각하라 : **가격**

Price

Different Thinking

정말 횡재라고 생각되는 제품, 특별한 기회라는 느낌이 드는 제품 앞에서 고객들은 가격을 고려하지 않는다.

– 하인즈 골드만(Heinz Goldmann), 기업컨설턴트

스위스의 미래학자 다비트 보스하르트(David Bosshart)는 《빌리히(Billig, 저렴하다는 뜻의 독일어－옮긴이)》라는 자신의 저서에서 인간은 무엇보다도 가장 저렴한 가격만을 원한다고 밝혔다. 그는 구매에 앞서 가격이 가장 단순하면서도 믿을 만한 판단기준이며 싼 것이 '좋은 것'의 동의어가 되고 있다고 설명했다. 그러나 실제로도 기업에게 가격을 내리는 방법 이외에 다른 선택의 여지가 없을까? 마음에 들지 않는 물건이 싸다고 해서 갑자기 마음에 들까?

절대 아니라고 생각한다. 우리는 당신이 어떻게 하면 경쟁업체보다 가격을 1~2% 낮춰볼까라는 생각에 골몰해서는 안 된다고 확신한다. 이러한 행동양식은 부족한 창의력을 증명하는 것이며 기업의 기력을 서서히 소모하는 행위다. 이런 경쟁이 목표지향적인 성향과는 전혀 반대되는 것이라는 사실은 독일 식료품 소매업계를 살펴보면 금방 알 수 있다. 이 업계의 모습은 수년 전부터 변함없이 절망적이다. 수요부진과 더불어 파멸을 초래하는 가격경쟁은 연수익을 1% 아래로 떨어뜨리고 있다. 대부분의 책임자는 이에 대한 해결책으로 구조조정과 비용절감에 몰두하는 것 이외에 다른 방법을 떠올리지 못한다. 이것은 미래를 내다보지 않는 행동이다. 한 기업이 인식하는 비용절감의 가능성은 경쟁업체가 금방 모방해 버리기 때문이다. 해결책은 "다른 방법이 없어" 또는 "다른 사람들도 그렇게 하잖아"와 같은 발언에 의문을 제기하고 다른 업계와 다른 나라들의 아이디어를 한 군데로 모으는 것이다.

물론 자신에게 익숙한 곳에서 문제의 해결책을 찾는 것은 인간에게 있어 매우 자연스러운 행위다. 하지만 모든 기업이 인건비를 낮춘다면 우리는 그러한 행위를 비난하고 오히려 인건비를 좀 더 올릴 것이다. 경쟁사가 말도 안되는 가격에 추가서비스까지 제시한다면 우리는 같은 서비스를 제공하면서 고객에게 더 많은 돈을 내도록 할 것이다. 많은 사람들이 잘 알고 있는 영역에서만 활동하려 한다. 또 문제의 해결책을 찾기 위해서는 다른 이들이 경쟁하는 모습을 참고해야만 한다고 생각한다.

그러나 이미 앞 장에서 본 것처럼, 우리가 소개했던 역발상 실천가들 중에 이런 방법으로 성공한 이는 없다. 그들 모두가 자신의 영역을 벗어나 동종업계의 경계선 밖에서 해답을 발견했으며, 기존의 것들에 대해 시종일관 반복해서 의문을 제기했고, 동종업계의 관행적인 특성에 안주하지 않았다. 우리는 이러한 행동을 교훈으로 삼아야 한다! 주변을 둘러보고 새로운 것을 익숙한 것과 접목시켜라. 이케아의 잉그바르 캄프라드는 인건비를 최대한 절감함으로써 자사의 가구들을 매우 저렴한 가격으로 제공할 수 있었다. 하지만 그는 기업 내부의 인건비를 줄인 게 아니라 업무의 일부분(가구배송과 조립)을 고객에게 위임하는 방법으로 그것을 해냈다. 마이클 델은 업계의 일반적인 비즈니스 모델을 발칵 뒤집어놓고 자사의 PC를 최종소비자에게 직접 판매하는 방법을 통해 질 좋은 제품을 저렴한 가격으로 제공하고 있다. 주문된 제품은 고객의 희망사항에 따라 구성되고 실제 작업은 주문을 받은 후에야 이루어진다. 이는 고객에게 받은 돈으로 바로 그 고객을 위한 컴퓨터를 직접 제작할 수 있다는 점에서 매우 영리한 방법이다. 당신은 지금 그러한 일이 가능하다는 것을 보고 있다! 역발상이란 호기심, 열정과 용기, 경쟁업체와는 다른 방식으로 사물에 접근하는 태도로 이루어진 현명함을 말한다.

저렴한 가격이 고객을 유치한다고? 전혀 아니다!

고객사냥의 단계에게서는 효과적인 동시에 매우 위험한 수단인 '가장 저렴한 가격'이 활용되곤 한다. 물론 그것으로 고객을 유인할 수는 있다. 하지만 경쟁업체가 가격을 몇 퍼센트 더 내리는 순간 고객은 다시 그 쪽으로 달려간다. 또 다른 문제점은 가격압박으로 인해 마진율이 감소하고 어느 정도 괜찮은 성과를 거두기 위해서는 비용조절이 이루어져야 한다는 것이다. 그러나 여러 비용 중에서도 인건비는 대부분의 기업들이 이미 최대로 낮춘 상태여서 더 이상의 축소가 불가능하다. 이미 벌거벗은 사람에게 돈을 내놓으라고 할 수는 없는 노릇이다. 결국 새로운 비용절감 프로그램도 별 도움이 되지 못한다.

구조조정을 어느 시점에서 끝내야 하는지 어떻게 알 수 있는가? 제거해야 하는 군더더기는 어디까지인가? 어디서부터가 군더더기가 아닌 본질인가?

– 게리 해멀, 비즈니스 전략가

구조조정과 비용절감은 기업에게 의미 있는 작업이며 중요한 조치이다. 이러한 사실을 잘못 이해하는 일이 없기를 바란다. 그러나 이러한 방법은 기업의 성장을 위한 것이라기보다는 훗날 과거의 실수를 바로잡기 위한 수단으로 사용되어야 한다. 구조조정과 비용절감은 우수한 전략의 대용으로 실시되는 조치가 아니라 명확한 미래의 설계를 위한 것이다. 그러나 비용절감 프로그램의 대가인 대부분의 기업은 내일의 시장을 구축하는 일은 게을리 하고 있으며 끊임없이 감소하는 마진율로부터 도피하기 위해 쳇바퀴를 돌고 있다.

경쟁업체보다 가격을 몇 퍼센트 더 내리는 것만으로는 경쟁에서 승리할 수 없다. 왜 그럴까? 비즈니스 전략의 대가인 마이클 포터(Michael Porter)가 말한 것처럼 대부분의 가격인하는 경쟁업체가 같은 수준으로 가격을 내리자마자 허황된 것이 되어버리기 때문이다. 비용의 절감도 마찬가지다. 이것들은 모두 미봉책에 불과하다. 경쟁업체에게 금방 추격을 당하기 때문이다.

근시안 대신에 미래를 내다보기: 가격인하에서 탈피하기

그렇다면 역발상 실천가들은 어떻게 행동할까? 이들은 파멸을 부르는 가격경쟁의 쳇바퀴에서 벗어나기 위해 무슨 일을 할까? 이들은 우선 미래를 내다보는 일에 주력한다. 이것이 결정적인 요소다! 바쁜 일상업무를 구실로 중요한 일을 구석으로 몰아넣지 마라. 경쟁업체의 행동에 성급히 반응하고 비용을 조절하는 일은 사물을 완벽히 통제하고 있는 듯한 환상만을 가져다줄 뿐이다. 이처럼 행동하는 사람은 오랫동안 큰 영향을 미칠 혁신을 이루지 못한다.

어떻게 하면 상식의 틀에서 벗어난 길에 도달할 수 있는지 골똘히 생각하고 브레인스토밍을 통해 지속적으로 의견을 모아보라. 업계의 통념을 깨는 새로운 가격모델 개발에 성공해야만 앞날이 기대되는 결과를 얻을 수 있다. 그 결과는 독점적 지위의 획득과 전혀 새로운 시장으로의 진출, 신세대 고객을 위한 새로운 제품 및 서비스개발에 유리한 학습인프라 구축, 그리고 투자자들뿐 아니라 경영자를 행복하게 만드는 매출성장과 매매차익이다.

분명하면서도 모방하기 어렵고 쉽게 변치 않는 경쟁상의 이점을 확보하지 못한 기업은 오로지 가격으로만 경쟁할 수밖에 없다. 그리고 이러한 가격압박은 특히 대체 가능하고 매우 비슷한 제품일 경우 더욱 심해진다.

– 클라우스 콥욜(Klaus Kobjoll), 독일의 호텔리어, 저술가, 트레이너

우리는 전혀 다르고 매우 기발한 생각을 갖고 있다. 중요한 것은 경쟁업체의 가격보다 몇 퍼센트 싸게 부르는 것이 아니라 구조적으로 비용상의 장점을 구축하는 일이다. 그러나 이것이 유일한 방법은 아니다. 동종업계의 일반적인 가격모델에 의문을 제기하거나 3개월 만에 자사의 시장점유율을 두 배로 올린 렌트카 전문업체 버젯의 경우처럼 가격모델을 과감하게 단순화하는 것도 하나의 방법이다. 또한 고객의 관점에서도 차별적인 요소를 인식할 수 있어야 한다. 비교의 악순환에서 벗어나는 데 성공해야 고객도 이러한 독특한 요소에 돈을 지불할 용의가 생기기 때문이다.

바로 지금 가격에 의문을 제기하라!

가격이라는 주제에 대해 곰곰이 생각해보는 일은 어느 기업에게나 유익하다. 하지만 우리는 여기에서 비용을 절감하는 법을 알려주거나 당신의 제품의 가격을 0.5% 인하하고 과감한 가격할인으로 고객을 확보하는 방법에 대해 설명하지는 않을 것이다. 지금부터 우리는 가격이라는 주제에 영리하게 접근해볼 것이며 가격에 어떤 획기적인 요소를 시도할 수 있는지 살펴볼 것이다.

다음의 예들은 가격경영이 반드시 복잡할 필요가 없다는 것을 증명한다. 즉 가격대 성능비나 자연발생적인 가격기능의 힘을 빌려 고객의 수요상승을 목적으로 하는 가격정책에 대해서는 잠시 잊어라. 가격에 대한 의문에 창의적이며 현명하게 접근하라. 이때의 창의력은 모든 것을 새로이 만들어낸다는 뜻이 아니다. 아이디어는 길 위에 널려 있다. 당신은 단지 그것을 주워 모아서 당신의 상황에 적용하기만 하면 된다. 중국의 철학자 노자의 말을 빌려서 표현하자면, "사물의 인식이 지성의 씨앗"이다.

즉시 모든 것을 대대적으로 개혁할 필요는 없다. 몇 센트만으로도 즐길 수 있는 이케아의 생선 뷔페에 대해 생각해보자. 이케아 레스토랑의 다른 요리들은 대부분 예전부터 고정된 가격에 판매되어왔다. 그러나 특별행사를 할 경우에는 '원하는 것은 모두 드실 수 있습니다!(All you can eat!)' 라는 모토가 적용된다. 즉 가격의 혼합으로 차별화를 달성한 경우다!

고객과 기업 모두에게 유리한 최상의 가격정책을 다시 세워보자! 가격할인 행사나 경쟁적인 가격인하만으로는 아무것도 얻을 수 없다. 역발상이 필요하다!

기존의 가격모델에 의문을 제기하라

기존의 사고방식에서는 동종업계의 가격결정의 기본 원리에 의문을 제기하지 않았다. 휘발유는 리터당, 사과는 무게로, 오이는 개수로, 와인은 병으로 판매된다. 변호사는 소송물가액이나 소요기간으로, 컨설턴트는 소요시간에 따른 하루당 요금으로 급료를 책정한다. 거의 대부분의 업계에서 이러한 규칙들은 돌 위에 새겨져 있는 것처럼 변경이 불가능한 것으로 여긴다. 또한 공급자나 고객 중 그 누구도 이러한 규칙의 배경에 대해 의문을 갖지 않는다. 한 업계의 가격모델에 의문을 제기하기 위해서는 맨 먼저 기발한 것을 생각해내고 그것을 시도해야 한다!

| 비즈니스 역발상 제12법칙 |

가격 DNA: 기존의 가격모델에 의문을 제기하라!

기존의 사고방식: 동종업계의 가격모델을 주어진 것으로 간주하고 그 범위 내에서 최적화의 가능성을 찾는다.

비즈니스 역발상: 업계의 일반적인 가격모델을 최적화하거나 경쟁업체보다 약간 저렴한 가격으로 판매하는 데 에너지를 허비하지 말고 독자적인 가격모델을 형성하라!

자동차의 가격을 무게에 따라 산정한다면 재미있지 않을까? 스마트(Smart) 1킬로그램에 12유로 또는 메르세데스 E 클래스 1킬로그램당 21유로……. 이것이 허무맹랑하다고 생각하는가? 아마도 그럴 것이다. 하지만 처음에는 불가능한 것으로 보이는 이런 아이디어도 차별화와 혁신을 돕는 흥미로운 발상이 될 수 있다. 때때로는 전통을 깨뜨리는 것으로 색다른 비즈니스 아이디어가 떠오르기도 한다.

역발상 실천가는 다른 길을 걷는다. 그들은 업계의 통상적인 가격모델을 최적화하는 대신 독자적인 모델을 형성한다. 그 과정은 다음의 사례가 보여준다.

독자적인 가격모델 고안하기: 월정액 요금으로 컨설팅

중소기업을 대상으로 하는 컨설팅업체 IBF(Institut fuer Betriebsfuehrung AG)는 상담료를 일반적인 일일요금이나 시간당 요금으로 계산하지 않는다. IBF는 고객사의 직원 숫자에 따라 고객의 상담요금을 월정액요금으로 계산한다. 따라서 한달 동안에 발생한 컨설팅 비용은 이 같은 정액요금제에 따라 지불된다.

고객의 입장에서 이러한 제도는 매우 훌륭한 아이디어다. 비용이 확정되어 있어 월말에 두꺼운 컨설팅 계산서를 받아들고 화를 내면서 놀랄 필요가 없기 때문이다. 또한 경영학, 마케팅, 앞날을 위한 사전조치, 인사문제에 관한 전반적인 상담의 장도 마련되어 있다. 그러나 정액요금에 모두 포함된 덕분에 새로운 문제에 대한 상담계약을 별도로 체결할 필요가 없다. 말하자면 이러한 가격모델은 중소기업 고객들의 편의를 고려한 것이다.

그러나 그것은 IBF를 위한 것이기도 하다. 고객이 계약을 연장하는 비율이 매우 높은 덕에 IBF는 다음 달 수입도 쉽게 예측할 수 있다. 프로젝트 견적을 내는 데 필요한 간접비용과 계산비용도 전통적인 구조에 기초한 가격모델보다 적게 든다. 또한 이러한 모델을 공정하다고 생각하는 고객의 만족감도 무척 높다. 사실 이러한 가격모델은 전혀 새로운 것이 아니다! 다수의 컨설턴트를 보유하고 있는 수많은 대규모 컨설팅업체들도 특정 범위의 계약에 한해 정액제를 시행하고 있으며 그 범위를 벗어나면 소요시간에 따라 요금을 추가하고 있다. 그러나 이들 기업에서는 지불조건에 대한 협상이 항상 다시 이루어져야 하는 반면, IBF는 모든 고객과 프로젝트에 같은 요금을 적용한다.

당신 기업의 경우는 어떤가? 소요시간에 따른 요금계산을 정액제로 대체할 수 있는가? 고객을 위한 그러한 시도는 당신의 기업에 어떤 영향을 미칠까?

경쟁자 피해가기: 한마디로 현명한 시도

IBF의 모델은 다음과 같은 점에서 의미가 있다. 동종업계의 가격모델을 탈피하는 방법으로는 경쟁사에 맞서 새로운 가격체계를 고안해내는 것도 있지만 경쟁업체를 피해 입지를 확보하는 방법도 있다. 이러한 행위는 정면에서 가격으로 승부하는 대신 활동영역을 이전하는 아이디어에 기초한다. 그 뒤에는 경쟁자와 달라야 한다는 핵심적 사고가 숨어 있다. 차별화만이 경쟁에서 강력하고 장기적인 포지셔닝을 확보하는 요소이기 때문이다.

우선 어떤 가격모델이 당신이 속한 업계에서 표준인지를 분명히 알아야 한다. 업계 내에 특정 가격모델이나 문서화되지 않은 통념이 존재하는가? 다음 단계는 이러한 가격모델을 분해해서 구성요소들을 정밀히 조사하고 교체 또는 보완하거나 변화시켜본 뒤에 다시 전체로 구성하는 것이다. 이런 방법이 실제로 어떻게 적용되는지는 다음의 사례들이 보여준다.

혼합 자금조달로 새로운 수입원 개척

오래된 부엌가구를 팔기 위해 신문에 광고를 내고 싶은가? 그렇다면 업계의 표준에 따라 광고예약을 위해 광고의 크기와 광고

매체, 발행부수, 배포범위에 따라 가격을 지불해야 한다. 광고비용은 신문에 광고를 내고 싶은 사람이 내야 한다. 원래는 그렇다!

그러나 반드시 그럴 필요는 없다. 〈바자(Bazar)〉나 〈슈페어뮐(Sperrmuell)〉 또는 〈츠바이테한트(Zweite Hand)〉 와 같은 광고신문들은 이러한 가격모델을 발칵 뒤집었다. 이 신문들은 개인들의 광고를 무료로 실어주고 기업의 광고나 신문의 판매를 통해 그 자금을 충당한다.

특히 미디어 영역에서는 이러한 방식의 혼합된 자금조달 형태를 흔히 볼 수 있다. 민영 라디오 방송국이나 TV 방송국은 추가수입원을 개척하기 위해 지난 몇 년간 새로운 방법을 고민해왔다. 일례로 시청자가 요금이 부과되는 전화번호로 전화를 걸어 프로그램에 참여하고 상품을 받는 퀴즈프로그램이 있다. 이제 이러한 프로그램은 고정적인 요소로 자리 잡았을 뿐만 아니라 방송국의 재정 측면에서도 유용한 요소가 되었다. 퀴즈프로그램은 서비스나 혁신적인 참여프로그램으로 시청자들에게 인식되고 있지만 광고의 감소로 위기를 겪는 방송국에게는 돈벌이가 되는 중요한 수입원이 되고 있다.

누가 돈을 내는가? 당신의 고객이 아니다!

업계의 일반적인 가격모델에서 탈피하는 또 다른 방법이 있다. 즉 고객이 가격의 일부만을 지불하도록 할 수도 있다. 그렇다면 나머지는 누가 부담해야 할까? 스폰서에게 비용의 일부를 떠넘길 수 있다. 오스트리아 출신의 신규 렌트업체의 혁신적인 가격모델은 이러한 방법을 적용한 사례다. 이 업체는 하루에 1유로의 가격으로 자동차를 빌려주는 아이디어를 떠올렸다. 렌트차량인 스마트에 전면 광고를 부착해 가능한 많은 사람들이 볼 수 있도록 하는 방식으로 렌트비용을 현저히 낮추는 것이다. 이 기업의 주요 수입원은 자동차를 광고수단으로 대여하는 광고고객이다.

이 기업의 숨은 공로자는 전직 레이서이며 파일럿이었던 기업주 니키 라우다(Niki Lauda)이다. 렌트업체 '라우다 모션(Lauda Motion)'의 아이디어의 출발점은 다음과 같은 핵심적 의문에서 비롯되었다. '렌트카를 빌리는 측에서만 돈을 내야 한다고 도대체 누가 정했나?' 비용을 떠맡을 누군가를 찾아낼 수만 있다면 그러지 않아도 된다. 이 업체의 또 다른 특징은 최저 주행거리가 있다는 점이다. 차를 빌리는 고객들은 충분한 광고효과를 위해 반드시 일정 거리 이상을 주행해야 한다.

라우다 모션은 한 업계에서 아직 일반적이지 않은 가격모델이 어떻게 경쟁에서 차별화와 혁신을 달성할 수 있는 기회를 제공하는지 보여준다. 이 사례는 다른 업계의 가격모델을 당신의 업계에 적용하고 어떤 면에서 흥미로운 혁신을 이루어낼 수 있을지 성찰해보는 데 매우 유익한 기회가 될 것이다.

한편 버젯이나 식스트(Sixt)와 같은 전형적인 렌트업체는 라우다 모션의 앞길에 전혀 방해가 되지 않는다. 어필하는 고객층이 서로 다르기 때문이다. 사업가라면 전면광고가 부착된 스마트를 타고 약속장소로 이동하지는 않을 것이며 최저 주행거리를 채우기 위해 시내를 몇 바퀴 더 도는 일도 없을 것이다. 반면 저렴하면서

굴러다니는 전면광고, 1유로짜리 스마트.

도 잠깐 동안 사용할 작은 차를 필요로 하는 사람이 아우디 A6를 빌리는 일도 거의 없을 것이다.

단호한 가격: 무료!

혁신적인 혼합가격모델을 실행한 라우다 모션에 고객이 지불하는 렌트비용은 단지 상징적인 의미일 뿐이며 대부분의 자금은 광고를 통해 조달된다. 다음의 사례도 그 형태는 약간 다르지만 비슷한 가격모델을 시도한 경우다.

오픈소스 운영체계인 리눅스는 무료로 제공되면서 소프트웨어업계에 변혁을 일으켰다. 그러나 제품을 무료로 제공한다면 판매자와 시스템 개발업체는 무엇으로 돈을 벌까?

전형적인 가격모델에서는 고객이 라이선스 비용을 지불하고 소프트웨어를 구매해야 한다. 마이크로소프트의 윈도우나 오피스의 라이선스는 사무실 또는 컴퓨터 대수에 따라 구매해야 한다. 사용자가 많을수록 고객의 부담은 커진다. 게다가 새로운 버전의 소프트웨어가 정기적으로 개발될 때마다 추가비용을 내고 업데이트나 업그레이드를 해야 한다.

그러나 리눅스는 다르다. 이 소프트웨어는 인터넷에서 다운받아 마음대로 설치할 수 있고 업데이트도 무료로 제공된다. 그럼에도 불구하고 리눅스와 여타 프리웨어업체들의 벌이는 나쁘지 않다. 어떻게 그럴 수 있을까?

이들은 서비스를 통해 수입을 얻는다. 배포자들은 다양한 프리웨어로 패키지를 구성해 프로그램 상호간의 조정작업을 거치고 간단한 설치 경로를 개발한다. 이러한 패키지는 추가안내서와 함께 돈을 받고 판매된다. 모든 프로그램이 상호간의 조정작업을 거친 이후라서 많은 시간을 절약할 수 있기 때문에 고객에게는 매우 편리하다. 또한 업체들은 교육, 상담 및 개별적인 조절작업 등을 통해 수익을 창출한다. 기반이 되는 소프트웨어는 무료로 제공되지만, 제품을 다루는 노하우는 유료인 덕분에 높은 이익을 달성할 수 있는 것이다. 한 예로 널리 배포된 컨텐츠 매니지먼트 시스템인 Typo3는 수천 유로에 달하는 상업용 소프트웨어와 겨룰 수 있는 정도의 기술수준이지만 무료로 다운로드할 수 있다. 그러나 이러한 시스템을 최적화하려면 많은 경험이 필요하다. 이러한 사실을 깨달은 Typo3의 개발자는 이 같은 소프트웨어와 관련된 지원서비스를 유료로 제공하고 있다.

통화시간으로 가격 계산하기: 변호사 핫라인

또 다른 혁신적인 가격모델은 기본요금을 낮게 책정하고 통화요금의 단위시간으로 가격을 계산하는 방식이다. 한 예로 독일에서는 얼마 전부터 소위 '변호사 핫라인'이라는 서비스가 등장해 교통법, 세법, 노동법, 가족법, 상속법에 관한 의문사항을 전화로 상담해주고 있다. 서비스의 총비용은 통화시간을 기준으로 책정되며 지난 2004년 가을을 기준으로 분당 약 1유로 90센트의 가격이 책정된 바 있다. 상담비용은 전화요금 영수증에 포함되어 나온다.

변호사 선임료를 분당 가격으로 산출하는 방식은 소송물의 가격과 가치로 비용을 산출하는 해당업계의 전통적인 사고방식과는 전혀 다른 것이다. 미국의 변호사들도 기존의 방식에서 벗어나 시간에 따라 돈을 받는 경우가 대부분이며 손해배상 청구소송이나 위자료 청구소송의 경우에는 이익배분을 통해 수입을 올리고 있다.

생산수단 임대하기: 쿠리징

혁신적인 가격모델이 몇 가지 더 있다. 생산수단을 통해 제조한 최종제품을 개수나 리터당 판매하는 대신에 생산수단 그 자체를 빌려주면 어떨까? 스위스에서는 이런 사례를 특히 많이 찾아볼 수 있다. 380프랑의 비용으로 당신은 젖소를 임대해 여름기간 동안 알프스 방목지 칭엘펠트의 농민이 될 수 있다. 물론 혼자서 농장의 모

쿠리징: 예전부터 암소를 한 마리 갖고 싶었지만 기를 공간이 없습니까?

든 모든일을 하는 것은 아니다. 임대된 젖소들은 개인적으로 사육할 수 있지만 동시에 전문적인 보살핌을 받기 때문이다. 한 철이 끝날 무렵에는 당신의 젖소가 생산한 일등급 알프스 치즈를 얻을 수 있다. 이 치즈는 직접 먹어도 되고 선물하거나 팔아도 된다.

현재 이러한 가격모델은 매우 큰 인기를 누리고 있다. 농민은 이러한 임대사업으로 가축사육에 드는 비용을 사전에 지원받을 수 있고 고객들은 자신의 젖소가 생산한 일등급 치즈를 맛볼 수 있다.

이러한 가격모델은 농민들 사이에 점차 확대되고 있다. 같은 방법으로 닭을 임대하고 지속적으로 신선한 달걀을 공급하는 경우도 있다. 또는 돼지를 임대해주고 나중에 맛있는 햄을 맛보게 해줄 수도 있다. 채소부지를 제공하는 농가도 있다. 그러나 이 경우에는 파종하고 봄까지 채소를 돌보는 일은 농부가 맡지만 그 다음부터는 개인이 스스로 돌보고 수확해야 한다. 이 시장에서는 이미 수요가 공급을 초과했으며, 이러한 방식으로 활용되는 재배면적은 점점 넓어지고 있는 추세다. 세상에 변혁을 일으킨 이 모든 일은 수백만 유로의 사업으로 이루어진 것이 아니다. 그렇지만 농민에게 도움을 주는 것이며 수익성이 높은 추가사업이다.

고객을 통한 사전 금융지원: 아인슈티르즌데 노이바우텐

진정한 '역발상 실천가'라는 찬사를 받을 만한 기업이 또 있다. 바로 락밴드인 아인슈튀르즌데 노이바우텐(Einstuerzende Neubauten)이다. 이 밴드는 신규 프로젝트를 위한 자본이 없는 상태에서 팬들로부터 새로운 프로젝트에 대한 자본을 사전에 지원받는 데 성공했다.

전통적인 밴드의 경우 사업계획이 완성되면 밴드의 멤버들은 양복과 넥타이 차림을 하고 투자자를 찾아 나서야만 했다. 그러나 아인슈튀르즌데 노이바우텐은 이런 방법이 썩 내키지 않았다. 이들은 다음 앨범의 재정적 지원을 위해 새로운 아이디어를 떠올렸다. 밴드에 35유로를 투자한 후원자들에게 인터넷에서 실시간으로 재생되는 밴드의 녹음활동을 지켜보고 대화방에서 그에 대한 의견을 나누는 기회를 갖도록 한 것이다. 그리고 후원자들에게 독자적인 노이바우텐 계정의 이메일 주소(anja@neubauten.org)를 부여하고 음반이 나오기 전에 밴드의 신곡도 들을 수 있도록 했다. 특히 시중에 판매되지 않는 CD와 DVD를 입수할 수 있다는 점은 후원자들에게 가장 큰 장점으로 작용했다.

업계의 통념을 벗어난 가격모델의 아이디어는 에린 추(Erin Zhu)의 머리에서 나온 것이었다. 그는 캘리포니아 출신으로 웹사이트 www.neubauten.org의 웹마스터이며 실리콘밸리의 한 인터넷 회사에서 오랫동안 근무한 경험이 있다. 베를린 출신의 밴드 아인슈티르즌데 노이바우텐의 리더 블릭사 바겔트(Blixa Bargeld)는 "우리는 세계적으로 유명한 밴드였지만 세계를 움직일 만한 매출을 올리지는 못했다"고 솔직히 시인한 바 있다. 이러한 프로젝트는 당시 밴드가 재정적으로 특별한 성공을 거두지 못하자 생각해낸 대안이었다.

결과는 성공적이었다. 이 밴드의 베를린 스튜디오에는 세 개의 비디오카메라가 설치되어 있어 서버가 그들의 모습을 인터넷으로 전송한다. 이들의 프로듀서는 35유로를 내고 프로젝트의 후원자를 자청한 약 2천 명에 달하는 사람들이다.

비물질의 물질화

종교단체도 새로운 수입원을 찾기 위해 새로운 길을 찾아 나서고 있다.

'수녀를 채용하세요(Adopt a Sister)'는 뉴욕에 자리한 성 프란체스코 제3회 윌리암스빌 수녀회(Sisters of St. Fransis of the Third Order Regular of Williamsville)의 프로그램이다. 이 프로그램은 종교단체에 재정적인 도움을 주는 대신 신과의 돈독한 관계를 맺기 원하는 신자들을 위한 것이다. 수녀 채용 프로그램은 신자들 사이

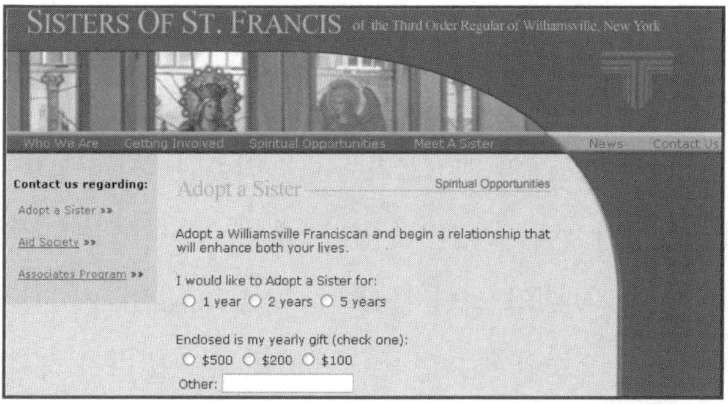

수녀 채용 프로그램은 신과의 수월한 대화를 보장한다.

에 진지하게 받아들여지고 있으며 등급별로 기간과 가격이 구분되어 있다.

신자들은 1년, 2년 또는 5년의 기간 동안 연간 100~500달러의 기부금을 내고 수녀를 채용한다. 신자에게 채용된 수녀는 그 보답으로 기부자를 위한 기도를 해주고 있다.

보조금에서 벗어나라

보조금 및 여타 국가적 지원수단을 축소하려는 법안에 대해 사라진 '보상 지원금'을 되찾고자 하는 절규가 끊이지 않는 요즘, 앞서 소개한 농가의 임대사업 사례는 한여름의 소나기를 보는 듯한 시원함을 안겨준다. 국가적 지원을 요청하지 않고도 다른 방식으로 대처할 수 있음을 보여주기 때문이다.

지금까지의 모든 사례들은 어떻게 하면 창의력과 풍부한 상상력, 남다른 용기로 새로운 길을 개척할 수 있는지 보여주고 있다. 현재의 상황을 수호하는 일을 본업으로 삼고 있는 사람들에게도 이러한 사례들은 놀라운 읽을거리가 될 것이다.

공무원들은 대체로 정책 변경과 보조금으로 모든 변화의 해결책을 마련할 수 있다고 생각한다. 그러나 어떤 희생을 치르더라도 진부한 비즈니스 모델과 시대에 뒤진 업계를 적극적으로 살리려 들지는 않는다. 그 대가로 사회는 매우 큰 희생을 치르곤 한다!

게리 해멀이 밝힌 것처럼 공공기관의 목표는 보조금과 보호주의, 일방적인 자금조달정책으로 미봉책을 마련하는 것이 아니다. 사전에 변화를 깨닫고 유연성과 풍부한 상상력을 발휘하는 것을 목표로 삼아야 한다.

앞서 제시한 모든 사례들은 역발상 실천가가 기존의 재정조달 모델을 어떻게 타파하는지 보여주고 있다. 새로운 가격모델은 두 배의 효과를 발휘한다. 즉 자체적인 수입을 개선하는 데도 도움이 되지만 경쟁에서의 차별화에도 한몫을 한다. 사람들이 가격모델을 화제로 삼은 지는 얼마 되지 않았다. 그 중요성은 아무리 강조해도 지나치지 않는다. 진정으로 혁신적인 가격모델을 도입한다면 마케팅 효과는 엄청날 것이다!

Different Thinking

| 비즈니스 역발상 BOX |

— **인간을 잘 이해하는 사람들은 싼 물건보다 비싼 물건을 파는 일이 쉽다는 사실을 알고 있다.**
– 윌리엄 서머셋 모옴(William Somerset Maugham), 영국 소설가, 극작가

업계의 일반적인 가격모델을 최적화하거나 경쟁업체보다 몇 퍼센트 저렴한 가격을 위해 에너지를 허비하지 말고 독자적인 가격모델을 형성하라! 풍부한 상상력과 용기, 창의력을 발휘해 동종업계의 기존 가격모델을 뒤엎어라.

수수료 규정이나 소송물가액이 아니라 통화요금의 단위로 선임료를 책정한 변호사 핫라인을 기억하라. 또는 스마트를 하루에 1유로라는 말도 안되는 가격으로 빌려주는 라우다 모션을 떠올려보라. 이와 같은 저렴한 가격은 역발상을 영리하게 시도한 결과다. 이 기업은 제3의 대상을 찾아내 고객의 렌트비용을 전담하도록 했다.

가격의 양극화: 가격의 극대화 또는 최저화

경쟁자를 시장에서 밀어내기 위해 가장 많이 이용하는 방법은 가격을 통한 것이다. 그것은 당연해 보인다. 그것 외에 무슨 일을 할 수 있겠는가? 당신을 향한 경쟁업체의 모든 움직임에 맞서 대응해야 할까? 정답은 '그렇지 않다'이다. 이에 대한 해결책은 활동 영역을 이전하는 것이다. 어떻게 하면 경쟁업체보다 가격을 몇 퍼센트 낮춰 부를 수 있는지 생각하느라 시간을 낭비하지 마라. 그보다 가격상의 장점을 독자적으로 구축하는 일을 목표로 삼아야 한다. 저가 항공사들도 기존의 항공사보다 비행기 티켓을 2~3% 저렴하게 제공하기 위한 고민은 하지 않았다. 오히려 어떻게 하면 경쟁사보다 50%나 70% 저렴한 티켓을 시장에 내놓을 수 있을까 고심했다. 같은 질문은 반대로도 적용된다. 어떻게 하면 고객들로 하여금 우리 제품에 대해 2~3%가 아닌 30%, 50% 정도 더 많은 돈을 내도록 할 수 있을까? 거기에 대한 해답은 남과 다르게 행동할 때만 찾아낼 수 있다.

더욱 많은 것 달성하기: 가격모델의 해체

아일랜드의 저가 항공업체 라이언에어(Ryanair)를 예로 들어보자. 라이언에어의 고객들은 인터넷으로 비행기표를 예약함으로써 여행사에 주는 수수료를 절감한다. 또한 라이언에어는 소규모 지방공항에서 취항함으로써 이륙 및 착륙비용을 대폭 낮췄다. 그리고 이 업체는 비행기의 적재용량을 최대로 높였으며 지상에 머무르는 시간을 최소한으로 줄였다. 라이언에어는 이처럼 완전히 다르게 행동함으로써 마일당 비행비용을 독일의 루프트한자와 같은 항공업체보다 현저히 낮추는 데 성공했다. 또한 더 이상 경쟁이 불가능할 정도로 낮은 티켓요금은 고객에게도 놀라움과 만족감을 동시에 안겨준다.

이러한 행동의 이면에는 흥미로운 컨셉이 숨어 있다. 고객은 정말로 필요한 만큼만 더 지불한다는 사실이다. 기업은 부가가치를 생산하는 과정을 해체하고 조사를 해봐야 한다. 우리는 고객의 이익을 어디서 창출하는가? 고객은 무엇에 돈을 지불하려고 하는가? 절대적인 가격을 거부함으로써 시장을 점유하라.

| 비즈니스 역발상 제13법칙 |

가격의 양극화: 가격의 극대화 또는 최저화로 승부하라!

기존의 사고방식: 어떻게 하면 경쟁사보다 좀더 높은 가격을 매길 수 있을지, 또는 반대로 경쟁사보다 좀더 저렴하게 판매할 수 있을지 생각하는 데 전념한다.

비즈니스 역발상: 당신 제품의 절대적인 가격에 근본적인 의문을 제기하라. 경쟁업체보다 50% 또는 100% 더 높은 가격을 고객에게 요구할 수 있는 방법을 개발하라.

가격을 대폭 상향 또는 하향조정하고 고객들에게 그 변화의 원인을 분명히 인식시켜라. 한편에는 저렴한 빵집과 저가 미용업체가 있고 다른 한편에는 엄선된 고급 커피원두와 항공사의 퍼스트 클래스 서비스가 자리하고 있다. 고객의 마음에만 든다면 모든 것이 허용된다!

부가가치의 생산과정 해체하기: 라이언에어의 비용절감 사례

당신은 라이언에어처럼 저가의 장점을 구축하기 원하는가? 그렇다면 부가가치를 생산하는 과정을 해체해보는 작업을 거쳐야 한다. 또한 당신은 고객이 진심으로 돈을 지불하고자 할 만한 제품을 제공해야 한다. 라이언에어의 경우에도 속임수나 허식은 필요 없었다. 여기에 마법 같은 주문은 전혀 없다. 이 항공업체의 특징은 관례적인 서비스를 생략하고 기업조직의 원칙에 의식적으로 의문을 제기했다는 점이다.

- 단순한 출발지와 목적지: 이 항공업체는 경유지를 거치지 않고 출발지부터 목적지까지 곧바로 운행한다.
- 2류 공항 사용: 라이언에어는 대형 공항에 착륙하는 일이 거의 없다. 대형 공항의 경우 대부분 사용료가 비싸고 지나친 부담을 안기기 때문이다. 인구밀도가 높은 유럽지역의 경우에는 소형 공항으로도 두터운 고객층을 형성할 수 있다.
- 서비스의 간소화: 기내에는 무료로 제공되는 음료나 신문이 없다. 그것으로 6%의 비용이 절감된다.
- 비행시간 연장: 유럽 항공사들의 평균 비행시간이 450~550시간인 반면, 라이언에어의 파일럿들은 연간 800시간을 비행한다. 일반적인 항공업계의 비행기들은 착륙 후 다시 이륙하는 데 평균 한 시간을 대기해야 하지만 라이언에어는 착륙 30분 만에 다시 이륙이 가능하다.

* 인터넷을 통한 비용 절감: 티켓의 96%가 온라인으로 판매되므로 여행사 네트워크가 필요하지 않다. 외국어로 번역된 웹사이트 덕분에 라이언에어는 다른 국가에도 빨리 진출할 수 있었다.
* 좌석의 추가: 좌석간의 간격을 좁혔으며 최대 36개의 좌석이 추가로 설치됐다. 이것으로 16%의 비용이 더 절감됐다.
* 간편한 절차: 자유로운 좌석선택으로 비행기표와 탑승권을 제작하는 수고를 덜었다.
* 멤버십 프로그램 및 라운지 서비스 생략: 10%의 비용이 절감되었다.
* 여행사를 통한 티켓판매 생략: 여행사를 거치지 않고 인터넷을 통해 티켓을 직접 판매함으로써 10%의 비용을 절감했다.
* 경영방식의 개선: 소수이지만 의욕적인 직원들의 경영참여와 유연성 있는 업무관할, 외부업체에 정비업무나 지상서비스를 위임한 덕분에 6%의 비용을 절감했다.
* 신규 항공기를 현명하게 추가구매: 라이언에어는 대형 항공기의 추가구매로 자사의 역량을 지속적으로 확대했다. 게다가 2001년의 9 · 11테러 이후 항공기 수요가 급감한 현상을 이용해 150대의 보잉 737을 한 대당 2,500만~3,000만 달러에 구매했다. 참고로 보잉 737의 기본가격은 6,200만 달러이다.

라이언에어는 부가가치 생산과정의 해체작업을 성공적으로 이루어낸 모범적인 사례이다. 당신도 여기서 많은 것을 배울 수 있다! 동종업계에서 가장 우수한 가격모델은 어떤 것인가? 고객들이 업계의 전형적인 제품 패키지에 포함된 제품을 실제로 모두 원할까? 제품의 구성요소들을 의식적으로 생략함으로써 고객의 관심을 끄는 새로운 제품 패키지를 만들 수 있지 않을까?

정보는 고객으로부터 나온다-또는 알디로부터

제품의 구성요소 중에서 무엇을 생략해야 고객이 만족할지 어떻게 알 수 있을까? 간단하면서도 매우 효과적인 해결책이 있다. 가격모델의 혁신을 고려하고 있다면 올림푸스 산에서 내려와 고객에게 다가가야 한다. 자사의 제품을 평가하고 해당제품에서 불필요한 부분은 무엇인지, 고객이 어떤 필요에 의해 제품을 구매하는지 알아내는 가장 쉬운 방법은 고객의 입장이 되어서 자사 제품을 직접 구매해보는 것이다. 기업은 고객의 입장에서 판매대나 판매자 앞에 서봐야만 중요한 세부사항들을 깨달을 수 있다.

아이디어를 수집하는 또 다른 방법은 기존 업계의 시스템을 해체함으로써 실제로 성공을 거둔 업계, 즉 할인판매업체의 관점에서 바라보는 것이다. 당신은 이들의 핵심능력이 무엇인지 정확히 알고 있을 것이다. 이들의 전략은 업무의 가짓수를 최소한으로 제한한 것이다. 이는 훌륭한 전략인데도 등한시되는 경우가 많다. 그런 면에서 포기 리스트, 즉 애초에 하지 않기로 정한 업무가 규정되어 있는 알디는 가장 좋은 사례다. 예를 들어 알디는 제품을 상자 밖으로 꺼내 진열하지 않고 상자 그대로 받침대 위에 올려놓은 상태로 판매한다. 그리고 직원들의 업무를 덜고 생산성을 높이기 위해 가게 안의 물건들은 운송을 고려한 자리에 배치된다. 또한 통계 작성을 줄이고 정기적인 시장조사 및 모든 데이터의 활용을 가능한 일부로 생략했다. 알디에는 복잡한 쇼핑조건이 없으며, 분명한 목표와 모든 이들이 반드시 지켜야 하는 업무규정이 존재한다.

최적화보다는 극대화: 할인 빵집

가격모델의 혁신을 고려하고 있다면 우선 스스로 결정적인 질문을 해봐야 한다. '고객이 제품을 최대한 많이 이용하게 하려면 어떻게 해야 할까?' 중요한 질문이 하나 더 있다. '기업의 목표 및 가능성과 조화를 이루면서 고객이 제품을 이용하게 하려면 어떻게 해야 할까?'

할인 빵집은 이러한 질문에 따라 행동한 사례다. 신선하고 우수한 품질의 빵을 매우 저렴한 가격에 판매함으로써 고객의 제품 이용을 극대화했으며 '기업의 가능성과 조화를 이루면서 고객이 제품을 이용하게 하려면 어떻게 해야 할까?' 라는 두 번째 질문에는 바로 '생략' 이라는 답변을 제시했다! 빵이 꼭 제빵사의 포장을 거쳐 카운터로 전달될 필요는 없다. 박베르크, 박하우스, 박팩토리와 같은 독일의 할인 빵집의 성공요소는 가격을 의식한 고객들이 꼭 필요한 것은 아니라고 생각하는 모든 것을 생략하고 조직의 군더더기를 없앤 점이다. 여기서는 셀프서비스의 원칙이 적용되므로 고객이 직접 판매대에서 물건을 꺼내고 중앙 계산대에서 돈을 지불한다. 제품의 가격은 지금까지 시장에서 판매되던 가격보다 평균 30% 싸다. 물론 선택의 폭은 좁다. 신규 할인 빵집들은 체인을 운영하면서 공동구매를 통해 추가비용을 절감하고 있다. 할인 빵집들의 이런 원칙은 고객에게 좋은 반응을 얻고 있으며 참여업체들은 점점 더 늘어나고 있다.

할인 빵집의 컨셉은 저가 항공업체와 비슷하다. 즉 확실히 낮춘 인건비와 제한된 서비스를 통한 가격경쟁이다. 체인점들은 단순하고 꾸밈이 없으며 구비하고 있는 품목의 종류는 기존의 빵집과 비교할 때 매우 적은 편이다. 고객들은 쟁반 하나를 들고 집게로 빵이나 케이크를 집어 종이가 깔린 쟁반 위에 올려놓고 돈을 낸 다음 직접 물건을 포장한다. 한두 명의 직원이 냉동고에 저장되어 있던 반죽을 굽고 다 팔린 제품은 계속해서 채워놓는다. 계산대 앞에는 한 사람만 앉아 있다.

할인 빵집은 빵을 전문적으로 판매하는 직원이 필요 없다. 빵의 판매는 특별한 기술을 필요로 하는 게 아니기 때문이다. 일반 빵집에서는 35~50%의 비중을 차지하는 인건비가 할인 빵집에서는 20~25%로 줄어든다. 게다가 제빵사가 운영하는 빵집의 경우 빵의 종류가 300가지가 넘는 반면 할인 빵집의 품목은 대부분 80~100개로 제한되어 있다. 제빵업체는 유럽지역 중에서 가장 저렴한 곳에서 빵의 냉동반죽을 구매하고 PC계산대는 가게에서 어떤 제품이 얼마나 팔리는지 지속적으로 평가한다. 이러한 시스템 덕분에 저녁시간까지 고객이 얼마나 몰릴지에 관한 정확한 예측이 가능해 이후로 더 팔릴 것 같은 제품만 구워낸다. 개선된 계획수립 덕분에 다수의 할인 빵집에서 저녁시간에 팔리지 않고 남은 빵은 단 2%에 불과하다. 참고로 일반 빵집들의 경우에는 재고가 10~15%에 달한다. 이러한 장점들이 모두 빵 가격에 반영됨으로써 할인 빵집은 전문 빵집의 가격수준보다 평균 3분의 1가량 낮은 가격을 유지할 수 있다.

이용고객을 주요 모티브로 사용: 포뮬 1 호텔

프랑스의 호텔그룹 아코(Accor)도 앞서 언급한 해체의 원칙을 실천하는 법을 매우 잘 이해한 경우다. 특히 아코그룹은 이용고객을 정확히 인식하고, 제품을 구성하는 요소 중에서 생략이 가능한 요소와 그렇지 않은 요소를 명확히 구분하기 위해 단계적으로 어떤 방식을 거쳐야 하는지 보여준다.

아코그룹의 새로운 제품라인은 프랑스의 1, 2급 호텔들이 매우 어려운 상황에 처해 있던 80년대 중반에 만들어졌다. 손님은 점점 줄어들었지만 고정비용은 호텔의 객실점유율이 최대일 경우에만 상쇄되는 탓에 지속적으로 들어갔다. 업계가 그러한 압박을 받는 상황 속에서는 미온적이며 극도로 조심스럽거나 다른 이를 모방한 전략이 처방된다. 하지만 이것은 운이 좋을 경우에는 살아남을 수 있지만 최악의 경우에는 파멸을 초래하는 처방이다. 아코그룹은 그런 점을 알아차리고 새로운 전략을 추구했다. 이 그룹은 '1, 2급 호텔을 찾는 고객들은 제품의 구성요소 중 어떤 점을 가장 중요하게 생각할까?' 와 같은 의문을 제기했다.

아코그룹은 그 해답을 찾기 위해 고급 호텔을 선택하는 이유에 대한 손님들의 의견을 조사했고 그 결과 새로운 컨셉에 따라 '호텔 포뮬 1(Formule-1)' 을 개발했다. 포뮬 1의 객실요금은 1급 호텔의 평균 객실요금보다 훨씬 낮다. 이 호텔에는 레스토랑이나 라운지가 없다. 방에 배치된 가구나 공간의 규모, 추가서비스도 최소한으로 줄였다. 고객이 지불할 용의가 없는 구성요소들은 의도적으로 생략했다.

경제적이면서 신속, 저렴하게: 특이한 미용사

고객들은 삶의 모든 영역에서 세일이나 광고, 유혹의 홍수에 시달리고 있다. 미용업계도 예외는 아니다. 고객카드를 발급하고 일정 방문횟수를 채우면 무료 서비스를 약속하기도 하고 다른 한 편으로는 무료 메이크업 상담이나 와인 한 병, 무료 염색서비스와 같은 추가서비스에 주력하는 업체들도 있다. 이런 상황 속에서 살아남기 위해서는—물론 미용업계에만 해당되는 얘기는 아니다—남과 다른 특성이 있어야 하며 군중들 사이에서 두드러지기 위해서는 특별하게 행동해야 한다.

일본의 이발소 체인 큐비넷(QBNet)도 가격으로 차별화에 성공한 경우다. 큐비넷은 현재 일본에서 200개의 체인점을 운영하고 있으며 평균 이발요금을 놀랍게도 66%나 낮췄다. 어떻게 이런 일이 가능했을까? 큐비넷에는 안내원이 없으며 자판기가 요금을 받는다. 이곳의 손님들은 자판기의 티켓을 들고 빈 의자에 앉는다. 이발사는 머리를 자르는 일만 할 뿐 머리를 감겨주고 말리는 일은 하지 않는다. 이런 일은 머리 위쪽에 설치되어 있는 에어 워시 진공시스템이 맡는다.

또한 큐비넷은 모든 의자에 설치된 센서와 신호등 방식의 시스템을 통해 이발소의 좌석이 얼마나 찼는지 고객에게 알려준다. 초록색일 경우는 대기시간이 짧다는 뜻이고, 노란색은 최대 5분, 빨간색은 그 이상의 대기시간을 의미한다. 이발소의 좌석점유율은 기업의 본부에도 통보된다. 이 같은 컨셉을 따른 이발소들은 대도시지역에서 성공을 거두고 있으며 가격에 민감한 고객을 타깃으로 삼거나 신속하고 단순한 서비스를 원하고 시간이 부족한 사람들에게 좋은 평가를 받고 있다.

높은 가격을 통한 차별화

높은 가격으로 차별화에 성공한 기업들도 경탄을 불러일으키는 대상이다. 그러나 높은 가격이 반드시 높은 매출원가(cost of sales)를 뜻하지는 않는다. 당신이 산출한 액수와 고객이 지불해야 한다고 믿는 액수 사이에는 상당히 큰 차이가 존재할 수 있다. 기업의 가격구조와 고객의 가치구조가 항상 동일하지 않기 때문이다. 당신이 편의점에서 빗을 한 개 산다면 단정한 헤어스타일에 돈을 지불하는 것이며 신문을 산다면 정보나 오락을 위해 지불하는 것이다.

우수한 기업들은 가격뿐 아니라 가치로 경쟁한다. 많은 경영인들이 저지르는 가장 큰 실수 중 하나는 고객들이 가치와 가격에 동일한 의미를 부여하리라고 생각하는 것이다. 가격은 가치의 한 부분이며 구성요소일 뿐 가치와 동격은 아니다.

– 레오나르드 L. 베리(Leonard L. Berry), 텍사스 A&M 대학 교수

고객의 가치구조를 파악한 기업은 가격의 혁신자가 될 수 있다. 여러 업계에 본보기가 될 만한 사례가 하나 있다. 캐나다의

'태양의 서커스'는 서커스를 새롭게 포지셔닝함으로써 입장권의 가격을 다시 규정했다. 그 결과 이 서커스단의 입장료는 유럽 최대의 서커스단 서커스 크로네(Circus Krone)보다 2~3배나 높다. 또는 노키아의 자회사로서 VIP 고객을 위한 명품 휴대전화를 전문 제작하는 베르투(Vertu)를 기억하라. 보통 고객들은 일정기간 동안의 의무계약을 통해 휴대전화를 무료로 얻기를 기대하는 반면, 이 기업은 소형 자동차의 가격과 맞먹는 베르투 휴대전화에 투자하고 있다. 베르투 휴대전화는 디자인이 고급스러울 뿐만 아니라 이 휴대전화로는 호텔과 레스토랑의 예약을 대행하고 연극 티켓을 구매하는 일 등을 맡아서 해주는 관리인과 수시로 연락을 취할 수 있다. 또는 제품의 디자인과 관련된 장에서 예로 들었던 기업들을 기억해보라. 메토드, 뱅앤올룹슨, 카르텔, 알레시를 비롯한 많은 기업들은 감각적이며 매력적인 디자인으로 판매가격을 극대화할 수 있다는 사실을 인식했다.

단순한 제품을 고급스러운 것으로 재정의: 고급 감자칩

감자칩 시장은 가격만을 고려하며 선택권 없이 판매상점의 명령에 따라야 하는 대중시장에 불과할까? 항상 그렇지는 않다. 케틀(Kettle)은 이러한 두 가지 요소를 피해가는 데 성공한 사례다. 케틀은 감자칩을 고가의 고급 제품으로 새롭게 정의했다. 이 제품은 수작업으로 생산되며 특별한 감자종을 양질의 해바라기 기름에 튀겨 만든다. 뛰어난 맛과 천연제품이라는 점이 소비자들에게 구매의 명확한 근거가 되고 있다. 또한 관례적인 광고를 하지 않는 탓

케틀 칩스(Kettel Chips). 대중을 위한 사치.

에 입소문을 통해 새로운 고객이 몰려든다. 이 업체는 우선적으로 일반상점에서의 판매를 기피했다. 그 대신 바와 음식점, 미식가들을 위한 식료품점과 같은 고급 상점들을 겨냥해 판매에 나섰다. 이러한 상점에서는 한 봉지당 최대 4유로의 가격으로 판매할 수 있었다.

얼마 전에는 고급 슈퍼마켓에서도 판매를 시작했다. 그러나 케틀은 대중적인 제품으로 전락하지 않고 본래의 컨셉을 충실히 지키고 있다. 그 결과 감자칩 시장이 전반적으로 축소되는 상황에서도 이 업체만큼은 지속적인 성장세를 기록하고 있다. 현재 케틀의 감자칩은 고가 영역의 시장을 선도하고 있다.

케틀의 성공법칙:

* 제품을 매력적으로 만들어라.
* 사업의 가치를 믿어라.
* 감성적 브랜드를 구축하라.
* 장기간의 고객관계를 꾀하라.
* 고객의 의견을 지속적으로 진지하게 받아들여라.
* 모든 불만사항에 개별적으로 답변하라.
* 인내심을 갖고 입소문의 성공을 믿어라.

동종업계의 다른 업체들도 케틀의 성공을 다시 한번 일궈내려는 시도를 하고 있다. 특히 영국에서는 천연재료나 특별한 조리방법, 몸에 좋은 재료, 또는 특별한 맛으로 제품을 강조하고자 하는 스낵이 점점 늘어나는 추세다. 또한 이들은 저가 영역을 의도적으로 탈피하고자 한다. 고급 제품은 더 비싸도 상관없기 때문이다!

Different Thinking

| 비즈니스 역발상 BOX |

— **진정한 발견은 신대륙 발견이 아니라 새로운 시각으로 사물을 바라보는 것이다.**

– 마르셀 프루스트(Marcel Proust), 프랑스 작가

가격을 새로 생각해낼 필요는 전혀 없다! 당신 제품에 대한 절대적인 가격의 수치에 의문을 제기하기만 하면 된다. 당신의 과제는 제품의 가격을 경쟁사보다 50~100% 올리거나 낮추는 방법을 개발하는 일이다.

고객들에게 정말 필요한 최소한의 요소만으로 구성된 서비스를 제공함으로써 큰 성공을 거둔 라이언에어를 기억하라. 또는 일본의 이발소체인 큐비넷을 생각해보라. 큐비넷은 자사가 부가가치를 생산하는 과정에 대해 철저한 조사를 실시했으며 관례적인 서비스와 같은 구성요소를 생략하고 조직의 원칙에 의문을 제기했다. 그 결과 눈에 띄는 시장 수익과 명확한 차별화를 성공적으로 이루어낼 수 있었다.

중간가격대에 영리하게 포지셔닝하라

동일한 가격전략의 동일한 목표고객을 대상으로 한 기업들이 매우 치열한 경쟁을 벌이고 있다. 왜 그럴까? 그 이유를 알기 위해서는 대학시절의 경영학 강의를 잠깐 상기해보면 된다. 기업들의 그러한 행동은 업계의 모든 기업이 동일한 전략을 추구하고 비슷한 양의 자원을 확보한 '완전경쟁(perfect competition)'의 개념에 바탕을 둔 것이다. 그 결과 가격전략부터 아주 세세한 부분까지 서로 모방하는 기업들이 생겨나고 모든 기업은 생존이 가능한 만큼의 이윤만 달성하는 것으로 그치고 만다. 바로 이것이 문제다.

성급하게 모방하지 말 것: 주의! 루프트한자!

다수의 업계에서 기업들이 전략 면에서 유사해지는 경향이 나타나고 있다. 그것은 성공을 보장하거나 이미 성공을 거둔 전략들을 서로 모방하기 때문이다. 물론 당신이 다른 비즈니스 영역에서 독자적인 전략을 제시할 수 있다면 그 누구도 모방에 이의를 제기하지 않을 것이다. 그러나 출발의 전제조건이 다르다는 점과 그 모델을 당장 자신의 기업에 그대로 적용할 수 없다는 점을 고려하지 않은 채 다른 기업을 성공으로 이끈 모든 세부사항을 그대로 차용하는 경우가 많다.

앞에서 소개했던 항공업계를 한 번 더 예로 들어보자. 비즈니스 고객들이 저가 항공사를 이용하는 경우가 점점 늘어나자 기존의 항공사들은 신경을 곤두세웠다. 그에 따라 루프트한자는 시장의 새로운 저가 침입자들에 맞서 효율성을 높이고 자사의 안락한 시설을 저렴한 가격으로 제공하는 아이디어를 일정기간 동안 실행하려 했다. 서비스를 생략하고 좌석간 거리와 쿠션의 두께를 줄이고, 그렇지 않아도 부실한 기내식을 축소하는 방식으로 말이다.

사람들이 당신 기업의 제품을 더 이상 신뢰하지 않는다면 그것은 당신 기업에게 있어 사형선고나 마찬가지다.

– 밥 겔도프(Sir Bob Geldof), 뮤지션, 콘서트 '라이브 에이드(Live Aid)'의 창시자

그러나 이는 잘못된 결정이었다! 루프트한자는 저가 항공사들의 활동 영역에서 그들의 비용구조를 모방하려고 시도함으로써 프리미엄 항공사로서의 명성을 위태롭게 하는 결과를 초래했다. 동시에 그러한 결정은 루프트한자의 주요 고객층인 최우수 고객들을 모욕하는 행위이기도 했다. 참고로 '제나토렌(Senatoren)'으로 불리는 최우수 고객들은 루프트한자의 상용고객 프로그램인 마일즈 앤모어(Miles & More)로 일년에 15만 마일 이상의 마일리지를 적립하는 사람들이다.

루프트한자의 전략은 다음과 같은 두 가지 이유에서 위험했다. 루프트한자는 저가 항공사보다 운영비용이 높기 때문에 가격을 더 높이 책정해야 한다. 그러나 더 높은 가격은 명백히 우수한 서비스를 통해서만 정당화될 수 있다. 또한 근거리 항로를 대상으로 한 저가 항공사의 이미지는 호화 라운지와 비즈니스 클래스 침대의 개보수에 수백만 유로를 투자하는 까다로운 장거리 항로의 서비스와 걸맞지 않는다. 무턱대고 저가 전략을 모방했다가는 고객의 신뢰를 잃게 되는 치명적인 결과를 얻을 수 있다.

여기서 배울 점은 무엇일까? 모든 이들을 위한 모든 것이 될 필요가 없다는 점이다. 프리미엄 고객을 대상으로 저가 업체의 서비스를 제공하는 프리미엄 업체는 될 수 없다. 당신은 둘 중 한 곳에 집중해야 한다. 즉 프리미엄 업체와 저가 업체 중에서 하나만 선택할 수 있다는 뜻이다. 두 가지 업체로 동시에 존재하면서 동일한 고객집단을 상대하는 일은 불가능하다!

새로운 가격대를 개발해내는 또 다른 방법이 있다. 그에 대한 설명을 위해 요식업으로 시선을 돌려보자. 점심식사를 위해 식당을 찾는 중이라고 가정해보자. 음식이 빨리 나오면서도 건강식을 먹을 수 있는 식당 말이다. 당신은 지극히 평범한 레스토랑에 갈 수도 있다. 하지만 점심식사를 빨리 끝내고 싶어하는 사람이 워낙 많다 보니 오랜시간을 기다려야 할 때가 많다. 게다가 점심시간에 레스토랑을 자주 이용한다면 비용도 만만치 않을 것이다.

| 비즈니스 역발상 제14법칙 |

중간수준으로 가격결정하기: 중간가격대에 영리하게 포지셔닝하라!

기존의 사고방식: 경쟁에서 가장 유리한 포지션을 기존 가격대의 범위 안에서만 찾는 데 주력한다.

비즈니스 역발상: 업계의 통례적인 가격대를 거부하고, 최대한 소비자의 입장에서 기존 가격대의 특성을 종합하라. 이런 방법으로 기업 특유의 독자적인 가격대를 형성할 수 있다!

기존의 비즈니스 모델에서 가격을 인상하기:

수프바, 샌드위치 체인

그러면 점심식사를 빨리 끝낼 수 있는 대안을 생각해보자. 맥도날드나 버거킹, 피자헛, 터키식 햄버거인 되너를 파는 가게에 들러보면 어떨까? 음식도 빨리 나오고, 비싸지도 않다. 하지만 모건 스퍼록(Morgan Spurlock)의 영화 〈슈퍼사이즈미(Supersize me)〉를 보았다면 이런 음식이 건강에 좋지 않다는 사실을 알고 있을 것이다. 이 영화는 30일 동안 맥도날드의 음식만 먹고 체중이 25파운드나 늘어난 감독의 실제 체험을 담고 있다.

이 같은 상황은 패스트푸드점과 레스토랑의 중간가격으로 양질의 음식을 신속히 제공하는 전략적 식당을 고안할 것을 요구한다. 기회는 바로 여기에 숨어 있다! 요사이 모든 대도시에서 찾아볼 수 있는 뉴 수프바(new soupbar) 타입의 레스토랑이 좋은 예다. 이곳에서는 먹음직스럽고 몸에 좋은 수프와 스튜를 간식이나 식사 대용으로 판매한다. 이와 같은 새로운 타입의 레스토랑의 원조는 당연히 뉴욕이다. '알스 수프 키친 인터내셔널(Al' s Soup Kitchen International)' 은 최초의 뉴 수프바이다. 이 가게는 손님에게 매우 엄격한 태도–줄을 서고, 당신이 무엇을 원하는지 알고 나면 돈을 준비하고, 그 다음에는 왼쪽에서 차례를 기다려라–를 기대하고 불친절을 강조하다 보니 TV 시트콤 '사인펠드(Seinfeld)' 에서 '수프 나치' 로 표현되었고 이를 계기로 유명해졌다. 한번 줄을 서서 기다려보고 싶다면 뉴욕 7번가와 8번가 사이의 259A 서쪽 55번가로 가면 된다. 여기에 가면 이 가게가 어떤 식으로 손님을 부당하게 대하는지 실제로 볼 수 있다. 하지만 반드시 뉴욕까지 갈 필요는 없다. 이제 수프바는 런던이나 베를린, 뉘른베르크, 드레스덴, 함부르크, 뮌헨, 쾰른에서도 볼 수 있기 때문이다!

한 가지 예를 더 들어보겠다. 샌드위치 체인점 코지(Cosi)는 낮은 가격대의 패스트푸드점과 높은 가격대의 전형적인 레스토랑 사이에 성공적으로 자리를 잡았다. 이 가게는 높은 품질과 안락한 분위기를 제공하고 음식을 하나의 체험으로서 인식하게 하는 등, 이미 스타벅스가 성공을 거둔 방법을 따르면서 소위 샌드위치를 파는 스타벅스로 성장하고 있다. 지저분한 탁자에서 99센트짜리 햄버거를 허겁지겁 먹는 대신, 코지의 손님들은 갓 구워낸 빵의 향기와 가게에서 흘러나오는 고상한 재즈음악을 들으며 굉장히 안락한 분위기를 즐길 수 있다. 그리고 이곳의 고객들은 샌드위치 하나가 7달러나 그 이상이어도 신경 쓰지 않는다.

코지의 50미터 반경에는 최소 10개의 가게들이 저렴한 점심거리를 팔고 있다. 그런데 고객들의 반응이 놀랍다. "가게가 이렇게 많지만 어디서도 코지와 같은 샌드위치는 팔지 않아요."

영리하게 행동하라. 그리고 다르게 행동하라!

새로운 가격대를 형성하는 것은 두 가지 유리한 점이 있다. 첫 번째는 시장의 다른 업체들과 직접적인 가격경쟁을 피할 수 있다는 점이다. 말하자면 독자적인 가격 카테고리를 형성하게 된다는 뜻이다. 또 다른 장점은 새로운 가격대를 생각해보는 와중에 다른 업체들과의 차별화 방안을 생각해볼 수 있다는 점이다.

그렇다면 차별화의 아이디어는 어디에서 얻을 수 있을까? 기본적으로는 외부에서 정보를 가져오는 방법도 있지만 이 책에서는 이러한 조언을 다소 삼가고 싶다. 그럴 경우 지속적인 증가추세에 있는 열렬한 컨설턴트 군단이 당신의 업무를 지시할 것이기 때문이다. 대형 컨설팅기업이 당신의 귀에 대고 "우리는 당신 업계에 대해 정말로 잘 알고 있다"고 속삭이는 말을 곧이곧대로 믿어서는 안 된다. 왜 일까? 이런 말을 다르게 풀이하면 "우리는 당신과 같은 업계에 속한 20개 기업의 컨설팅을 맡은 적이 있으며, 그런 기업들과 동일한 최상의 업무처리방식을 당신에게도 전수할 준비가 되어 있다"는 뜻이기 때문이다. 즉 자연스럽게 전략이 동화되어 차별화가 이루어지지 않게 된다! 따라서 독자적인 아이디어를 떠올려 실행해야 한다.

베르너 키저(Werner Kieser)는 그러한 행동을 실천한 예다. 그는 어떻게 하면 헬스클럽 시장에서 독특한 제품으로 자사를 차별화하고 독자적인 가격대를 형성할 수 있을지 곰곰이 생각했다. 키저 트레이닝(Kieser Training)의 컨셉은 부가가치 생산과정의 해체작업을 통해 완성됐다. 즉 기업의 부가가치 생산과정을 각각의 구성요소들로 분해하고 고객의 관점에서 그러한 요소들을 재인식하는 방식이었다.

저렴하지만 싸구려는 아니다: 키저 트레이닝

그 결과 키저 트레이닝은 불과 몇 년 만에 독일시장에서 최대의 건강지향 트레이닝업체로 성장했다. 이 기업은 꼭 필요한 서비스만을 제공한다는 원칙을 준수하면서 일반적인 헬스클럽과 명확한 차별화를 이루고 있다. 단순한 설비로 구성된 이 업체의 트레이닝 공간에는 단백질 음료를 판매하는 곳이 따로 존재하지 않는다. 음악이나 TV, 에어로빅 코스, 요가 수업, 사우나, 월풀이나 마사지도 없다. 키저 트레이닝의 모토는 능률향상과 건강을 위한 예방 및 치료 목적의 체력관리이다.

키저 트레이닝에서는 단순한 재미나 완벽한 몸매가 관건이 아니다. 이곳에서는 몸을 가꾸고 근육조직과 운동기관을 관리하게 된다. 또한 경제적인 비용으로 '날씬한 대중'을 양성하고자 하는 키저는 자사 방식에 따른 체력관리의 철학을 통해 특정 목표집단에 어필하고 있다. 주요 고객은 교육수준이 높은 중산층 중에서도 중장년층들이다. 이들 중 80%는 키저 트레이닝 이외에는 헬스클

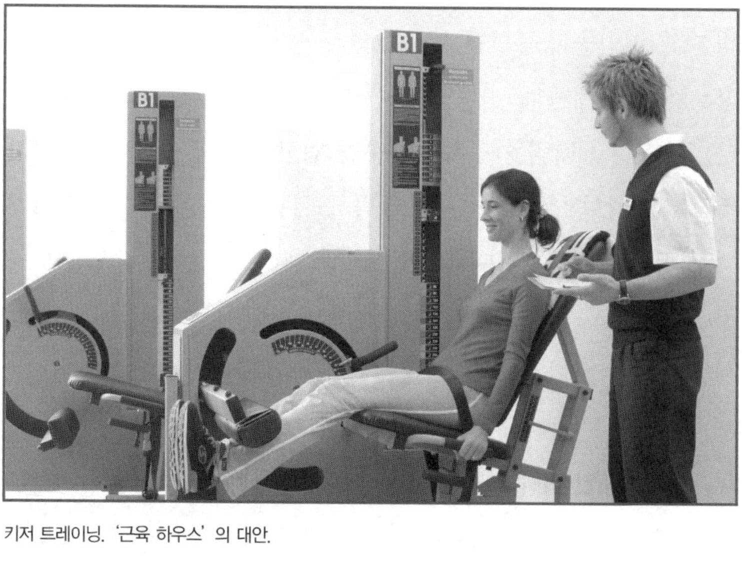

키저 트레이닝. '근육 하우스'의 대안.

럽을 이용한 경험이 없다!

가격정책상 키저 트레이닝은 '모든 사람에게 똑같이 저렴하다'는 기본원칙을 따르고 있다. 서비스는 가능한 많은 고객층이 접근할 수 있어야 하고, 이해하기 쉬운 가격정책을 보여주어야 한다는 것이다. 즉 부가조건은 최소한만 포함해 저렴하지만 헐값이 아닌 가격으로 승부를 건다는 뜻이다. 물론 라이프스타일을 반영한 고급 헬스클럽의 회원요금보다는 가격이 확실히 저렴하다.

차별화 달성하기: 경영진부터 차별화를 시작하라!

경쟁자와 동일한 전문지를 읽고, 같은 박람회를 방문하고, 회의나 세미나에서 동일 인물의 발표를 경청하는 경영진들은 자신들의 전략과 행동이 경쟁자와 동화되는 속도를 빨라지게 할 뿐이다. 참신한 사고와 동종업계에 대한 객관적인 관찰이 부족하다면 업계의 다른 기업들과 동화될 수밖에 없다. 결국 전략이 점점 유사해지고 시장에 신제품과 서비스를 내놓는 순간 경쟁자들이 모방해버린다. 또 기업의 직원들도 똑같은 옷을 입고 같은 말을 할 뿐 아니라 똑같이 생각하기 시작한다. 어젯밤, 모두가 잠들어 있는 동안 4개의 대형 은행에서 무작위로 50명의 톱 매니저를 뽑아 경쟁사의 경영진과 맞바꾸었다고 가정해보자. 그런다고 해서 고객인 당신이 실감할 만한 변화가 일어날 것이라고 생각하는가?

저렴하지만 서비스에 주력하는 제트블루

역발상 실천가는 이런 문제에서 벗어나는 길이 명확한 차별화에 있다는 사실을 납득한 이들이다. 고객은 자신이 A은행과 거래하는지, 아니면 B은행과 거래하는지 그 차이를 느낄 수 있어야 한다. 또 X항공사의 비행기를 타고 있는지, 아니면 Y항공사의 비행기를 타고 여행하는 중인지 느낄 수 있어야 한다. 라이언에어와 제트블루(JetBlue)의 차이는 확실히 알 수 있으리라고 보장한다. 이 두 항공사는 대형 항공사에 비해 매우 저렴한 가격의 서비스를 제공한다. 그러나 제트블루는 독자적인 가격대를 형성했다. 이 항공사는 저가 항공사가 아니라 훌륭한 이상을 지닌 새로운 항공업체로 인식되고 있다. 제트블루는 승객의 안락함과 서비스에 대한 고객들의 긍정적인 체험 및 입소문, 홍보와 고객우대에 높은 가치를 두고 있다.

제트블루의 컨셉은 전형적인 저가 항공사들과 명확히 구분된다. 미국 일반 항공사보다 약 40% 저렴한 가격은 이 회사의 수많은 마케팅 전략 중 하나에 불과하다. 그런 까닭에 사람들은 제트블루를 항공사라기보다는 서비스회사로 이해하기도 한다.

제트블루의 대표 데이비드 닐만(David Neeleman)은 "고객은 제품과 관계를 맺을 때마다 좋은 경험을 해야 합니다"라고 말한다. 이 항공사는 최신형 항공기에 가죽시트와 넓은 좌석간 거리를 갖추고 모든 좌석에서 24개 채널의 무료 위성 TV를 볼 수 있도록 했다. 또한 제트블루가 모범사례가 된 데는 효율적인 업무진행도 큰 몫을 했다. 다른 항공사들이 비행기 티켓을 없애는 것을 최신식이라고 생각하는 반면, 제트블루는 비행기 티켓의 생략은 물론 모든 파일럿과 기술자들이 문서 없이 일한다.

Different Thinking

| 비즈니스 역발상 BOX |

— **미래를 알기 위해 반드시 예언자가 될 필요는 없다. 하지만 반드시 상식을 깨는 사람이 되어야 한다.**

상식을 깨라는 요구는 가격전략에도 적용된다. 업계의 통례적인 가격대를 받아들이지 말고, 최대한 소비자의 입장에서 기존 가격대의 특성을 종합하라. 이런 방법으로 기업 특유의 독자적인 가격대를 형성할 수 있다!

저가의 패스트푸드점과 고가의 레스토랑 사이의 가격대에 능숙하게 포지셔닝한 샌드위치 전문점 코지를 기억하라. 미국의 제트블루도 유사한 컨셉을 따르고 있다. 서비스를 제한한 라이언에어에 비해 많이 저렴하지는 않지만 아메리칸에어라인이나 델타항공의 티켓가격보다는 확실히 저렴하다. 그리고 서비스와 비행기의 시설, 충분한 좌석간 거리와 같은 장점들은 평균 이상의 수준이다!

록펠러 원칙: 램프를 나누어주고 석유를 판매하라

"램프를 나누어주고 석유를 판매하라!" 이것은 석유왕 록펠러(John D. Rockefeller)의 모토였다! 19세기 중반에 램프를 소유한 사람들에게 석유는 당연히 필요한 물건이었다. 고객들은 매우 높은 가격을 주고 록펠러에게서 석유를 구매했다.

많은 기업들이 본래 제품뿐 아니라 사후 정비작업이나 부품, 소모품, 액세서리 등을 통해 훨씬 더 많은 매출을 달성할 수 있다는 사실을 간과하고 있다.

| 비즈니스 역발상 제15법칙 |

롹펠러 원칙: 램프를 나누어주고 석유를 판매하라!

기존의 사고방식: 제품만을 단독으로 주시, 평가하면서 해당제품의 직접판매를 통한 이익달성에 초점을 맞춘다.

비즈니스 역발상: 저렴한 최초비용으로 고객에게 어필하고 계속되는 고객의 추가지출로 돈을 번다!

그렇다고 해서 이번 장이 고객을 갈취하라는 내용을 담고 있으리라는 오해는 하지 말기 바란다. 그것은 나쁜 전략이다. 고객은 관대하지 않기 때문이다. 고객은 자신이 부당한 대접을 받고 있다는 사실을 눈치 채면 친구와 친척들 모두에게 알린다. 중용의 길을 택하는 기술이 필요하다. 처음에는 저렴한 비용으로 고객에게 어필하고 계속되는 고객의 추가지출로 돈을 버는 것이다. 프린터 제조업체들은 이런 방법을 기막히게 실천한 경우다. 잉크젯프린터는 적은 돈으로도 살 수 있지만 프린터에 쓰이는 잉크는 세계에서 가장 비싼 액체 중 하나다. 바로 록펠러 원칙을 활용한 예다!

또 다른 전형적인 예는 휴대전화다. 독일에서는 일정기간 동안 통신업체와 계약을 유지하는 대가로 휴대전화를 무료로 제공한다. 그러나 부가적으로 따라오는 SMS나 MMS를 비롯한 서비스의 이용가격은 비싸다.

원칙은 항상 같다. 최초구매를 통해 매출을 달성하려 하지 말고 전 과정을 거쳐 이윤을 얻는 방식을 이용하라. 즉 처음에는 저렴한 가격이나 무료로 제품을 제공하고 추가비용이나 소모품으로 매출과 수익을 올려라.

이러한 시도는 다양한 업계에서 발견할 수 있다. AOL은 PC나 주변기기를 구매할 때 보조금을 지급하고 대신 AOL의 인터넷을 24개월간 사용하는 계약을 맺도록 했다. 그 밖에도 전자제품들은 항상 전용 충전지를 필요로 하고, 만년필은 잉크를 채워넣어야 한다. 아마 대부분의 독자들은 우리가 지금 무슨 말을 하고 있는지 눈치 챘을 것이다!

록펠러 원칙과 간편한 에스프레소

지금까지 커피메이커 제조는 특별히 흥미로운 사업이 아니었다. 고객들은 30유로를 주고 커피메이커를 하나 사고 그 다음에는 슈퍼마켓에서 파운드 단위로 포장된 가루커피를 산다. 커피메이커 제조업체들의 상황은 불 보듯 뻔하다!

그러나 '램프를 나누어주고 석유를 판매하라' 는 모토에 따른 제품은 확실히 더 많은 부가가치를 낳는다. 제조업체들은 새로운 종류의 커피메이커를 개발했다. 이러한 제품들은 제조업체가 개발한 특별 커피패드를 반드시 필요로 한다. 이런 커피메이커를 구매한 사람은 필터를 사용한 기존의 커피메이커를 이용할 때보다 커피 한 잔당 5배 이상을 추가로 지불하는 셈이 된다.

네슬레의 네스프레소(Nespresso)는 정확히 커피 1잔의 양에

딱 맞는 낱개포장을 판매한다. 그리고 고객들은 이런 낱개포장으로 커피를 만들어내는 커피메이커를 산다. 네슬레는 이러한 제품으로 고객의 편리함과 고품질의 조화를 약속했으며 그것은 적중했다! 이 모델이 관심을 끄는 이유는 고객이 해야 할 일을 최대한 줄이는 동시에 높은 가격으로 커피 한 잔을 판매하는 데 성공했기 때문이다!

마찬가지로 필립스의 커피메이커 센세오(Senseo)도 500유로짜리 커피메이커와 견줄 만한 품질의 커피를 끓여낸다. 그러나 센세오를 장만하는 데 드는 비용은 단지 59유로에 불과하다. 게다가 디자인도 훌륭해 보인다. 필립스는 커피회사인 다우베 에그버츠(Douwe Egberts)와 협력해 수익을 달성하고 있다. 센세오도 특별히 제작된 낱개포장을 필요로 하기 때문이다. 완벽한 근거를 제시하기 위해 우리도 오랜 전부터 센세오 커피를 마시고 있다고 말하고 싶다. 그리고 그 맛은 매우 훌륭하다!

부속품으로 수익 올리기: 질레트로 면도한다!

전기면도기를 사용하는 이들은 새로운 면도망이나 면도날이 필요하면 아무 제품이나 살 수 없다. 기계의 구조가 면도기 제조업체의 부속품만 들어맞도록 제작됐기 때문이다. 그리고 이런 부속품들은 상당히 비쌀 것이라는 예상을 벗어나지 않는다.

전기면도기 시장에 적용되는 일은 물론 거품면도기 시장에서도 훌륭한 아이디어가 된다. 매력적인 면도기를 저렴한 가격으로 제공하는 질레트(Gillette)도 이러한 아이디어로 시장에 뛰어들었다. 이 면도기는 질레트 정품 면도날만 사용할 수 있다. 즉 실제로 이윤을 남기는 사업은 자사 제품에만 맞는 면도날의 추가구매에서 나온다.

지속적인 추가구매를 유발하는 방법은 효과적인 비즈니스 모델이다. 그러나 여기에도 주의할 점은 있다. 우회 비즈니스가 나타나는 요인이 될 때도 있기 때문이다. 질레트의 면도날 복제품은 독일어권에서는 아직 알려지지 않았다. 그러나 요사이 등장한 몇몇 업체들은 프린터용 잉크의 충전서비스를 제공하면서 고객들에게 낮은 가격으로 어필하고 있다.

부대비용을 통한 매출: 추가 부속품이 가격을 올린다!

록펠러 원칙은 서비스 분야에서도 기능을 발휘한다. 예를 들어 다수의 크루즈여행은 바다를 횡단하는 데 드는 비용은 저렴하지만 부대비용으로 매출증가를 유도한다. 미국의 일간지 〈US 투데이〉는 다음과 같은 실험을 실시한 적 있다. 기자들에게 7일간의 카리브 해 크루즈여행을 2인에 269달러의 우대가격으로 여행을 즐기게 했다. 이들이 집으로 돌아오는 길에 추가로 지불해야 했던 돈은 1,367달러 67센트라는 굉장한 액수였다! 모든 비용이 포함된 크루즈여행의 시대는 지나간 지 오래다.

Different Thinking

| 비즈니스 역발상 BOX |

— 지난 세기말, 존 록펠러가 석유를 공급할 당시, 그는 석유를 톤 단위로 구매해 아시아를 향해 배로 운송했으며 중국 사람에게 램프를 나누어줌으로써 자신의 아량 있는 면모를 증명했다. 감동한 중국인들은 그때부터 이 석유판매업자에게 램프의 연료를 구매했고, 이로써 록펠러는 엄청난 시장을 확보했다. 이 모든 것은 매출을 늘리기 위해서 가장 먼저 해야 할 일은 제품의 필요성을 일깨우는 것이라는 사실을 파악한 덕분이었다.

당신도 이러한 원칙을 이용할 수 있다. 저렴한 최초비용으로 고객에게 어필하고 계속되는 고객의 추가지출로 돈을 벌어라. 이는 고객을 갈취하라는 뜻이 아니다. 예리한 감각을 발휘한다면 역발상 모델로 성공을 거둘 수 있다.

네슬레는 그것을 증명하는 예다. 고객들은 장만하기에 저렴한 커피메이커인 네스프레소를 구매하고, 네슬레는 양질의 에스프레소 한 잔과 딱 맞는 양만큼 낱개포장한 규격제품의 판매로 수익을 올린다. 또는 크루즈여행을 기억하라. 상황판단이 빠른 업체들은 여기서도 록펠러의 훌륭한 원칙을 활용하고 있다. 즉 여행비용은 저렴하지만 부대비용으로 수익을 달성하는 방식이다.

가격의 개인화: 고객이 가격을 결정하게 하라

우리는 가격결정(pricing)의 역발상 전략과 관련해 다음과 같은 여러 가지 가능성을 살펴보았다.

* 고객에게 직접 가격을 청구하거나 제3자가 지불하도록 할 수 있다.
* 다양한 구성요소를 한 데 묶거나 하나만을 따로 분리해서 비용을 부담하게 한다.
* 기본가격을 저렴하게 책정하고 추가구매로 돈을 번다.
* 고정가격(fixed price)을 책정한다.

또는 고객이 가격을 결정하도록 한다. 어떤 방식으로 고객이 가격을 결정할 수 있을까? 그것은 수요의 긴급성이나 원하는 서비스, 개성의 정도에 따라 다르다. 잘만 하면 고객뿐 아니라 당신도 차별화에 성공해 진정한 이익을 달성하게 될 것이다.

| 비즈니스 역발상 제16법칙 |

가격의 개인화: 고객이 가격을 결정하게 하라!

기존의 사고방식: 고객의 수요나 주머니 사정과는 상관없이 모든 제품에 고정가격을 청구한다.

비즈니스 역발상: 고객의 수요와 주머니 사정에 맞춰 가격을 책정한다.

저가 항공사는 정확한 수요에 따른 가격모델을 세우는 일이 항상 쉽지만은 않다는 것을 보여주는 예다. 비행기의 잔여 좌석을 매우 저렴한 가격에 내놓아야 할까? 아니면 오히려 비싸게 판매해야 할까? 단시간 내에 출장을 계획해야 하는 비즈니스맨들의 경우 가격에는 신경을 쓰지 않는다는 전제 하에 말이다.

수요가 가격을 결정 한다: 에어베를린의 사례

에어베를린(Air Berlin)이 이 문제를 어떻게 해결했는지 살펴보자. 잡지 〈맥킨지 비센(McKinsey Wissen)〉은 저가 항공사들의 가격 결정의 예로 에어베를린의 사례를 분석했다. 에어베를린의 원칙은 매우 간단하며 구체적으로는 다음과 같다.

* 한 예로 광고에서 내건 29유로의 티켓가격은 최초로 예약한 20명의 고객에게만 적용된다.
* 그 이후에는 예약이 10건 성사될 때마다 10유로씩 가격이 오른다.

즉, 에어베를린이 184인용 비행기의 고정비용인 1만 2,700유로를 충당하기 위해서는 티켓가격이 최소 69유로가 되어야 한다. 만일 그 이하의 가격으로 티켓을 판매하게 되면 항공사는 적자를 볼 수밖에 없다. 그래서 70번째 예약부터는 고객이 지불하는 티켓 가격이 이러한 적자를 만회하기 위한 최저한도가격이 된다. 처음 건의 예약으로 발생했던 적자는 101번째 예약부터 모두 상쇄되고, 항공사는 흑자를 기록하기 시작한다. 결론적으로 에어베를린이 흑자를 달성하기 위해서는 최소 101명의 승객을 확보해야 한다. 좌석이 꽉 찬 항공기의 경우, 가장 마지막으로 티켓을 예약한 고객은 179유로를 지불해야 한다. 이처럼 티켓이 모두 매진된 항공기의 운항으로 에어베를린이 달성하는 이윤은 약 5,100유로다.

영국 이지그룹의 성공도 수요에 기초한 가격원칙을 토대로 하고 있다. 마찬가지로 이지젯이나 이지버스, 이지시네마, 이지카도 고정가격을 정하지 않고 오직 수요에 따라 모든 가격을 책정한다. 먼저 접수된 예약이 많을수록 가격이 올라가는 방식이다.

호텔들도 사고방식을 근본적으로 바꾸고 있다. 호텔의 객실점유율은 매일매일 다르기 때문에 남은 객실이 있을 경우에는 기꺼이 판매하려고 한다. 인터넷을 통해 예약을 간소화하고 객실의 이용률을 높이려는 시도는 하고 있지만, 사실 호텔업계에서 혁신적이면서도 수요에 기초한 가격모델을 찾아보기는 힘들다.

우리는 이미 NH 호텔그룹의 가격모델을 설명한 적이 있다. 이 그룹은 동종업계의 결점을 인식하고 저가 항공사를 본보기로 삼았다. '빨리 예약할수록 저렴하다'는 원칙을 따른 가격체계를 형성한 것이다. NH 호텔은 객실에 단계적으로 요금을 부과하고 있다. 처음에는 29유로라는 최저가격으로 객실을 판매하고, 이러한 조건의 객실이 모두 판매되면 단계적으로 요금을 올리는 방식이다. 또한 환불이 되지 않고 예약변경은 추가비용을 내야만 가능하다. 여기에는 플렉시 요금제도(Flexitarif)도 있는데, 이는 좀더 융통성 있는 서비스를 원하는 고객들을 위한 것으로 예약취소나 변경을 무료로 할 수 있다. 그러나 가격은 더 비싸다.

만족한 사람은 더 지불한다: 바그너스 호텔 탄넨호프

바그너스 호텔 탄넨호프(Wagne' s Hotel Tannenhof)는 다른 방법을 택한 경우다. 이 호텔은 독일에서 유일하게 소비자가 최초 숙박일로부터 3일간 사용한 객실의 이용요금을 직접 결정할 수 있도록 하고 있다. 즉 호텔의 서비스에 만족한 고객은 본래 지정된 가격을 지불하지만 어떤 이유로든 마음에 들지 않았을 경우에는 고객이 숙박요금을 직접 결정하는 방식이다.

호텔 이용객들을 위한 혁신적인 서비스가 한 가지 더 있다. 영리한 여행객들은 인터넷을 통해 구매자가 가격을 제시하는 역경매업체와 숙박비용을 흥정한다. 원칙은 간단하다. 고객이 4급 또는 5급 호텔에서 하룻밤 묵는 숙박요금으로 얼마를 원하는지 인터넷에 제시하면 프라이스라인(www.priceline.com)과 같은 중개업체가 수수료를 포함한 총가격을 알려준다. 고객이 이 가격에 동의할 경우 계약이 성사되는 방식이다. 하지만 고객은 자신이 선택한 희망지역의 호텔들 중에서 정확히 어떤 호텔에 묵게 될지 사전에 알 수 없다. 고객이 할당받는 호텔 중에는 유명 호텔체인인 래플스(Raffles), 매리어트(Marriott), 힐튼(Hilton), 인터컨티넨탈(InterContinental)도 포함되어 있다.

분석하라!

이지그룹과 같은 관점으로 당신의 사업을 정밀히 분석해보길 바란다. 다음과 같은 근본적인 의문을 제기해보라. 어떻게 하면 비용을 최대한 줄이는 동시에 수요와 한계능력의 지수를 높일 수 있을까? 이지그룹은 전 업종(극장, 인터넷카페, 크루즈, 항공업, 자동차 렌트, 호텔, 신용카드, 피자 배달서비스, 유선전화, 무선이동통신)에서 모범적으로 이 두 가지를 모두 만족시키고 있다. 그렇다면 궁금한 점은 다음과 같다. 당신이 종사하는 업계에서 이지그룹이나 다른 뻔뻔한 불청객이 변혁을 일으킬 때까지 기다려야 할까? 아니면 적시에 직접 나서서 스스로 변혁을 일으키고 싶은가?

가격의 차별화는 항상 이윤의 극대화와 더불어 이루어져야 한다. 기본 아이디어는 다음과 같다. 가격에 민감한 수요자에게는 낮은 가격대의 제품을, 그렇지 않은 고객에게는 고가의 제품을 제공하는 방식이다. 어떤 종류의 고객이 될 것인지는 고객들이 스스로 결정한다. 그리고 이것이 항상 고객의 주머니 사정과 관련 있는 것은 아니다!

선택에 따른 가격-희망사항에 따른 PC

PC 제조업체 델은 가격모델의 변화가 어떻게 경쟁상의 이점으로 발전하는지 보여준다. 델은 먼저 주문을 받은 후에 고객이 원하는 대로 PC를 제작한다. 이 같은 원칙은 주문생산으로 불린다. 가격의 관점에서 본다면 고객이 자신의 PC 또는 노트북의 가격을 직접 결정하는 방식이다. 델의 웹사이트에서는 상호 컨피규레이터(Configurator, 이용자들이 필요한 항목을 선택하는 데 도움을 주는 일련의 질문과 응답-옮긴이)의 도움을 받아 다양한 장비들로 컴퓨터를 구성해볼 수 있다. 그러나 동일한 사양의 제품도 며칠 만에 가격이 달라지는 경우가 있다. 델은 기본시스템 및 개별 옵션의 가격을 시장의 상황에 맞춰 쉽게 조절할 수 있으며, 비슷한 사양을 갖춘 전문 상점의 브랜드 제품보다 항상 10% 저렴한 가격으로 판매하려고 하기 때문이다.

처음부터 완성된 PC를 판매하는 메디아마르크트(MediaMarkt, 독일의 전자제품 전문매장－옮긴이)와는 달리, 델에서는 고객이 자신에게 중요한 것이 무엇인지, 얼마의 비용을 지불할 것인지 스스로 결정할 수 있다.

델의 프리미엄 고객은 가격 선택의 폭이 넓다. 제품의 성능이 좋지 않거나 사전에 주문을 한 경우에도 가격을 할인해준다. 게다가 개인 고객, 사업자 고객, 프리미엄 고객, 공공기관으로 나뉘는 판매대상에 따라 가격도 달라진다. 고객의 요구사항과 선호제품에 대한 인식과 예측을 포함한 복합적인 가격구조인 셈이다.

재정구조의 개선은 델에게 큰 장점으로 작용한다. 델이 납품업체에게 비용을 지불하기 전에 고객들이 델에게 먼저 지불하기 때문이다. 따라서 델은 유동자산에 지출하는 대신 다른 영역에 현금을 투입할 수 있다.

할인? 아니면 서비스?

독일 데트몰트 지역에 위치한 음악 관련 제품 판매업체 '하우스 데어 무직(Haus der Musik)'은 혁신적인 서비스를 개발했다. 이 업체의 온라인 쇼핑 사이트 www.musikalienhandel.de에서는 고객이 악기를 구매하면서 서비스에 비중을 둘 것인지, 아니면 저렴한 가격에 비중을 둘 것인지 스스로 결정할 수 있다. 고객들은 이러한 방식으로 인터넷을 통해 가격을 결정한다. 원하는 악기를 발견한 고객은 도우미를 통해 제품을 어느 정도 할인된 가격으로 사고 싶은지 스스로 결정한다. 악기에 따라 최대 30%까지 가격이 할인된다. 또 사이트 이용자들은 의무사항 없이 이메일이나 전화, SMS, 또는 팩스로 오퍼를 받아볼 수 있다. 관심고객이 이러한 오퍼를 승낙할 의사가 있거나 궁금한 사항이 있을 경우에는 0800 무료전화서비스를 통해 매일 24시간 업체와 연락을 취할 수 있다.

가격은 서비스의 범위에 따라 달라진다. 서비스를 별로 중요하게 여기지 않는 사람은 최대 30%까지 할인된 아주 싼 가격에 제품을 구매한다. 또 다양한 부가서비스를 원하는 사람은 최대 25% 할인이라는 저렴한 가격으로 구매한다. 전문점에서 직접 추가서비스를 받고 싶거나 악기를 실제로 연주해보고 싶은 고객은 최대 20% 할인된 가격으로 제품을 구매한다. 이메일이나 SMS, 팩스, 또는 전화로 주문서를 받아볼 수 있으며 여기에는 신용카드나 후불

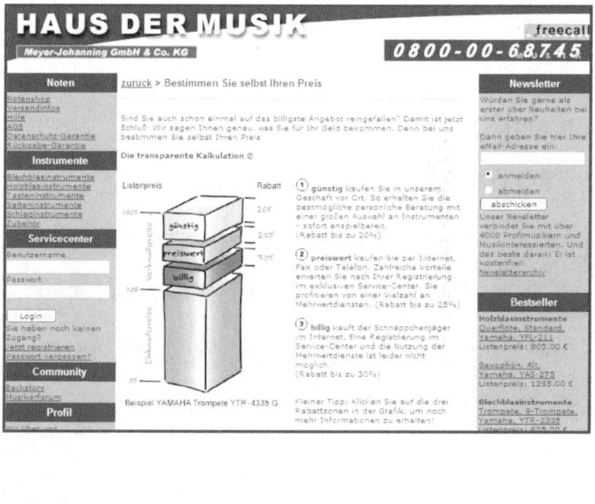

하우스 데어 무직의 웹사이트. 이곳에서는 자신이 받고자 하는 서비스의 범위를 스스로 결정한다.

제를 비롯한 결제수단이 기재되어 있다.

이러한 방법이 갖고 있는 가장 큰 장점은 직접적인 가격경쟁을 피할 수 있다는 점이다. 고객의 눈에 제품이 비슷하게 보일수록 가격싸움은 위협적으로 변한다. 개인주의적 성향이 짙어지면서 구매결정은 사용자 중심으로 이동하고 있다. 가격은 부차적인 정보일 뿐만 아니라 받아들일 수 있는 상한선을 넘지 않는 한 구매를 결정짓는 하나의 기준일 뿐이다.

다양한 욕구를 위한 다양한 가격대: 크루즈 전문여행사 AIDA

AIDA의 크루즈여행은 고객의 자금사정을 고려한 가격정책을 실시하고 있다. 세 가지 가격대로 구분된 상품은 각각 차별화된 서비스를 제공한다. 이 업체의 경우 고객이 직접 가격을 결정하지는 않지만 다양한 가격모델 중에서 하나를 선택할 수 있도록 하고 있다. AIDA는 2004/2005 겨울시즌의 바다투어 상품에 다음과 같이 세 등급으로 구성된 가격모델을 도입한 바 있다.

AIDA 프리미엄(AIDA PREMIUM)은 꿈꿔왔던 여행을 체험하기 원하는 사람들을 위한 상품으로 최고의 가격대 성능비를 자랑한다. 이 상품은 고객이 실내객실에서 스위트룸까지 객실번호와 갑판을 마음대로 결정할 수 있는 선택권을 부여한다. 옵션을 선택하면 최대 3일간의 여행일정을 추가하거나 대기자 명단에 이름을 올릴 수 있다. AIDA 프리미엄 고객은 특히 조기예약할인이나 공정가격(fair price) 보장, 어린이와 청소년 할인제도 등과 같은 이점을 누릴 수 있다. 이 상품의 가격은 카탈로그에 명시되어 있으며, 원하는 출발지와 도착지를 결정해 예약할 수 있다.

AIDA 바리오(AIDA VARIO)는 예약시 개인적인 요구사항을 반영하는 데 비중을 두면서도 객실 및 시설의 자유로운 선택을 원하는 이들에게 최적의 상품이다. 항로와 배의 종류를 비롯해 내부, 외부 또는 발코니가 있는 객실 등을 자유롭게 선택할 수 있다. 단, 객실갑판과 번호는 미리 알려주지 않는다. 그리고 시즌 중에는 가격이 일정하지 않고 수요에 따라 달라진다. 배의 종류별 최근 가격과 확정된 여행일정은 인터넷 사이트 www.aida.de나 여행사에서 확인할 수 있다.

저스트 AIDA(JUST AIDA)는 가격에 민감한 고객에게 놀라움을 선사하는 이상적인 상품이다. 체험에 의미를 둔 고객을 위한 저스트 AIDA의 바다투어는 배와 항로 및 객실을 자유롭게 선택할 수 있다. 매일 업데이트되는 가격은 AIDA의 인터넷 사이트나 여행사에서 확인할 수 있다. 이 상품은 AIDA 프리미엄과 비교해 최대 250유로나 저렴하다. 하지만 이 상품은 2인용 더블객실 예약만 가능하며 호텔에서의 체류연장이나 어린이 · 청소년 할인은 되지 않는다.

AIDA의 이러한 가격구조는 고객의 선택 폭을 최대한 넓힌 것이며, 카탈로그에는 상품에 대한 정보를 정확히 명시해 고객의 이해를 돕고 있다. 따라서 고객들은 자신에게 가장 적합한 조건으로 예약을 할 수 있다. 이러한 방법은 고객이 자신에게 가치 있는 것이 무엇인지 스스로 결정할 수 있다는 점에서 이상적이다.

그런 점에서 이베이도 환영할 만한 사례다! 이베이는 고객이 직접 가격을 결정하는 컨셉이 제품을 공급하는 업체에도 결코 불리하게 작용하지 않는다는 사실을 알려준다. 이베이의 제품경매에서는 값을 부르는 사람보다 물건에 관심을 보이는 사람이 더 많을 경우, 예기치 않게 가격이 치솟는 일도 자주 발생하고 있다.

재미있는 광고로 자유로운 가격선택을 유도

저가 항공사 하팍로이드 익스프레스(Hapag-Lloyd Express)는 고객에 의한 자유로운 가격결정의 원칙을 관심을 끌기 위한 수단으로 채택한 경우다. 이 기업은 2004년 여름에 '당신이 가격을 결정합니다!' 라는 광고를 내보냈다. 실제로는 고객이 웹사이트나 콜센터를 통해 슈투트가르트-바리(Bari), 쾰른/본-바리, 베를린-클라겐푸르트, 함부르크-클라겐푸르트에 취항하는 비행기표에 응모하는 방식이었으며, 추첨을 통해 결정된 당첨자는 자신이 적절하다고 생각하는 요금을 지불할 수 있었다.

이러한 예는 가격결정을 게릴라 마케팅의 한 방법으로서 활용할 수도 있다는 사실을 보여준다. 이제는 다른 항공사들도 경매와 유사한 이런 방법을 시도하고 있으며 저렴한 제품을 찾는 사람들로 인해 비행기표는 놀라운 속도로 판매되고 있다.

Different Thinking

| 비즈니스 역발상 BOX |

— 고객이 가격을 결정하게 하라. 가장 큰 장점은 직접적인 가격경쟁을 피할 수 있다는 것이다.

고객의 수요와 주머니 사정에 맞춰 가격을 책정한다. 이를 통해 구매결정은 사용자 중심으로 이동한다. 가격은 부가적인 정보일 뿐만 아니라 구매를 결정하는 하나의 기준 역할을 한다.

데트몰트의 하우스 데어 무직을 기억하라. 이 업체는 인터넷을 통해 고객이 원하는 서비스의 범위에 따라 물건의 가격을 결정하도록 했다. 혁신적인 중소기업에서 성공한 방법은 대기업에도 적용된다. 한 예로 델 컴퓨터도 고객이 가격을 직접 결정하도록 했다. 이는 자사 웹사이트의 상호 컨피규레이터의 도움으로 가능했다.

고객에게는 무료로, 비용부담은 제3자가

당신의 제품을 고객에게 공짜로 나누어주는 건 어떨까? 책이 끝날 때가 다 되서 우리가 좀 이상해졌다고 생각하는가? 우리가 보장하는데 아주 약간 그럴 뿐이다! 우리는 당신이 노력에 대한 보상을 당연히 받아야 한다고 생각한다. 그러나 최고의 역발상 실천가는 고객이 아닌 다른 사람에게 비용을 부담시킨다. 고객들은 이들에게 감사해할 것이다!

| 비즈니스 역발상 제17법칙 |

무료: 고객에게 제품을 공짜로 나누어주고 제3자가 지불하게 하라!

기존의 사고방식: 제품을 구매한 사람에게 가격을 부담하게 한다.

비즈니스 역발상: 고객에게 제품을 무료로 나누어주거나, 현저히 낮은 가격 또는 형식적인 가격으로 판매하라. 이를 위해 제3자를 찾아서 나머지 비용을 부담하게 하라.

불가능에 가까운 일이라고 생각하는가? 많은 기업들이 이런 일을 성공적으로 해내고 있다. 라우다 모션은 하루에 1유로라는 형식적인 가격으로 자동차를 빌려준다. 실질적인 비용은 렌트용 차량에 광고를 싣는 회사들이 부담한다. 라이언에어도 항공기 승객들을 무료로 운송할 계획을 세우고 있다.

버스 쇼핑여행 시스템

무료에 가까운 제품이 한 가지 더 있다. 버스 쇼핑여행이다. 또 9유로 90센트의 여행비용으로 29유로 95센트짜리 선물을 무료로 제공하는 경우도 있다. 이런 일이 가능할까? 대개는 그렇지 않다. 이러한 여행상품의 이면에는 류머티즘 환자용 담요나 자석베개, 또는 20개짜리 냄비세트 판매행사가 포함된 경우가 많다.

그러나 신뢰할 수 있으면서도 어이없을 정도로 저렴한 쇼핑여행도 있다. 매년 400만에서 500만 명의 독일인들은 버스로 쇼핑여행을 하고 있다. 시장조사기관 GfK가 48개 사의 버스 쇼핑여행에 참가한 경험이 있는 1천 명을 대상으로 실시한 설문조사에 따르면 이들은 적은 돈으로도 매력적인 휴양지역을 여행했으며 그 중 76%는 그것에 만족감을 표시했다.

여행의 자금지원은 앞서 언급한 판매행사나 여행객의 쇄도로 추가수익을 올리는 여행지역의 홍보단체가 지원하는 보조금을 통해 이루어진다. 무료 버스여행의 경우 버스가 정차하는 길가에 위치한 레스토랑들이 보조금을 지원하는 형식이다. 차량의 운행비용은 버스 내 판매와 광고를 통해 지원된다.

수익은 엄청나다. 여행객들은 목표집단이나 여행지에 따라 하루 평균 100~200유로를 지출했다. 전문적으로 쇼핑여행을 판매하는 업체들은 매년 2억 5천만 유로 이상의 매출을 거두고 있다.

사용자에게 무료로 나누어주고 제3자가 지불하게 하라

이미 이번 장에서 라이언에어나 다른 저가 항공사들이 목적성 있는 분석작업을 통해 비행가격을 저렴하게 유지할 수 있었다고 언급한 바 있다. 그러나 유럽 최대의 저가 항공사 라이언에어의 회장 마이클 오리어리(Michael O'Leary)는 "우리 고객이 무료로 비행기를 이용하게 하고 다른 이가 그 비용을 부담하도록 하지 못할 이유가 없다"면서 머지않아 무료로 승객을 운송할 계획이라고 밝혔다. 라이언에어는 쇼핑여행업체들과 유사한 자금지원모델을 추진 중이다. 즉 스폰서들이 비행비용을 부담하는 형식이다. 기내 안내방송 중에 광고를 삽입하고 자동차 렌트업체들이 비행기의 연료인

등유를 지원한다. 비용의 대부분은 공항이 지불하도록 할 예정이다. 라이언에어의 주장에 따르면 점점 더 많은 공항들이 상점화되는 추세이므로 고객의 조달을 위해 돈을 내야 한다는 것이다. 또한 호텔들도 자금 후원자의 물망에 올라 있다.

라이언에어는 이미 영업연도 2003년에 약 8억 5천만 유로의 매출 중 16%와 그보다 높은 비중의 수익을 부수입을 통해 달성했다. 즉 기내의 물건판매나 라이언에어의 웹사이트에서 호텔숙박권이나 CD, 모기지론을 판매해 중개수수료로 수익을 올린 것이다. 오리어리 회장은 이러한 부수입을 더욱 늘릴 방침이다. 라이언에어는 이미 오래전부터 무료 버스여행을 모델로 삼아 비행기 일주를 무료로 제공하려는 계획을 세우고 있다. 오리어리 회장은 "버스가 정차하는 곳에 위치한 가게는 승객들로 인해 매출을 올리고, 버스여행사는 이들에게 수수료를 받는다. 물론 라이언에어는 항공업체이므로 전혀 새로운 방식이 필요할 것이다"라고 말한다.

공짜도 훌륭한 수익을 달성한다

독일에서는 전국지의 가격이 계속해서 오르는 반면, 스위스의 미디어업계는 다른 방향으로 흘러가는 것처럼 보인다. 스위스의 독일어권 미디어업계에서 대중신문 〈블릭(Blick)〉의 뒤를 이어 2위를 차지하고 있는 무료일간지 〈츠반치히미누텐(20 Minuten, www.20min.ch)〉은 2003년에 72만 명의 독자를 확보한 것으로 나타났다. 이는 2001년 이래로 129.3% 증가한 수치다.

유럽 이웃나라의 이 같은 예는 대도시에서 무료일간지가 성공을 거두고 있으며 앞으로도 그 확장이 기대된다는 것을 짐작하게 한다. 스톡홀름에서는 이미 지난 1995년에 무료일간지 〈메트로(Metro)〉가 창간됐으며 짧은 시일 내에 수익을 올린 바 있다. 오늘날 〈메트로〉는 스웨덴에서 수요가 가장 많은 일간지다. 이제는 대기업으로 성장한 메트로 인터내셔널(Metro International)의 컨셉은 유럽의 다른 중심지로도 확대돼 스웨덴 외에 네덜란드, 체코, 헝가리에서도 수익을 올리고 있다.

〈츠반치히미누텐〉을 발행하는 노르웨이의 미디어그룹 쉽스테드(Schibsted)는 취리히를 시작으로 유럽 전역을 대상으로 무료일간지 시장을 장악하고 있다. 이 업체의 무료신문의 창간은 스위스나 독일, 스페인, 이탈리아의 현지 경쟁업체의 압력에 맞서기 위한 것이기도 했다.

무료신문은 효과적인 크로스미디어 마케팅(Crossmedia Marketing, 다양한 매체를 창의적이고 마케팅 지향적인 판매 패키지로 묶어 효과적인 광고전달을 노리는 전략－옮긴이)을 통해 가능성을 인정받고 있다. 많은 무료신문들의 핵심 타깃층은 젊은 독자들이다. 시장조사에 따르면 전통적인 일간지들은 이러한 타깃층에 어필하지 못하고 있다. 그러나 무료신문은 독자적인 광고매체로 확고히 자리 잡았다. 이러한 광고매체는 세력범위가 넓은 직접광고의 형태로 급속히 전파되며 이동성이 많은 고객을 대상으로 하고 있다.

오스트리아의 무료신문 〈데어 노이에 그라처(Der neue Grazer)〉를 창간한 루디 힌터라이트(Rudi Hinterleitner)와 〈잘츠부르거 펜스터(Salzburger Fenster)〉의 발행인 알폰스 간(Alfons Gann)은 무료신문의 선구자로서 자사의 신문이 광고고객을 우선한 신문이 아니라 독자를 위한 신문이 되도록 하는 데 주의를 기울였다. 오스트리아의 대표적 미디어그룹인 스티리아 미디어 AG(Styria Medien AG)의 경영자 디트마 지클루니히(Dietmar Ziklunig)는 "우리는 우연히 무료가 되어버린 신문을 발행한다"는 말을 즐겨한다.

실제로 오늘날의 무료신문들은 일간지매체와 경쟁을 벌이고 있으며 얕잡아 볼 수 없는 상대이다. 독일에서는 기존의 신문들이 무료신문에 격렬히 맞서고 있다. 기존 일간지의 로비스트들은 무료로 매일 신문을 나누어주는 행위는 경쟁법에 위반되는 것이며 편집에 관한 서비스를 무료로 제공하는 것은 풍속을 어지럽히는 행위라고 항의하고 있다. 그러나 이미 수년 전부터 무료로 배포되던 지역 주간지들이 존재해왔으며 광고를 통해 자금지원을 받아왔다는 사실은 묵인되고 있다. 당시의 무료주간지들은 유가지사업에 직접적인 위협이 되지 못했기 때문이다.

고객들은 정말로 가격만을 고려할까?

가격결정은 다수의 기업들에게 경영학적으로 매우 중요한 주제이다. 그러나 가격을 결정하는 일은 매출이 급격히 감소하거나 분기의 실적이 시급히 개선되어야 하는 경우처럼 위급한 상황이 닥쳐야만 논의되는 경우가 많다. 이 경우 가격결정이라는 주제에 현명하게 접근하지 못할 우려가 있는데, 대부분의 기업들은 이에 대한 책임을 고객에게 돌리곤 한다. 그 결과 고객은 가격만을 중시여기는 멍청한 속물이라는 비난이 제기된다. 그리고 고객에 대한 이러한 생각은 다음과 같은 문제에 주목하게 만든다. 경쟁업체보다 가격을 낮추기 위해 할 수 있는 일은 무엇일까?

그러나 이러한 행동양식은 창의적이지 못하며 목적달성에도 도움이 되지 않는다! 모두가 그렇게 행동하기 때문이다! 또 이런 행동은 쳇바퀴 안에서 움직이는 것과 다름없다. 따라서 달라져야 하고 현명하게 행동해야 한다! 틀에 박힌 삶에서 벗어나 쳇바퀴 밖으로 나와야 한다!

그런데 실제로 고객이 가격만을 고려한다면 그 기업은 그 이유를 자문해보아야 한다. 왜 그럴까? 대부분의 경우 해당제품이 경쟁업체의 제품과 차이가 전혀 없거나 별다르지 않아서 차별화가 이루어지지 않았기 때문이다. 고객의 결론은 당연하다. 제품이 동일한데 왜 더 비싼 물건을 사겠는가?

다른 질문을 해보자. 가격이 제품 선택의 결정적인 기준이 되지 않게 하려면 어떻게 해야 할까? 차별화해야 한다. 이 책에서 당신은 이미 수없이 많은 사례를 보았다. 역발상 전략을 현명하게 실천한다면 가격으로도 얼마든지 차별화를 이루어낼 수 있다.

Different Thinking

| 비즈니스 역발상 BOX |

— 이미 가격이 구매결정의 결정적인 기준이라면 차라리 적극적으로 나서서 가격을 테마로 만들어라! 하지만 할인전쟁으로는 모방업체에 머무를 수밖에 없다. 따라서 창의적인 방법을 시도해야 한다. 이러한 방법만이 경영학적으로 의미있고 독자적인 전략으로 확대될 수 있다.

고객에게 제품을 무료로 나누어주거나, 현저히 낮은 가격 또는 형식적인 가격으로 제품을 판매하라. 제3자를 찾아서 나머지 비용을 부담시켜라. 이런 일이 어떻게 가능한지는 라이언에어가 구체적으로 입증할 계획이다. 그렇게 되면 승객들의 비행요금이 매우 저렴해질 뿐만 아니라 무료비행도 가능해질 것이다. 이것은 자사를 광고하고자 하는 기업들과 공항, 호텔이 자금을 지원하는 후원자 역할을 함으로써 가능하다.

에필로그

다시 시작하라!

누군가가 나에게 왜 세상에 존재하느냐고 묻는다면 인생을 굵고 요란하게 살기 위해서라고 대답할 것이다!

– 에밀 졸라, 프랑스 작가

바로 지금 역발상 실천가로 다시 힘차게 시작하라! 더 이상 핑계는 대지 말기 바란다. 당신이 헬리콥터 한 대가 충분히 착륙할 만큼 넓은 책상을 갖고 있는 사장이든 아동용 탁자 앞에 앉아 있는 일반사원이든 아무런 상관이 없다. 또 8천 명의 직원이 당신의 말에 귀를 기울이든, 지나가는 개마저도 당신 말에 귀를 기울이지 않든 상관없다. 당신이 회사전용 여객기를 타고 이동하는 사람이든 기차의 2등칸도 사치라고 생각하고 즐길 수밖에 없는 사람이든 전혀 상관없다. 변명은 필요 없다. 결정은 전적으로 당신이 내리는 것이다. 현 상황을 타파하는 용기를 발휘하라! 시장과 전략,

제품과 가격에 의문을 제기하라. 거듭해서 실험을 시도하고 형식에 얽매이지 않는 발상을 떠올려라. 그리고 자신만의 색깔을 찾아내라!

역발상은 잿빛의 현실을 활기와 전략으로 채울 수 있도록 돕는다. 우리의 경제계는 이미 단조로움으로 가득 찼으며 유머라고는 존재하지 않는다! 그곳에는 삶에서 어떤 위험도 감수하지 않고 항상 같은 일만 행하면서 우스꽝스럽게도 다른 결과를 기대하는 황량하고 따분한 사람들이 너무나 많다.

패스트푸드체인점인 버거킹의 회장 배리 기븐스(Barry Gibbons)는 다음과 같이 말한 적 있다. "이 기업에서 유머는 흡연만큼이나 사랑받지 못하고 있으며 중간관리자로 승진할수록 실질적으로 위험을 무릅쓸 각오를 하는 일은 더욱 드물다."

이 책에서 다룬 인물과 기업들은 단조로움과는 거리가 멀다. 이들은 즐겁게 일하면서 성공까지 거두고 있다! 당신도 단조로움과 평범함에서 벗어나는 일을 목표로 삼아야 한다. 단조로움과 평범함은 재미가 없을 뿐 아니라 아무것도 이끌어내지 못한다. 그리고 절대 승리하지 못한다. 과거에도 승리하지 못했으며 앞으로도 절대 그러지 못할 것이라고 보장한다!

이 책에 제시된 역발상 전략으로 승부하고 실험을 거듭하라. 각각의 아이디어를 퍼즐조각으로 생각하고 원하는 대로 당신의 그림을 구성해보라. 각 부분이 어떤 기능을 하는지 알아내고 이러한 아이디어를 당신의 조직에 적용, 조합하거나 새로운 것을 만들어내는 시도를 하라.

이 책의 역발상 법칙들은 부동의 진리가 아니다. 그것은 오랫동안 유지해온 제품이나 프로세스, 사고방식에 적당한 양의 혁신과 감동을 줄 수 있는 수단이다. 경계선 너머로 시선을 돌려 고질적인 문제들을 새로운 시각으로 관찰하고 미래를 성공적으로 창조하는 법을 익혀라.

역발상 실천가가 되라. 굵고 요란한 삶을 살아라! 그리고 바로 지금 시작하라!

행운을 빈다.

안냐 푀르스터 & 페터 크로이츠

Different Thinking

영원히 살 것처럼 꿈꾸고 내일 죽을 것처럼 살아라.

– 제임스 딘